道德哲學理論

任丑 著

崧燁文化

道德哲學理論
目錄

目錄

前言

第一篇 倫理學基礎探究

目的論還是義務論——倫理學的困境與出路 9
 一、義務論和目的論的外在分歧 9
 二、義務論和目的論的內在邏輯 14

人權視閾的尊嚴理念 18
 一、 19
 二、 24

集權的道德哲學反思 28
 一、集權的復魅 29
 二、集權的除魅 33
 三、結語 38

第二篇 應用倫理學探究

應用倫理學的邏輯和歷史 39
 一、 39
 二、 42

作為普遍性道德權利的人權 48
 一、人權理念的歷史與困惑 49
 二、應用倫理學視閾的人權何以可能？ 54
 三、何為應用倫理學視閾的人權？ 58
 四、應用倫理視閾的人權如何應用？ 62
 五、結語 67

除魅「休謨問題」：生態倫理學的奠基 68
 一、休謨問題的復魅及其實質 68
 二、休謨問題的除魅 71

3

三、結語 75

第三篇 生命倫理學探究

祛弱權：生命倫理學的人權基礎
一、問題的提出 77
二、脆弱性何以具有普遍性？ 80
三、祛弱權何以可能？ 83
四、結語 88

祛弱權與生命倫理學「共識的崩潰」
一、引言 89
二、祛弱權是何種人權？ 91
三、「共識的崩潰」的崩潰 94
四、結語 98

對器官移植問題的理性思考
一、器官移植面臨的幾個主要問題 98
二、對器官移植問題的思考 100

對醫學倫理學教育和研究的幾個問題的哲學思考
一、醫學倫理學教育降格為醫德教育以及由此導致的理論和實踐的比重失調 101
二、醫學倫理學在哲學倫理學、醫學夾縫中的尷尬困境 102
三、醫學倫理學要有自己的獨特語言體系 104

生命倫理基本原則的衝突和選擇──服務原則的確立和闡釋
一、生命倫理基本原則的衝突和選擇概述 106
二、確立生命倫理基本原則的標準和要求 107
三、確立服務原則為生命倫理基本原則的依據和內涵 ... 108

試析「複製震撼」的非理性
一、「複製震撼」的實質 110
二、「複製震撼」的過程和內容已充分顯露了其非理性 ... 111
三、「複製震撼」的非理性給我們的啟示 115

第四篇 中國傳統倫理思想探究

論嚴復的經濟倫理思想 117
　　一 117
　　二 119
　　三 121
對「中體西用」文化內涵二重性的思考 124
　　一、「中體西用」命題本身的二重性 124
　　二、「中體西用」思想的二重性 125
　　三、「中體西用」價值的二重性 126
　　四、「中體西用」根源的二重性 127
　　五、「中體西用」二重性的啟迪與思考 128
誰之功利，何種功利？——反思中國傳統功利思想的根本性質 .. 129
　　一、追求「我們」的而非「我」的功利思想 130
　　二、自然的而非自由的功利思想 133
　　三、「同」的而非「和」的功利思想 136
補貧弱之弊，求富強之道——嚴復論近代中國之命運 139
　　一 139
　　二 142
　　三 145
論荀子與黑格爾倫理思想的根本差異——與吾淳先生商榷 147
　　一、黑格爾與荀子關於倫理學說的人性論證明的根本差異 .. 147
　　二、黑格爾與荀子關於倫理學說的社會學證明的根本差異 .. 150
　　三、黑格爾與荀子關於倫理問題的基本認識的根本差異 152
　　四、黑格爾與荀子關於倫理實現的條件的根本差異 154

第五篇 德國古典道德哲學探究

康德的義務論辯正——兼論馬克思主義倫理學的自由本質 159
　　一 159

二 164

康德論道德教育方法 168

　　一、純粹實踐理性的方法如何可能？ 168

　　二、純粹實踐理性的方法 171

　　三、純粹實踐理性的方法的啟示 175

義務論還是德性論——走出「康德倫理學是義務論」的迷思 179

　　一、必要的考察：康德的交代 179

　　二、德性不是什麼？ 181

　　三、德性是什麼？ 184

　　四、走出迷思 186

略談康德倫理學的幾個問題——兼與寧新昌、許平二位先生商榷 ... 189

　　一、康德的道德和倫理的相關問題 190

　　二、康德倫理學的義務問題 192

　　三、二律背反和康德的階級軟弱性以及思維方式問題 194

論黑格爾關於善的思想 197

　　一 197

簡析黑格爾的倫理有機體思想 204

　　一 204

　　二 207

　　三 210

　　四 212

後記

前言

　　為了探究倫理學理論體系，1997年以來，筆者對倫理問題進行了各個角度的思考，這些成果陸續在《哲學研究》、《哲學與文化》、《哲學動態》、《世界哲學》、《自然辯證法研究》、《道德與文明》、《倫理學研究》、《教育學報》、《思想戰線》等哲學權威刊物公開發表。而今，把這些學術論文的前期部分（1999～2009）集結為《道德哲學理論與應用》。其主旨就在於記錄並反思這段追問道德哲學理論與應用的學術歷程。

　　眾所周知，倫理學鼻祖亞里斯多德在第一本倫理學專著《尼各馬科倫理學》的開篇寫道：「每種技藝與每種探究，類似的，每個行為和選擇，都以某種善為目的。因此，善被正當地宣稱為所有事物的目的。……

　　如果在我們的行為目的中，有些目的是為其自身而被我們當作目的，每一種別的事物都是為了這些目的，如果我們並非為了別的事物而選擇每一種事物（為此，這就會陷入無限進程中，欲求也因此蒼白無力），顯而易見，必定存在著具體善或最高善。」亞里斯多德把幸福規定為最高善。笛卡爾不同意把幸福作為最高善，因為他認為人並非完美的存在，但是必定存在人和所有其他存在者所依賴的完美存在，那就是上帝。

　　上帝創造了理性的靈魂，並把理性的靈魂和人這個機器結合起來。完美的上帝是自然界的所有規律和理性靈魂的根源，只有上帝才是所有事物的終極目的——終極善，幸福則沒有這個資格。康德批判改造了亞里斯多德和笛卡爾式的倫理思想，把靈魂不朽（The Immortality of the Soul）、上帝存有（The Existence of God）和自由意志（Free Will）作為物自體領域的三大預設，認為前兩者的終極目的都歸於自由意志。

　　上帝和靈魂是道德得以實現的保障，道德則是上帝和靈魂的目的。道德目的的主體是遵循自由規律的人。人是有理性的有機體（有限的理性存在者）：其形式是道德規律，其質料則是遵循自然規律的生物有機體（身體），其自然目的和自由目的透過目的論判斷力來審視，似乎應當以自由目的為終極目的。可以說，康德深刻地把握了道德哲學或倫理學的本體根據——自由。

道德哲學理論
前言

　　基於《道德哲學理論與應用》的思考，筆者認為：自由在現實中的絕對命令就是人權，人權是自由實現自身的價值基準。在自由和人權貫穿始終的倫理學領域中，理論倫理學、應用倫理學和後倫理學共同構成了充滿生命活力和浩然正氣的倫理學體系。簡而言之，自由是倫理之本體，人權是倫理之價值基準，自由在理論倫理學、應用倫理學和後倫理學的邏輯進程中，自我發展、自我實現為一個充滿生命活力的倫理學體系。從某種意義上講，這也是本書日積月累、逐步達成的一點思想成就。

　　《道德哲學理論與應用》行將出版之際，盼望學界同仁和社會賢達不吝指教，以期激勵道德哲學思考、提升倫理研究水平、促進個體自由與社會正義、維繫世界和平與人類安康。

第一篇 倫理學基礎探究

▍目的論還是義務論——倫理學的困境與出路

目前,倫理學中是非常關注目的論和義務論之間的分歧和對立,卻很少深入研究二者之間的內在邏輯關係,這就難免陷入在二者之間做出非此即彼的選擇的困境。實際上,目的論和義務論之間不僅存在著表面上的分歧和對立,更重要的是它們具有內在的邏輯聯繫——這正是倫理學擺脫困境的可能出路。

一、義務論和目的論的外在分歧

一般來說,目的論認為「善」獨立於且優先於「正當」,「正當」依賴於「善」,「善」是其判斷事物「正當」與否的根本標準。根據對「善」的不同解釋,目的論可區分為快樂主義、幸福主義、功利主義等類型,其中功利主義是典型的目的論。與目的論相對,義務論認為「正當」獨立於且優先於「善」,「善」依賴於「正當」。依據對義務的不同理解,義務論可區分為規則義務論、行為義務論等類型,其中康德的規則義務論是典型的義務論。為了簡明集中起見,筆者主要以康德的義務論和功利目的論為考察對象。

(一) 康德義務論的義務

康德在《道德形而上學原理》中,以自由規律為根據,從義務的性質提出了完全的義務、不完全的義務,從義務的對象提出了為他人的義務和為自己的義務。按照「道德形而上學」的層次,他將義務整理為:對自己的完全的義務,對他人的完全的義務,對自己的不完全的義務,對他人的不完全的義務。「完全的義務」就是絕對沒有例外的義務,如:不要自殺;不要騙人等。「不完全的義務」則允許有例外,如:要發展自己的才能;要幫助別人等。康德在後來的《道德形而上學》中進一步深化了其義務理論,使之構成一個較為完整的義務體系。他把完全義務具體規定為法權義務,把不完全的義務具體規定為德性義務。法權義務和德性義務之間的不同在於:法權義務

道德哲學理論
第一篇 倫理學基礎探究

是一種和權利緊密相連的外在強迫,一個人盡義務的同時就享有相應的權利;德性義務是一種並非和權利緊密相聯的內在強迫,一個人盡義務的同時並不能因此要求享有某些權利。

康德把德性義務又具體區分為直接義務和間接義務。直接義務是為了符合道德性,是絕對命令。間接義務是為了抵制並避免使人趨向邪惡的極大誘惑而追求幸福或財富這個外在目的,它之所以是義務,是為了道德這個內在目的,因此是間接義務。沒有直接義務,間接義務就不具有道德價值;沒有間接義務,就會產生趨向邪惡的極大誘惑而對道德產生危害。這裡,實際上已經把功利目的論包含在義務論之中了。但康德看重的是直接義務,他主張的德性義務嚴格說來就是直接義務——這和目的論看重間接義務相對立。因此,他詳盡地探討了直接義務。

康德依據意志自律的各原則,把德性之義務(實即直接義務)列表如下:

(1) 我自己的目的,兼為我的義務(我自己的完善)。

(2) 他人的目的,促成它也是我的義務(他人的幸福)。

(3) 法則,兼為動力,由此而有合道德性。

(4) 目的,兼為動力,由此而有合法性。

其中,從德性對象看,(1) 和 (3) 是德性之內在義務;(2) 和 (4) 是德性之外在義務。從德性的形式和質料的關係看,(1) 和 (2) 是德性義務的實質要素;(3) 和 (4) 是德性義務的形式要素。康德認為,內在義務高於外在義務,形式要素高於性質要素。因此,合道德性高於合法性,自己的完善高於他人的幸福——因為他人的幸福是不確定的,我不是上帝,不能而不是不願使別人達到幸福,每個人的幸福必須靠自己。自己的完善高於自己的幸福,即個人的自由完滿高於一切,是真正的道德目的——後來,波普爾從經驗功利目的的角度也表達了類似的思想。

同時,康德並不反對為他人做奉獻——因為這是外在的義務,但他堅決反對利他主義的無條件的犧牲,因為「如果把每個人都應為他人而犧牲自己的幸福和真實願望當作一項普遍法則,那麼它就會變成一個自相矛盾的準

則」。康德的這一思想和彌爾的有條件的自我犧牲的目的論思想是相近的，容後詳述。可見，真正的絕對命令是有內容的形式——這就是作為不完全義務的德性義務的內在義務。不難看出，康德是個道地的為己主義者，也是一個真正的自由主義者，但正因為他要求每一個人都要盡力履行可普遍化的義務的為己主義，他反而又是最大的超越功利之上的為他主義者。

綜上所述，康德從自由本體出發提出的義務有三個基本層次：

①義務包括完全義務（法權義務）和不完全義務（德性義務）。

②德性義務包括間接義務和直接義務。

③直接義務從德性對象看，包括內在義務、外在義務；從德性的形式和質料的關係看，包括義務的實質要素和義務的形式要素。其中，形式的內在義務是最高的，它來自意志自律或者善良意志，即純粹實踐理性。需要強調的是，康德的義務包含了間接義務，即目的論的要求在內，但把目的論的要求，即間接義務降格為通向直接義務的橋梁。因此，康德倫理學並沒有摧毀功利主義目的論，只是降低了它的位置。實際上，康德時代及康德之後，功利主義日益完善，成為和康德義務論並駕齊驅的倫理學理論。這是以和康德同時代的邊沁以及稍後的彌爾、波普爾的功利主義目的論為標誌的。

（二）功利目的論的目的

如果說義務論的理論價值在於系統論述了義務體系的話，功利主義目的論的價值則在於較為系統地論述了功利目的的體系：快樂目的、積極功利目的、消極功利目的。

其一，快樂目的，即感性的求樂避苦目的。在邊沁看來，人類的一切行為動機都源於快樂與痛苦，求樂避苦是人類行為的最深層動機和最終目的。人類的其他一切義務包括正義、責任、德性等的價值意義，都受到這種感性苦樂的最終裁決。在此基礎上，邊沁提出了根據苦樂的量的大小比例來判定快樂目的的程度的苦樂計算法。彌爾不贊同邊沁只承認快樂的量的觀點，他特別重視快樂的質，提出高級的快樂（精神快樂）與低級的快樂（感性快樂）的質的區分，並且肯定前者在質上優於後者。需要指出的是，彌爾並沒有完

道德哲學理論
第一篇 倫理學基礎探究

全否定量的區分，只不過把量降格為質罷了。在彌爾這裡，雖然與質的快樂相比，質是決定性的因素；但同質的苦樂相比，量的作用依然是決定性的。這就從量和質的統一的視角使快樂目的變得更加精緻了。從總體上看，彌爾更看重的是快樂的質的效果——這種重視精神快樂的目的已經有了和義務論重視意志自律相接近的傾向。

邊沁、彌爾對於經驗領域的苦樂的量與質的區分和探討是有價值的，這是康德很少涉及的。不過，苦樂成為目的論的最高道德法庭，這和康德的義務或意志自律的道德法庭有著本質區別，即前者是經驗感性的，後者是超越理性的，但它們都是對人生價值的探討。只有層次上的不同，而不是非此即彼的絕對對立。求樂避苦的目的為最大多數人的最大利益、最大幸福的目的（邊沁、彌爾）乃至最小痛苦的目的（波普爾）奠定了理論基礎。

其二，積極的或理想的功利目的，它主要有兩種形態：邊沁的最大多數人的最大利益目的和彌爾的最大幸福目的。邊沁在苦樂目的的基礎上，提出了最大多數人的最大幸福的功利目的。這裡，功利是指任何一種行為對於幸福的增進，幸福則是透過個人的苦樂的量的計算去衡量個人的快樂的。它包括個人利益（個人的快樂或幸福）和社會利益（最大多數人的最大幸福）。他認為，社會是由被認作其成員的個人所組成的一種虛構的團體，社會利益「就是組成社會之所有單個成員的利益之總和」。因此，理解個人利益是理解社會利益的關鍵。邊沁的機械經驗論在這裡暴露出致命的弱點，和只承認苦樂的量而無視苦樂的質一樣，他完全無視社會利益與個人利益的質的區別，僅僅把社會利益看成是個人利益的簡單相加。他沒有能力像黑格爾那樣把社會看作一個倫理有機體，把個人利益和社會利益有機結合起來。鑒於這一思想割裂了個人利益和社會利益的弊病，彌爾提出了最大幸福的功利目的。如果說邊沁強調個人利益為基礎的話，彌爾則傾向於公益論，他主張有條件的自我犧牲論，即這種犧牲一定要帶來其他人或人類整體的利益，這和前述康德的觀點基本上是一致的。彌爾說，功利主義並不否定為了他人的利益犧牲自己的利益的正當性，「功利主義只是不承認犧牲的本身也是一善事。不增加或不趨向增加幸福的總量的犧牲，功利主義看來是浪費」。顯然，彌爾透過肯定康德義務論同樣肯定自我犧牲的價值，力圖調和在邊沁那裡個人利益

和社會利益的相互對立的關係，使最大幸福主義更加完善，同時也是向義務論接近的一種傾向。

邊沁、彌爾重視個人利益和最大幸福，這是其合理要素，但它忽視了最大幸福和最小痛苦之間的矛盾，波普爾的最小痛苦目的就是對這一矛盾提出的一個貌似保守但更具現實價值的目的。

其三，消極的或務實的功利目的。如果邊沁、彌爾等人追求的最大多數人最大幸福的功利目的可稱為積極的或理想的功利目的，那麼波普爾的最小痛苦目的可稱為消極的或務實的功利目的。波普爾認為，謀求幸福的種種方式都只是理想的、非現實的，苦難卻一直伴隨著我們。我們應該此時此地就同一個最急迫的、現實的社會罪惡做鬥爭，而不要去為一個遙遠的、也許永遠不能實現的至善去做一代代的犧牲。而且，從道德的角度看，苦與樂並不能互相折算，痛苦不可能被快樂抵消平衡；一個人的痛苦更不可能被其他人的快樂所抵消平衡。處於痛苦或災難之中的任何人都應該得到救助，絕不應該以任何人的痛苦為代價去換取另一些人的幸福。因此，最大多數人的最大幸福應該代之以一種較謙遜、較現實的原則：盡最大努力消除可避免的苦難，這就是波普爾的「最小痛苦」的功利目的。它要求：把可避免的苦難降到最低，並盡可能平等地分擔不可避免的苦難。這的確是有一定見地的。

我們看到，功利目的和康德的間接義務（為了追求幸福而必須同時排除苦難）在實質上是一致的，不過它們的理論地位不同罷了——在目的論中，它是終極目的；在義務論中，直接義務才是終極目的，功利目的只是直接義務的一個環節，沒有獨立的價值，它必須以直接義務為最高根據。但是，義務論也必須不斷地從目的論所特別關注的經驗領域吸取養料，才能具有真正的力量。康德的直接義務在目的論這裡，好像毫無立足之處，但實際上作為否定因素潛伏於目的論之中。因為目的論的目的都是經驗領域的感性目的，它缺少一個普遍的法則作為最高法庭，它自身的不確定性和感性的偶然性迫使它不斷自我否定，向義務論靠近。可見，儘管目的論和義務論之間存在著表面的外在分野，但它們具有內在的邏輯聯繫。

二、義務論和目的論的內在邏輯

以求善為目的的目的論和以求正當為目的的義務論表面看來針鋒相對，但二者在相互詰難中，不斷相互接近、相互融合。從前面的考察中，可以明顯地看到這是由義務論和目的論的內在邏輯關係決定的。

（一）義務論是目的論的超驗目標，目的論是義務論的經驗根基

功利主義內部自我否定的因素在於，且不說最大多數人的最大幸福，是不確定的且極難達到的感性經驗要求，即使能夠達到，也必然以把少數人的幸福降低，做為最大多數人的最大幸福的工具為代價。這是功利主義邏輯的必然結論，斯馬特的行為功利主義就主張為了最大多數人的最大幸福而可以犧牲少數人的幸福。這就為功利主義打開了方便之門，甚至可以成為種種暴行的理論藉口。這也是參加過第二次世界大戰的羅爾斯猛烈抨擊功利主義的根源所在。

從根本上講，功利性和超功利性的追求深深植根於人類的天性之中。完全脫離精神需求的純粹的功利行為是不存在的。人類的功利中滲透著審美、道德、宗教等精神要求。人們不僅需要衣食住行的世俗家園（其實衣食住行也滲透著人們的精神追求），還追求超越現實功利的精神家園。人類除了現實的功利利益之外，還有著超越於經驗之上的更高尚的精神追求——精神追求的本質就是義務論所追求的德性自身的目的。功利主義只有以義務論作為道德導向，才能超驗領域，達到道德本體的高度。

康德認為，目的作為道德命令所要求的德性之義務是其自身所具有的。他說：「目的概念這一要素不是我們本來就有的，而是我們應該有的，因此是純粹實踐理性本身所具有的。其最高的、無條件的目的（然而仍是一項義務）在於：德性就是它自身的目的，弘揚人性就是它自身的回報。……與各有其障礙待克服的人類諸目的相比，作為德性自身目的的它自身的尊貴，的確遠遠超出了所有的實際功利、所有的經驗目的及其所能帶來的好處。」

康德在這裡已經非常明確地表達了三個重要思想：

①義務必須有目的，但超越經驗的德性目的，即內在目的高於功利等經驗目的。

②最高義務和絕對目的是一致的。

③二者一致的基礎就在於自由。這裡，目的論和義務論在最高層次上相一致的思想是非常明確的。

康德的「為義務而義務」常被人們譏笑為空洞的形式主義。其實，康德不但重視內在目的，同時也並不完全否定外在目的，而是力圖透過預設自由、不朽和上帝來調節它們之間的關係，追求幸福（外在目的）和德性（內在目的）一致的至善。這也說明義務論必須以目的論作為經驗基礎。雖然功利貧乏並不能使人降為物，但它會誘惑人類向惡並阻礙乃至抑制求善的進程，因此，現實功利也是應該大力肯定的——這正是功利目的論的價值所在，也是康德肯定世俗幸福並調節目的論和義務論的用心所在，只不過他不把它當作終極目的而只是作為間接目的。

（二）目的論蘊含著義務，義務論也蘊含著目的

目的論雖然表面上不提義務，但它追求的目的在其本質上就是康德的間接義務。邊沁、彌爾等重視個人幸福，實際上是康德為己的間接義務——在康德這裡，它必須服從於為己的直接義務才有價值；彌爾重視公益論的目的和波普爾關注苦難的目的，實際上是康德的為他的間接目的——在康德這裡，它必須服從於為他的直接義務才有價值。如果說，邊沁、彌爾主張的是積極或理想的（間接）義務，波普爾則主張的是消極或現實的（間接）義務。波普爾批判說，在所有的政治理想中，使人們幸福或許是最危險的理想，因為建立人間天堂的努力總是不可避免地造成人間地獄。我們的責任和義務是去幫助那些需要我們幫助的人，是努力消除和預防痛苦、災難、非正義等等，而不是去使別人幸福。因為幸福等較高的價值是個人隨自己的心願去爭取創造的事情，他人是否幸福並不依賴於我們個人，而是依賴於他人自己的努力和機遇。雖然我們可以設法使我們的朋友幸福，希望他們接受我們的價值（建議），但以他們是否願意為限。這才是蘇格拉底式的理性態度，即在深知自

道德哲學理論
第一篇 倫理學基礎探究

己容易輕犯錯誤的前提下，充分尊重他人，而不熱衷於強迫他人接受幸福。在波普爾這裡，義務論的傾向已是呼之欲出了。

實際上，目的論把康德的間接義務完善化、系統化了。但問題在於，間接義務越完善，其內部衝突就越尖銳：利己與利他的矛盾、最小痛苦與最大幸福的矛盾，規則功利（布蘭特）與行動功利（斯馬特）的矛盾等愈演愈烈。西季威克甚至認為，在世俗經驗的基礎上，功利的衝突不可能有一種完滿的解決辦法。的確，這在功利主義內部是不可能解決的。這種矛盾在康德那裡是屬於間接義務之間的衝突，它們是經驗領域的一對恆久的矛盾，是目的論理論內部矛盾的體現，正是這些矛盾對自身的否定，才能把目的論從經驗領域擢升到超驗領域，從而把間接義務提升為直接義務，把外在目的提升為內在目的，也就是說，從目的論上升到義務論。

康德認為，義務論與目的論之間的區別不在於人的道德行為有無目的，而在於有什麼樣的目的。為了說明二者的目的不同，康德把目的分為兩種：一是由感性衝動所決定的技術的（主觀的）目的——它是外在目的；一是依據自身法則所確立的客觀的目的——它「同時也是義務的目的」，即內在目的，這個目的就是人本身。義務論看重的是內在目的。目的論追求的是外在目的。也就是說，義務論是以道德自身的目的為目的，目的論是以道德之外的經驗世界的物質利益為目的。康德認為一個人在從事道德活動時，無論行為的結果如何，都應該履行自己的義務，一以貫之地按照道德法則行事。認識到道德自身就是人們道德活動的目的，道德活動是盡自己的義務，這就是許多人在做了好事卻善無善報，甚至善得惡報時，並不後悔抱怨，還要一如既往地去做的原因，這就是不受外在因素牽制的、意志自律的、絕對命令的、一以貫之的德性的力量。康德並不否認人的幸福和利益，但他反對以這種幸福和利益，特別是反對以謀取自身的利益作為具體的道德行為的目的。顯然，康德是想把義務論與目的論綜合起來。

如果說義務論是以義務為目的的內在目的倫理學的話，目的論（主要是功利主義）則是以幸福、情感，主要是功利效果為目的的外在目的倫理學。如果說義務論的核心在於義務——內在目的「應當」的話，目的論的核心則

在於目的的「善」——功利的外在目的。這也是功利論和義務論的根本區別。同時，二者有著內在的邏輯聯繫：外在的目的功利、幸福、情感、權威等只有以內在的目的為目的，才有價值。因此，外在的目的貫徹到底就必然進入內在目的；而內在的目的只有以外在目的為仲介才能達到。外在目的可稱為間接目的，內在目的可稱為直接目的，這也是康德把德性義務劃分為內在義務和外在義務的根據所在。目的論的間接義務或外在目的，是力圖為人們構建一個和諧的、無痛苦的、美好的世俗家園，康德則高懸一個目的王國作為人們的理想和超驗的精神家園，它們都是人們必不可少的家園——經驗家園和超驗家園的統一才是人類真正的家園，或許這正是人類的（自由）本性所在。如果用一個涵蓋目的論和義務論的倫理術語的話，那就完全可以稱之為（倫理學的）自由論。

（三）目的論和義務論的共同目的是自由

如果說康德認為內在自由高於外在自由，並把內在自由看作最高目的或內在目的的話，彌爾則蔑視內在自由（自由意志），而重視外在自由（社會自由）。在《論自由》的開頭，彌爾明確聲明說：「這篇論文的主題不是所謂意志自由，……這裡所要討論的乃是公民自由或稱社會自由，也就是要探討社會所能合法施用於個人的權利的性質和限度。」康德在法學中也劃定了個人自由的界限，這和彌爾沒有經驗上的區別。他們的不同在於，康德的自由的界限有一個超驗的根據，那就是自由必須符合普遍法則。彌爾、波普爾的自由的根據則是經驗的功利效果。我們認為，人的自由應當有一個超驗的根據懸在那裡作為我們對經驗自由審判的法庭，否則經驗的自由就是偶然的、不確定的、甚至會成為不自由的工具和藉口。這就是經驗中的自由，如法國大革命的抽象自由為何變成了不自由的原因，也是波普爾從目的論內部、羅爾斯從義務論的角度同時批判最大幸福主義的原因。功利的現實的自由雖然不能和先驗的自由完全符合，但也是現象界絕對必要的，即現實的自由應該符合先驗的自由。因此，我們看到，康德義務論主要強調先驗的普遍自由，目的論主要強調經驗的增加幸福或減少痛苦的自由。儘管他們關注的自由的重心、層次、內容等不同，但他們關注的都是自由必不可少的要素。也就是

說，目的論和義務論都是自由的必要環節，都是倫理學的必要類型。這就昭示了自由是倫理學的根本。

可見，目的論（善）——義務論（正當）——自由（應當），這就是義務論和目的論的內在邏輯，同時也是倫理學的內在邏輯和出路所在。我們由此推出三個基本結論：

①從內涵來講，倫理學的內在邏輯決定著倫理學的本質是追求自由之學——嚴格說來，是追求倫理自由之學，也決定著道德或倫理體現的是人自身的內在的自由本質，而不僅僅是外在於人的幸福、利益之類的工具和手段，因為幸福和利益如果不和道德結合，其本身的價值也就成了問題。當然，這並不是否定幸福和利益。相反，我們必須肯定其經驗的價值和意義，只是說不能把它們看作道德的終極標準和最高本質。

②從研究方式來講，倫理的自由本質決定著它不可能像自然科學的對象那樣遵循自然因果律，因此不能機械套用研究自然的方法來研究倫理。倫理學作為研究自由規律之學與自然科學的根本區別，就在於它不能用機械因果律加以規定，不能用實驗加以驗證，不具有嚴格的自然科學意義上的可操作性、可重複性，不能用利害的算計或邏輯規則來規定，否則它就成了不自由的僵死的教條。相反，超越於自然規律之上，不屈從於利害算計等外在力量，力求自己成為自己的自由，正是倫理學和倫理的本質，實即人的價值和尊嚴所在。

③倫理學的自由本質和內在邏輯表明：在倫理的自由這個至高點上，倫理學真正跳出了目的論和義務論二元對立的困境，踏上了自己的自由之路。

人權視閾的尊嚴理念

人的尊嚴和人權兩個概念自20世紀中葉被同時寫進《聯合國憲章》和《世界人權宣言》以來，就開始成為兩項普世性的法律原則和倫理準則。尊嚴理念也隨之成為人權視閾中眾說紛紜的國際性話題。圍繞尊嚴展開的激烈論爭，主要集中在尊嚴平等和尊嚴差異的對立上。與此相應，形成了尊嚴平

等論和尊嚴差異論兩類尖銳對立的觀點。這兩類觀點的頡頏彰顯了尊嚴的內在矛盾，同時也暴露出尊嚴的內涵、尊嚴和人權的地位等問題的模糊不清。因此，從尊嚴的內在矛盾衝突中把握其內涵，藉此釐清尊嚴和人權的關係和地位，就成為一項緊迫的理論要求和現實使命。

一

尊嚴平等論主要有兩種理論模式：內在尊嚴說（或尊嚴基礎論），認為尊嚴是人人自身所固有的絕對的不可喪失的內在價值，人權「源於人自身的固有尊嚴」；權利尊嚴說（或人權基礎論），主張人權是尊嚴的基礎，尊嚴是源自人權的人人享有的不受侮辱的權利，它是後天獲得的，因而也是可以喪失的。

（一）內在尊嚴說

內在尊嚴說即尊嚴基礎論，認為尊嚴指每個人生而具有的內在價值或本質（理性、自由、思想等）。它體現了每個人作為人類中的一員，所具有的不可剝奪的人性的內在價值，並因此成為人權的根源。

內在價值尊嚴說有著深厚的理論根基和歷史淵源。早在古希臘羅馬時期，斯多葛派就認為尊嚴是人擁有理性能力並能洞悉宇宙秩序的人性的至高價值。塞涅卡（Seneca）把人性尊嚴和人本身聯繫起來，認為人本身具有作為無價的內在價值的尊嚴。這一思想在基督教中得到進一步發展。在基督教中，個人被看作從上帝那裡獲得內在價值的存在。聖·奧古斯丁和隨後的許多神學家都認為，人是按照上帝的形象創造的，因此，每一個人都具有內在價值，且神聖不可侵犯。尊嚴理念在文藝復興時期逐漸擺脫上帝的羈絆而歸結為人性尊嚴。義大利的皮科（Giovanni Picodella Mirandela）在《論人的尊嚴》中認為，在一切生靈之中，上帝只賦予人自由意志和不被規定性，所以人最有尊嚴和價值。17世紀法國著名科學家、哲學家帕斯卡（Blaise Pascal）則明確主張，不是上帝而是思想構成了偉大的人性和尊嚴的基礎，「我們的全部尊嚴就在於思想」。這種奠定在思想、理性、自由基礎上的人性尊嚴的觀念在康德那裡得到新的綜合。康德認為，人因為具有自律的意志而擁有不

可剝奪的內在價值的尊嚴，所以「自律性就是人和任何理性本性的尊嚴的根據」。這樣一來，作為內在價值的尊嚴的思想就成為把尊嚴作為人權基礎的思想的哲學根據。

一方面，它直接成為現今當代的內在尊嚴觀的哲學基礎。肖克恩霍夫（Eberhard Schockenhoff）明確主張：源自尊嚴和義務的人權是所有人的需求，人權必須限定在以生命自由和人性尊嚴為絕對前提（預設）的範圍內。

克魯格（F. Klug）也說：「尊嚴概念取代上帝或自然而成為不可剝奪的權利的基礎，這完成了自然權利向人的權利的轉變……權利的根據在於所有人共同具有的基本的人性尊嚴。」與尊嚴相比，人權的理念相對簡單，「它奠定在對每個人內在尊嚴的正確評價的基礎之上」。主張此觀點的還有著名哲學家格沃斯（Alan Gewirth）、施貝曼（Robert Spaemann）、蒂德曼（Paul Tiedemann）、查維德（John Charvet）等。

另一方面，「正是人性尊嚴的理念成為作為保護人類的法律文件的人權基礎」。作為內在價值的尊嚴理念直接影響並滲透到《聯合國憲章》、《世界人權宣言》中，乃至當今許多國際倫理法律文件。1948年的《世界人權宣言》的第1條就寫道：「人人生而自由，在尊嚴和權利上一律平等。」1993年的《維也納宣言和行動綱領》明確宣布：「承認並肯定一切人權都源於人與生俱來的尊嚴和價值。」2005年，聯合國教科文組織成員國全票通過的《世界生物倫理和人權宣言》的首要原則（即總第3條）就是：「人的尊嚴和人權。」不但「《世界人權宣言》已經表示尊嚴是所有人不可剝奪、毫無例外的權利，而今大部分國際人權文件（協約、指導方針等）都運用以人性尊嚴為基礎的概念」。

毫不誇張地說，傳統的內在尊嚴觀根深蒂固，影響深遠，它使人們堅信「屬於每個人的內在尊嚴絕不會喪失」、「即使身體腐朽衰退也不能廢除把每個人看作具有平等尊嚴的自身目的的訴求」。

儘管如此，內在尊嚴說依然存在著難以克服的困境。

第一，根據內在尊嚴說，不具有理性和自律能力的嬰幼兒、精神病人等不具有內在尊嚴，有理性者在睡眠、爛醉如泥、麻醉虛幻、吸毒、瘋狂諸狀態中，已經喪失了理性和自律，也無尊嚴可談。這足以說明，尊嚴並非人人共有，也不是生而具有、不可喪失的，而是生而非有、部分人（有理性、自律者）後天獲得的，因而是可以喪失、有差異的。即使康德也說：人，「他有責任在實踐上承認任何其他人的人性的尊嚴，因此，他肩負著一種與必然要向每個他人表示的敬重相關的義務」。這實際上透露出了尊嚴的有條件性，即要得到其他尊嚴主體的承認。的確，尊嚴可以以不同的特殊方式喪失，尤其是個體的身體。在重病、暴力、折磨、毀容或整個身體被損毀改變等情況下失去了可尊重的身體時，人們甚至不願見自己的親友同事，把自我排除在共同體之外。這樣，身體方面的特殊尊嚴就喪失了。

第二，人權作為原初的無條件的絕對權利，是先於國家、民主、法律的人人享有的普遍性道德權利。以尊嚴作為人權的基礎，是不合邏輯的。或者說，這種尊嚴實質上和人權並無二致。

第三，生態中心論秉承內在尊嚴理念，並肆意擴大尊嚴的領地，強調眾生平等基礎上的動物尊嚴乃至自然尊嚴，由此引發了尊嚴的泛化。

內在尊嚴的空洞泛濫，引起了人們的極大不滿。B·奧蘭德（B. Orend）認為，尊嚴「是一個過於龐大、模糊的概念，以致令人懷疑其能否作為確證人權的牢固起點的概念」。馬克琳（R. Macklin）等人認為，尊嚴沒有任何精確內涵，應當拋棄之。德國著名法哲學家赫斯特（Norbert Hoerster）也明確主張從現代倫理學詞彙中剔除尊嚴概念。

雖然內在尊嚴說遭到致命的質疑，但多數人並不主張簡單地否定尊嚴理念。安多諾（Roberto Andorno）明確指出，否定尊嚴的看法過於簡單，儘管尊嚴有其模糊性，但它在國際生物醫學法中具有核心作用，「它不僅真正地致力於保護存在著的人，而且真正地致力於保護人本身的完整和一致的真正需求」。鑒於此，人們試圖為尊嚴尋求新的出路。目前，影響深遠、勢頭強勁的是與內在價值尊嚴說針鋒相對的權利尊嚴說。

（二）權利尊嚴說

權利尊嚴說即人權基礎論，主張人權是尊嚴的基礎，尊嚴是出自或派生於人權的一種不受侮辱的權利。人一旦受到了侮辱，就意味著尊嚴的喪失。因此，尊嚴不是人自身固有的內在價值。

德沃金（Ronald Dworkin）說，人權是尊嚴的基礎，尊嚴是人權的一部分，即免受侮辱的權利。另外，沙伯爾（Peter Schaber）、諾伊曼（Ulfrid Neumann）、史托克（Ralf Stoecker）等人也主張此觀點。甘紹平在《作為一項權利的人的尊嚴》一文中對權利尊嚴說做了詳盡周密的論證。他認為，尊嚴的確歸因於人的特性，但並不是指自主性或道德性，而是指具有被動意味和更大覆蓋範圍的人的脆弱性、易受傷害性。從積極的意義上講，尊嚴意味著維護自我；從消極的意義上講，尊嚴意味著避免侮辱。自我在多大程度上得到了維護，這是不容易界定的。但人是否遭到侮辱，則是清晰可辨的。如果每個人都擁有不受侮辱的權利，則每個人自然都享有尊嚴。所以，「尊嚴從本質上講就是不受侮辱的權利」。這個尊嚴的定義，實際上已經說明了「尊嚴是人權的一部分，而不是人權的根基」。

權利尊嚴說關涉了尊嚴的底線這個至關重要的問題。一方面，它澄清了內在尊嚴概念的模糊性和抽象性，明確地把平等的尊嚴理念限定為「不受侮辱的權利」；另一方面，它糾正了內在尊嚴說把尊嚴作為人權根基的錯誤，明確地把人權作為尊嚴的基礎。但問題在於：

第一，作為不受侮辱的權利的尊嚴必須以羞恥感為基礎，沒有羞恥感的人，例如植物人、嬰幼兒，或以恥為榮的人就很難說具有不受侮辱的權利的尊嚴。由於恥辱觀的不同，一些人引以為恥的行為，另一些人卻引以為榮。就是說，侮辱是一個感性的概念，它要根據個體的具體感受和所處境遇以及個體對行為的理解和認知加以判斷，因而呈現出主觀性、偶然性、隨意性。每個人可以根據個人對侮辱的不同感受而捍衛不同的個人尊嚴，甚至會把捍衛個人尊嚴作為侵犯尊嚴和人權的藉口。這樣一來，不受侮辱的權利的尊嚴只能明確限定在法律尊嚴的範疇內。就是說，權利尊嚴的實質應當是人人平等共享的不受侮辱的法律權利。

第二，僅僅有法律尊嚴是不夠的，道德尊嚴是法律尊嚴不可或缺的要素。一方面，法律尊嚴的根基和目的來自道德尊嚴，其內涵也要隨著人們對道德尊嚴的認識程度不同而加以修正；另一方面，在不受侮辱的情況下，人因為自卑也會感到自己沒有尊嚴。人的尊嚴應當是人在自我發展和完善的過程中，得到他者（包括法律、國家、個人等）的尊重和自我尊重的綜合體。其中，自尊就涉及主觀差異的道德尊嚴說，即尊嚴差異說。

(三) 尊嚴差異說

儘管內在尊嚴說和權利尊嚴說針鋒相對，但它們都同屬尊嚴平等說：內在尊嚴說強調抽象模糊的人性的平等，權利尊嚴說強調明確具體的不受侮辱權利的平等。實際上，尊嚴平等是建立在尊嚴差異的基礎上的：內在尊嚴說以承認有理性且有自律能力的人、和無理性且無自律能力的人，或喪失了理性和自律能力的人，三者之間的差異為前提；權利尊嚴說則以不受侮辱者和受侮辱者之間的差異為前提。難怪自古以來，平等尊嚴說就不斷地受到尊嚴差異說的挑戰。

尊嚴差異說認為尊嚴並非平等，而是後天獲得的具有主觀差異性的高貴德性，這種差異體現為尊嚴的高尚性而不是卑下性。據瑪哈尼（Jack Mahoney）說：「拉丁文中的形容詞 dignus，是英文名詞 dignity 的詞根，意思是『有價值的』（worthy）或『應（值）得的』（deserving）。」與此相關，尊嚴的最初涵義是指人的傑出高貴的社會地位。古羅馬的西塞羅（Cicero）開始把尊嚴主觀化為對政治主人的敬重。

亞里斯多德跟尼采，尤其是尼采，把尊嚴主觀化為一種古典貴族般的高貴，或高尚的德性。馬克思也說：「尊嚴就是最能使人高尚起來，並高出於眾人之上的東西。」可見，「尊嚴概念表達了與人本身、動物、自然和整個宇宙相關聯的道德優越性和道德責任」。這主要是指與平等的法律尊嚴不同的具有主觀差異性的道德尊嚴。由此也可以看出，道德尊嚴說和法律尊嚴說具有相同之處：它們都承認尊嚴並非生而具有，而是後天獲得的。這是它們和內在尊嚴說的不同之處。

值得注意的是，尊嚴的差異應當限定在透過民主商談流程而確定的，個人的自我完善的限度內，且以不侵害他者的尊嚴（即法律尊嚴）為底線。它絕不可專制武斷地擴展到國家、種族的範圍，否則就會出現社會達爾文主義所引發的希特勒式的種族歧視，甚至屠殺所謂的劣等民族等問題。法西斯主義滅絕人性的踐踏人權、損毀人的尊嚴就是以獨斷的、絕對的尊嚴差異為理論基礎之一的。為避免這類可怕的尊嚴災難，尊嚴的差異必須嚴格固守平等的法律尊嚴的底線。

二

綜上所述，可得出三點結論：

第一，把尊嚴規定為固有的人性內在價值的思想和尊嚴的主觀性、差異性、可喪失性、後天性相矛盾，也和普遍人權理念相矛盾。絕對的、無條件的、普遍的人權是所有的人都毫無例外地平等享有的，是所有權利之根源，也是尊嚴的基礎。因此，我們拋棄內在尊嚴說，即尊嚴基礎論而主張以人權為基礎的尊嚴理念（包括法律尊嚴和道德尊嚴）。

第二，如果僅僅把尊嚴限定在法律尊嚴的範圍內，就會出現法律尊嚴的論證問題、價值問題以及修正問題的困境，這是因為法律尊嚴的正當性只有從道德尊嚴的角度才能得到確證。另外，它忽視個體道德尊嚴的差異，還會導致社會制度、社會責任以及道德尊嚴的弱化，最終也會導致法律尊嚴的弱化。

第三，如果缺少了法律尊嚴的底線保障，把尊嚴僅僅限定在道德尊嚴的範圍內，尊嚴將成為一個軟弱無力的空洞口號。鑒於此，我們認為尊嚴的出路在於以人權為基礎，從尊嚴的人性基礎出發，實現道德尊嚴和法律尊嚴的有機融合。

（一）尊嚴的人性基礎

從靜態看，人是有限和無限、生理和心理及理性精神融於一體的存在。從動態看，人是無限揚棄有限、精神（心理、理性）揚棄自然（生理）的存

在過程，是自由自律地袪惡和求善的存在，是不斷彌補不足、完善自我的存在。人性具體存在於對人的有缺事實（生存環境、生理、心理、社會狀況等）的不滿的基礎上追求人性完善的過程之中。誠如黑格爾所言：「人既是高貴的東西同時又是完全低微的東西。它包含著無限的東西和完全有限的東西的統一、一定界限和完全無界限的統一。人的高貴處就在於能保持這種矛盾，而這種矛盾是任何自然東西在自身中所沒有的也不是它所能忍受的。」人在一切方面（在內部任性、衝動和情慾方面，以及在直接外部的定準方面）都完全是被規定了且有限的，這是其低微之處，它主要表徵著人的脆弱性、易傷害性和有限性；但人正是在有限性的低微中知道自己是某種無限的、普遍的、自由的東西，這是其高貴之處，它主要表徵著人的無限性、堅韌性和自我完善能力。正是這種無限和有限、自由和自然、普遍和特殊、脆弱和堅韌之間的內在矛盾構成了尊嚴的人性根據。

人就是能夠保持低微的高貴和高貴的低微這一對矛盾的統一體，尊嚴正是人對高貴揚棄低微所做出的肯定和嘉許。如果低微壓倒了高貴而居於主導地位，人就喪失了尊嚴。皮科在《論人的尊嚴》中藉上帝之口說，人可憑自己的自由意志決定其本性的界限，「你能夠淪為低級的生命形式，即淪為畜生，亦能夠憑你靈魂的判斷轉升為高級的形式，即神聖的形式」。其實，淪為低微的畜生就是尊嚴的喪失，轉升為高貴神聖的形式就是尊嚴的獲得。

值得注意的是，尊嚴哲學中存在著對人性的兩種類型的誤解：不是把人僅僅看作低級形式，竭力將人物化，把人降為動物甚至非人自然，主張自然尊嚴、動物尊嚴者就是如此，如邊沁、雷根、彼特·辛格等；就是把人僅僅看作神聖的形式，竭力將人理想化，把人看成是超自然中的一員，把人拔高為神或上帝，主張不可喪失的內在尊嚴說或尊嚴基礎論就屬此類。它們的共同特點在於把尊嚴的內涵竭力縮小到空洞無物的程度，把其外延竭力擴展到無所不包、無以復加的地步，這樣，任何人甚至任何事物都可以平等地擁有尊嚴且不可喪失。表面看，這似乎擴大了尊嚴的領域，實質上卻謀殺了尊嚴。

其實，從人性的角度看，純粹的低微和純粹的高貴的實質是相同的，它們都不能成為尊嚴。對於完全高貴的東西而言，由於其本身內部不包含低微

的因素,它只是一個純粹的無矛盾的抽象的東西,高貴也就失去了高貴的意義而不成其為高貴,故沒有尊嚴可言。這是內在價值尊嚴說不能成立的根源。對於完全低微的東西而言,由於沒有高貴的因素,低微也就不成為低微,它根本不存在高貴和低微的矛盾,因此也沒有尊嚴可言。這是主張動物尊嚴或自然尊嚴論者不能成立的根源。

總之,這兩種尊嚴是抹殺了差別的抽象的平等尊嚴。具體的平等應當是有差異的平等,源自人性的高貴和低微的矛盾的尊嚴理念正是有差異的平等:平等的法律尊嚴和差異的道德尊嚴。

(二) 平等的法律尊嚴

人們感受最強烈的是其低微層面的有限性、脆弱性和易傷害性,對它的侵害使人感到莫大的侮辱、無助甚至絕望。這類基本的不受侮辱的權利必須透過法律的途徑,尤其是國際公民法的途徑,對所有人平等地無例外地給予堅強的法律保障。平等的法律尊嚴的實質,是保障人的脆弱性、易傷害性和有限性等不受侮辱,它運用法律武器為人的尊嚴構築一道不可突破的道德底線,具有一定的普遍性、平等性、客觀性。一旦打破這個底線,就是對平等尊嚴的破壞,因而必須動用法律武器維護平等尊嚴。法律尊嚴要求尊嚴客體,例如政府、法院、國家等承擔對個人的平等尊嚴的法律責任,也要求作為具有平等尊嚴權利的個體承擔相應的法律義務,即尊重他人不受侮辱的權利。或者說,法律尊嚴神聖不可侵犯,一旦侵害了它,就一定要負相應的法律責任。

不過,平等的法律尊嚴不是獨斷地被確立的,而是在道德商談中被論證和確立的。哈伯馬斯認為,被法律規定下來的權利(包括法律尊嚴)具有道德上的根據,基本權利的有效性只能從道德的觀點來加以論證。德沃金主張用道德原則對法律進行「建構性詮釋」,「權利即是來源於政治道德原則的法律原則」。菲尼斯(J.Finnis)也堅持在法律適用時對法律的道德解釋方法。可見,人們之間透過法律來平等地保證每個人的尊嚴,不僅僅是出於法律的理由,而且更是出於一種道德的理由。尊重別人的法律尊嚴以及維護自己的

法律尊嚴，不僅僅因為這種尊嚴是有法律保障的，更主要的是因為這種尊嚴是有道德價值的。

（三）差異的道德尊嚴

道德尊嚴正是透過立法和司法過程中的法律解釋而滲透到法律尊嚴之中的。德國著名法哲學家施塔姆勒（Rudolph Stammler）秉承康德的思想，提出了作為符合道德的正義法律必須遵循的「純形式」的原則：「允許每個人的行為不顧他人目的而追求自己目的，顯然是不可能彼此協調的，法律的目的必須成為包容一切的目的。」施塔姆勒從這一命題出發，推出了正義法律的四個形式原則：「第一，每個人的意志內容不屈從於他人的專斷意志。第二，承擔義務的人沒有喪失自我，法律要求才能存在。第三，受法律支配的每一個共同體成員都不排除在共同體之外。第四，只有當人們仍然保有人格尊嚴時，法律所授予的支配權才是正當的。」如果我們把「人格尊嚴」替換為「道德尊嚴」，即可據此認為，法律尊嚴必須以道德尊嚴為前提和目的，否則，它就會成為無生命力的僵硬軀殼。

如果說法律尊嚴是客觀平等的免於侮辱的權利，道德尊嚴則是在法律尊嚴得以保障的基礎上，尊嚴主體依靠自己的主觀性努力完善各自人生理想的一種道德權利和義務，其實質是人的無限性、堅韌性和自我完善能力對高貴人性的追求。道德尊嚴作為一種自我完善的權利或義務，以恥辱感和自尊心作為其道德心理基礎，並發展為追求、實踐、完善自我的行為。尊嚴主體在此過程中獲得自尊和他人的尊重。

可見，道德尊嚴和主觀性密切相關。尊嚴主體的主觀性千差萬別，必然導致道德尊嚴呈現出巨大的偶然性、特殊性和差異性：道德尊嚴可以隨著尊嚴主體自身修養的提升、完善而得到加強和擴展，也會隨著其自身修養的下降、生活的墮落而減弱、縮小乃至喪失。如果尊嚴主體放棄完善自我的權利和義務而淪為德性卑下的人，即喪失了尊嚴的人，自己須為此承擔完全的道德責任。

不過,一旦尊嚴主體受到來自外在的侮辱,自尊和他者的尊重就轉換為接受法律的保護,即道德尊嚴轉化為法律尊嚴(不受侮辱的權利)。另外,如前所述,法律尊嚴須以道德尊嚴為前提和目的。這足以證明,兩者相互滲透,在一定條件下也可相互轉化:我們主張透過民主商談的程序,實現兩者的轉變或明確兩者的界限——關鍵是劃定法律尊嚴的領地,以便在保障尊嚴底線的基礎上不斷提升道德尊嚴。

綜上所述,在人權的視閾中,尊嚴平等和尊嚴差異作為尊嚴理念的內在矛盾,它們的自我否定凸現了尊嚴理念的內涵:首先,尊嚴作為人人不受侮辱的權利,它應該明確、固化為法律尊嚴以切實保障每個人的平等尊嚴。其次,道德尊嚴是完善自我的權利和義務,它呈現出主觀性、差異性和自主性。再者,法律尊嚴應以道德尊嚴為基礎和目的,接受道德尊嚴的批判和審視。同時,道德尊嚴應以法律尊嚴為堅強的底線保障。最後,從人權和尊嚴的關係看,人權的向外延伸大於尊嚴,尊嚴的內涵大於人權。尊嚴是有條件的、可以喪失的權利,而不是每個人任何時間和任何地點都享有的權利(人權)。因此,尊嚴是出自人權的,以免受侮辱權利為底線的完善自我的權利或義務。

▎集權的道德哲學反思

權利包括平等共享的普遍性道德權利(即人權)和不平等非共享(某些人或某個人獨享的)的特殊權利。平等人權和特殊權利的衝突一直是道德哲學的一大難題。尤其在二戰期間,納粹集權(作為極端化、獨裁化的特殊權利)對人權的踐踏把這種衝突推到登峰造極的地步。鑒於此,築起一道防止集權以保障普遍人權的堅固防線無疑是人權偉業中刻不容緩的歷史使命。這樣一來,追問集權的復魅根源,探究集權的除魅路徑,就成為道德哲學必須反思的基礎課題。

集權是一種特殊的權利,它表面上是賦予國家或政府的特權,實際上是元首個人的獨裁權。集權的行使,必然以踐踏普遍人權為根本途徑。有史以來,集權和人權的尖銳對立最突出地,是體現為以社會達爾文主義倫理學為

理論基礎的希特勒式的納粹集權。為簡明集中起見，我們以納粹集權為考察對象。

一、集權的復魅

1897 年，法國社會達爾文主義者喬治斯‧瓦赫（Georges Vacherde Lapouge）在給德國社會達爾文主義者海克爾（Ernst Haeckel）的《聯結宗教和科學的一元論》一書所寫的法國版的導言中說，和法國革命的自由、平等、博愛的三個主要理念相比，達爾文主義革命提出了新的、發展了的三位一體的理念：決定論、不平等、自然選擇。這種理念透過社會達爾文主義倫理思想體系，為納粹集權思想奠定了理論基礎，它主要體現為：在權利法則上，以物理命令取代倫理命令；在權利主體上，以差異抹殺平等；在權利性質上，以集權取代人權。

（一）權利法則：物理命令取代倫理命令

達爾文和多數達爾文主義者否定不朽精神和自由意志，主張把物理命令作為倫理命令。

達爾文在《自傳》中總結自己的倫理思想時認為，不要相信上帝和來世，人類生活的唯一規則是必須「追隨最強烈的或最好的衝動或本能」。此論和奠定在神聖啟示基礎上的基督教倫理學，奠定在理性基礎上的康德和許多啟蒙思想家的倫理學，甚至與奠定在道德情感基礎上的英國哲學家的倫理學都大相逕庭。它把倫理學奠定在動物性的生理基礎上，為以物理命令取代倫理命令的權利法則奠定了基礎。

19 世紀末 20 世紀初，德國著名的達爾文主義者海克爾（Ernst Haeckel）、物理學家布赫（Ludwig Bilchne）、哲學家卡爾內里（Bartholo-mausvon Carneri）等人的觀點雖然各有不同，但「他們都同意自然過程能夠解釋包括倫理在內的人類社會及其行為的各個方面。他們否定任何神聖干預的可能性。蔑視身心二元論，拒斥自由意志而偏愛絕對的決定主義。對於他們來講，自然的每一種特徵——包括人的精神、社會和道德——都可以用自然的因果關係來解釋。因此，任何事物都不可避免地屈從

道德哲學理論
第一篇 倫理學基礎探究

於自然法則（laws of nature）」。海克爾相信達爾文主義以嚴格的決定主義驅除了自由意志的根基，認為「無機界的永恆的、鐵的自然規律在有機界道德界依然有效」。卡爾內里（Bartholomaius von Carneri）和功利主義相似，他拒絕康德的絕對命令，拒斥人權和道德自然法則，認為道德應建立在追求幸福的動力上，他向海克爾解釋說：「人無論在精神方面還是在生理方面，都和最不重要的細胞，最不重要的原子一樣，屈從於因果關係的普遍法則。」當將這種否定自由意志的絕對決定主義的自然法則應用於道德領域時，蔑視人權甚至種族屠殺都可以成為倫理命令了。

在達爾文出版《人類起源》（The Descent of Man）和希特勒出生之前，達爾文主義動物學家雅戈爾（Gustav Jaeger）在1870年的文章中就認為：「科學家們正確得出的結論是，戰爭，確切地說，大屠殺的戰爭——因為所有戰爭的本質就是大屠殺——是自然法則（natural law），有機界沒有戰爭將不成其為有機界，甚至不能繼續存在。」達爾文主義人種學家奧斯卡·佩希爾（Oscar Peschel）在1870年也已經明確主張倫理學不應當反對種族滅絕的自然進程。他說：「如果我們看作個人權利的每種東西和人類社會的迫切需求不一致的話，它就必須屈從於後者。因此，塔奇曼人的衰敗應當看作一種地質學的或者古生物學的命運：強者排除並取代弱者的命運。雖然這種滅絕本身是可悲的，但是要認識到，更為可悲的是，物理命令每次和倫理命令相遇時，總是踐踏倫理命令。」奧斯卡·佩希爾認為，事實上，物理命令總是用科學踐踏道德，人們必須服從的事實是「沒有普遍人權，甚至沒有生命權」。雖然達爾文主義倫理思想較好地解釋了自然與自由、人和自然的密切聯繫，但抹殺了二者的本質區別，進而以自然本能取代自由規律，以物理命令取代倫理命令。這就必然走向否定普遍人權，進而主張以絕對差異消解普遍平等，把人變成動物的集權道路。

希特勒鍾愛進化論倫理學，他的道德觀建立在大力否定和批評猶太基督教倫理和康德絕對命令倫理觀的基礎之上，主張道德隨時而變的道德相對主義。在他這裡，達爾文主義的生存競爭，尤其是種族競爭成為道德的唯一仲裁，適者生存是唯一的自然法則。其實質就是以物理命令（動物生存競爭法

則）充當倫理命令，反對人權和傳統的自然平等的法則，進而強調權利主體的巨大差異而抹殺其平等地位。

（二）權利主體：差異抹殺平等

人權理論認為人人生而平等是自然法則（natural law），達爾文主義則認為生存競爭、優勝劣汰所產生的差異和不平等才是自然法則，並據此證明人種的差異和不平等，強調權利主體的絕對差別。

達爾文認為遺傳對生理、心理、精神和道德特性具有長期性力量，利他主義、利己主義、勇敢、懶惰、勤奮、脆弱、怯懦等和其他生理本能一樣是遺傳而來的。他試圖表明動物，尤其是靈長類動物也具有理性能力、語言和道德。達爾文雖然也同情非歐洲人種，反對奴隸制，但他認為在最高等的人種和最低等的奴隸之間存在著巨大的鴻溝。在《人類起源》的導言中，他明確地說，此書的三大目標之一是考慮「人種之間的所謂差異的價值」。令人震驚的是，社會達爾文主義者竟然把這一思想誇大到以人性差異抹殺人性平等的荒唐地步：他們在試圖把動物提升為人的同時，又極力把人貶低為動物；在竭力誇大人種的差異的同時，又企圖抹殺人之所以為人的普遍共性。其中，海克爾在這方面尤為突出。

在達爾文人種差異理論的基礎上，海克爾極力鼓吹不平等論：「在最高的發達的動物心靈（soul）和最不發達的人類心靈（soul）之間，僅僅存在著微小的量的不同，但絕不存在質的差別。而且，這種差別比最低等的人的心靈和最高等的人的心靈之間的差別要小。或者說，就和最高級的動物的心靈與最低級的動物心靈之間的差別一樣。」低等人的價值和類人猿的價值相等或相似，「最高等的人和最低等的人之間的差距遠遠大於最低等的人和最高等的動物之間的差距」。這種貶低人的價值，把人降低為動物的思想，邁出了種族滅絕的第一步，因為它一旦和達爾文思想中死亡是善的觀念結合起來，種族滅絕是合乎道德的思想就會「合乎科學」地出現。

達爾文理論之前，死亡被多數歐洲人看作應當戰勝的惡，而不是仁慈的力量。達爾文理論中的自然選擇和生存競爭是建立在馬爾薩斯的人口論基礎

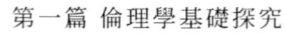

上的，其本身就隱含著死亡是有機界的規則，以及低等器官的死亡是仁慈和有利於進化的思想。達爾文在《物種起源》中說：「從戰爭的本性、飢荒和死亡的角度看，我們能夠設想的最為尊重的、令人興奮的事就是更高級的動物的生產順暢地相繼進行。」這就顛覆了傳統的死亡是惡的觀念，明確了在生物進化和自然選擇過程中死亡是善的思想。更為嚴重的是，「許多達爾文主義生物學家和社會理論家解釋說，種族滅絕是不可避免的，甚至是仁慈的，因為從整體上看。這會推進物種進化過程」。不幸的是，希特勒也認同此論。他嘲笑人道主義和基督教倫理學試圖保護弱者，提高弱者的能力和地位，結果導致人種的低下乃至人類的滅絕。對於劣等種族，「根據希特勒的觀點，殺死他們實際上比讓他們活著更加人道（仁慈）」。由人種差異的極端化和死亡是善的觀念而引出的種族滅絕的思想，已經預示了踐踏人權的法西斯集權的誕生。

（三）權利性質：集權取代人權

19世紀的德國達爾文主義人種學者赫爾瓦德（Friedrich von Hellwald）在《文化史》（1875）一書中對人類歷史做了達爾文主義的解釋，主張暴力是權利的最高根基，「最強者的權利就是自然法則」，就是自然界中唯一的一種權利，也是人類歷史中的基本權利。這一思想和希特勒不謀而合。

希特勒在其著作和演講中並不反對道德，相反，他高度推崇道德，並把其道德觀一以貫之地運用於其政治決策，包括發動戰爭和種族滅絕等。希特勒在《我的奮鬥》（Mein Kampf）中說：「保持（文化和產生文化的種族）是鐵的必然法則，是最好者和最強者勝利的權利。」最好者（the best）暗示著最強者同時也是道德最優者。他把印歐語系的雅利安人（Aryan）作為道德優等人，把其他人種作為道德劣等人。希特勒在1923年的一次演講中進一步闡述了強者的權利：「在歷史上起決定作用的是民族自身具有的強力，它表明上帝面前的強者有權利在這個世界強力推行其意志。有史以來，如果沒有巨大的強力做後盾，權利本身是完全無用的。對於任何沒有強力把其意志強加於人者來說，單獨的權利毫無用處。

強者總是勝利者……自然之全體就是一個強力和屠弱持續競爭的過程，就是一個強者不斷戰勝弱者的過程。」這樣一來，在希特勒的世界觀裡，「戰爭和屠殺在道德上不但可證明是正當的，而且是值得頌揚的」。他諷刺平等人權理念是弱者的產物，認為「只有一種最神聖的人權，它同時也是最神聖的義務，這就是盡力保持血統的純潔」，以便促進高貴人性的進化。「人權」在希特勒這裡竟然成了戰爭、屠殺、種族滅絕的工具和納粹集權的代名詞。

在第二次世界大戰期間的人類大災難中，以暴力集權為堅強後盾的優生、殺嬰、安樂死、屠殺等所謂消除「劣等」人、發展「優等」種族的種種罪惡行徑，卻以「人權」和道德的名義橫行霸道，人權和尊嚴在納粹集權的鐵蹄踐踏下幾乎喪失殆盡。空前慘痛的歷史教訓猶如一口警鐘，時刻警誡著人類必須無條件地禁絕集權。

二、集權的除魅

從道德哲學的角度看，（納粹）集權產生的原因，一是每個人都有一種基於功利目的的特權心理傾向；二是道德相對主義的災難性後果；三是道德一元論的極端化。

（一）基於功利目的的特權心理傾向

從道德心理學的角度看，集權並非某一個偶然的個體，如希特勒，所能夠獨自造成的，而是因為每個人都有一種基於功利目的的特權心理傾向：「例外特質」（exception making）。一旦這種傾向形成一股思潮並滲透進政治權力的領地，元首個人的貪慾和「例外特質」傾向在獨裁暴力的支撐下，集權就會「應運而生」。難怪艾倫‧R‧懷特（Alan R.White）說：「許多人推測，每個人都有試圖透過特殊權利的途徑以實現其意圖的心理。正是特殊權利的這種偏好特殊待遇的基本特性，解釋了它經常不能享有權利那樣的良好口碑。」

美國加利福尼亞州立大學教授理查‧維卡特（Richard Weikart）也分析說，建立在「例外特質」基礎上的「種族滅絕的思想體系不僅僅蠱惑了希特勒，而且蠱惑了和他同時代的許多德國人，這些人將會支持他，和他同心

協力，共創一個種族的烏托邦」。在這種自認為是具有例外特質的特權心理傾向的蠱惑下，即使沒有希特勒，也可能會有其他個體竊據其納粹元首的位置。

我們可以從道德內涵和道德外延的角度分析「例外特質」。

首先，道德外延關涉個人的道德身分和地位，它是道德結構的範圍，其功能主要是「把個人的道德責任固定在其領地或對象上」。特瑞·L·普萊斯（Terry L. Price）在研究領袖倫理的專著《理解領袖道德的失敗》一書中專門研究了「例外特質」問題。他說：「當領袖否認其行為的道德要求應當和其他人一致時，倫理的失敗就會發生。」的確，每個人，尤其是領袖一旦自認為自己具有「例外特質」，就意欲把自己排除出一般的道德限制，這就成為集權的可能性因素。19世紀末的德國達爾文主義地質學家弗里德里希·盧勒（Friedrich Rolle）就認為，強者的權利絕不屈從於道德，人們競爭中的有效規則是，我擊敗你，比你擊敗我更好。一旦元首把自己誇大為具有「例外特質」的強者，他就會力圖把自己排除出普遍的道德法令，如人權法則之外，甚至認為自己具有凌駕於普遍道德命令之上的「例外特質」。踐踏人權的集權由此得到了獨斷的根據和虛假的藉口。

其次，道德內涵是指在道德外延的範圍內，對什麼行為是道德上正當的或許可的，或者什麼行為是道德上不正當的和不許可的道德信念。比如，領袖或許會錯誤地認為，撒謊是使得下屬服從的合乎道德的途徑，或報復不忠誠者是道德上正當的。德國著名人種學家赫爾瓦德就認為，既然科學已經證明在自然中生存競爭是進化和完善的動力原則，那麼必須消除弱者，以便為強者讓路。因此，在世界歷史中，強者毀滅弱者是進化的基本要求。自然法則就是「強者必須踏著死者的屍體闊步前行」。在這樣一種悖逆人權的所謂強者權利思想的支配下，元首甚至會錯誤地自認為集權是道德上正當的。如前所述，希特勒事實上也正是如此認為的。

不過，即使領導者能夠真正認識到其道德內涵和範圍都是道德上正當的，依然會出於不可告人的功利動機而導致倫理失效。此種境遇中，「行為者違背道德要求不在於他相信根據其價值觀念能逃避道德要求，而在於他完全預

計到行為收益大於代價」。就是說，無論是道德外延的「例外特質」，還是道德內涵的「例外特質」，其根基都是主體把其自身的功利考量作為道德目的而導致的。現代集權主義的道德哲學根基就在於此。德國法律學家海因裡希·羅門（Heinrich A.Rommen）在批判「希特勒法學」時說：「現代集權主義讓人喪失人格，將人降格為一個不定型的大眾中的一個，可以按照『領袖』制定的變幻不斷的政策予以塑造或重塑的點，這種集權主義，就其本質而言，是極端人所議論的：法律就是意志。集權主義的理論家和實幹家幾乎很少提到理性，他們經常以意志的勝利而自豪。領袖的意志，是不受那顯現於存在的秩序及人性中的客觀的道德價值實體或客觀的倫理規範所約束的，也不對它們負責任。這種意志不受詞語客觀的、通用的涵義或它們與觀念和事物間的關係所約束。觀念及表達它們的詞語只是意志的工具而已，只要對自己有利，就可以將其隨意改造。」希特勒及其同黨認為自己的種族是具有「例外特質」的優秀種族——他們是這個世界的最優秀者，因此有權利剝奪其他人種的權利甚至屠殺之。他們以「例外特質」為藉口發動了一系列滅絕人性的屠殺和戰爭，其本質上不過是出於個人或其民族的強烈的自我功利動機罷了。這也是達爾文主義倫理學和希特勒倫理思想共同反對基督教、康德的倫理思想以及法國革命的平等、自由、博愛和普遍人權的祕密所在。

由於領袖的特殊地位，若沒有明確的底線要求和法律保障，其以功利目的為道德基礎的「例外特質」幾乎不可能得到有效限制。尤其值得注意的是，基於功利的「例外特質」心理並非個別集權者如希特勒之類才有，而是每個人都有這種傾向。因此，我們不能把希望寄託在領袖個人的道德素質上，而是必須設置一道堅固的底線，以保障無論哪個個體成為領袖，都不可違背此底線。

（二）道德相對論的災難性後果

以「例外特質」為基礎的道德理論，不是道德相對論（多元的「例外特質」），就是道德帝國論（唯我獨尊的一元「例外特質」）。

道德哲學理論
第一篇 倫理學基礎探究

眾所周知，後現代倫理學思潮批判古典理性主義的一元論會導致集權和獨裁，主張道德多元化和道德相對主義。具有諷刺意味的是，正是社會達爾文主義的道德相對主義為希特勒的納粹集權奠定了理論基礎。

海克爾認為達爾文主義運用於倫理學有一個重要意義：既然道德隨著時間而不斷變化，而且不同人種有不同的道德標準，它就暗示著道德相對主義。理查·維卡特也指出，大多數社會達爾文主義者否定超驗的倫理學，認為道德和其他自然現象一樣，是處在不斷的進化中的，他們共同促進了道德相對主義的發展。希特勒本人的道德觀就建立在極力否定和批評猶太基督教倫理，以及康德絕對命令倫理觀的基礎之上，主張道德隨時而變的道德相對主義。一個奇怪的問題出現了：以抨擊集權著稱的道德相對主義為何在這裡反而走向了集權呢？

值得肯定的是，道德相對論的確具有摧毀、解構專制的（即使以「人權」自詡的）集權、霸權的價值。問題在於，根據道德相對論的邏輯，它必然會否定普遍平等的人權，因為它主張特殊的多元的權利，這本身就為集權留下了發展空間和可乘之機。實際上，道德相對論有自己獨特的道德標準：那就是無標準，即「沒有關於好壞對錯的普遍標準」。在面對各種價值和權利衝突時，道德相對論就會陷入「怎麼都行」的無政府狀態。這種無政府、無基礎、無共識的虛無化的多樣性權利，恰好為集權留下了在多樣性權利中獨斷地選擇一種權利而吞噬其他權利的發展空間。因為集權實質上就是在多樣性、差異性的權利中獨斷地選擇一種有利於自己功利目的的特殊權利。就此而論，它實際上屬於道德相對論中奉行道德帝國論的獨裁者（或「倫理流浪者」隊伍中的惡狼、匪徒）。

如果說道德相對論帶來的災難性後果，在於為取消道德和人權以及為集權的出現提供了可能性，那麼道德帝國論則足以使這種可能性成為現實。

（三）道德一元論的極端化

和無原則的道德相對主義不同，集權是奉行倫理帝國論原則的道德相對主義。「倫理帝國主義意味著把自己的價值和道德觀念強加於他人，而不考

慮他們的願望是否相反。」它承認道德的相對性,卻又獨斷地選擇有利於自身的集權作為合法權利,把其他的道德多元論作為其任意踐踏的對象而予以拋棄和否定。從這個意義上講,集權又是一種倫理帝國論的一元論。隨之而來的問題是,在集權這裡,相互否定的道德一元論和道德多元論為何奇蹟般地統一了呢?原因在於以下幾個方面。

首先,道德一元論分為獨自的一元論和商談的一元論。在選擇何種權利時,如果缺失民主的商談程序,而是透過暴力、獨斷的途徑確定的一元的權利,就會走向霸權或集權。如達爾文主義人種學家赫爾瓦德就說:「科學知道沒有『自然權利』。自然界只有暴力和強者的權利,而沒有其他權利。但是暴力也是法則或權利的最高根源,因為沒有暴力,立法是不可想像的。」既然生存競爭中目的被證明為工具,競爭中的勝利就是自然權利,就可以用科學和暴力詮釋、取代或廢棄倫理。這種典型的獨斷論直接就可以引發出集權思想。

其次,道德相對論或多元論分為道德帝國主義(承認道德相對論的同時,獨斷地運用暴力把多元中的集權作為一元的道德準則)和道德流浪主義(後現代倫理學之類的無目的、無基礎、無原則的道德準則),正是後者為前者提供了機會和發展空間。

最後,集權的道德帝國論既具有道德一元論的某些特徵,又具有道德相對論的某些特徵。就是說,集權既是道德相對論,又是靠暴力和專制隨意選擇自己嗜好的道德準則的道德帝國論。因為不承認道德相對論,就不能打破道德絕對論主張的人權的絕對法則地位;不依靠暴力,就不能強制推行為己所好的強權準則。專制集權的實質是追求特殊權利中的一種霸權、獨裁權、專制權,它反對人人平等共享的普遍人權。納粹集權就是這樣把人權篡改為強者奴役弱者的權利的。這與道德相對論否定普遍人權是一致的。在某種意義上講,它是道德一元論和道德多元論各自攜帶的不良基因(獨斷暴力和無原則)的聯姻而產生的道德遺傳病。

可以說,集權是以目的論(主要是功利主義)為理論根基,以「例外特質」為道德心理基礎,以獨斷的道德相對論和獨斷的道德一元論(道德帝國主義)

的不良基因的混合為「道德」特徵，以暴力和強制為後盾的不道德的特殊權利。既然集權踐踏人權、違背人性，就不配享有權利之名，而是必須祛除的對象。

據前所述，我們認為禁絕集權的基本路徑在於：否定道德相對主義的無政府主義，確立平等人權的絕對優先地位：任何權利都必須以尊重人權、保障人權為根本法則，以任何藉口蔑視人權、踐踏人權都是絕對不能允許的。去除倫理帝國論的獨斷，代之以民主商談的倫理精神。在邏輯上，人權理念似乎是獨斷的、優先的（先於任何國家、制度、道德等）、無條件的。但在現實中，人權的確認必須是民主商談的結果，如著名的《世界人權宣言》就是民主商談的典範。人們應當依據商談倫理原則，透過論證程序來估價和審驗現行各種權利，在這裡唯有人權是定性的基準。經商談論證後，有效權利的最現實可靠的實踐途徑是把道德理論轉化為具有一定可操作性的、可以明確化解權利衝突的方式和條文的法律制度。其中，廣泛性的國際法是現實人權的最高法則，雖然它並不能完全杜絕踐踏人權的現象，但提供了一個不得以任何「例外特質」為藉口而試圖侵害人權的標準法則。在此法則面前，納粹集權之類的非道德權利，就很難公然以人權的名義蠱惑人心、大行其道。

三、結語

在日益趨向文明的當今社會，人權業已成為現代人常用的道德語詞，也應當成為解決當代權利衝突的重要理據。在此境遇中，集權似乎已經難以立足，但與集權有著共同特點的一些侵害人權的特權卻依然大行其道，甚至還可能會以「人權」的名義踐踏人權。這類特權正是權利家族中「披著羊皮的惡狼」，其存在無疑昭示著集權的危險性並沒有根除。警惕、鑑別、抵制和去除這些「惡狼」，杜絕集權，築起一道堅不可摧的人權堡壘，是人權偉業「防微杜漸」的重要使命。

第二篇 應用倫理學探究

應用倫理學的邏輯和歷史

目前，應用倫理學已經成為倫理學界眾說紛紜的主戰場。爭論的焦點在「什麼是應用倫理學？」這個根本問題上。自 1960 年代以來，倫理學家們經過多年的論爭，在這一問題上，形成了相互頡頏的兩類觀點：一是否定論，認為應用倫理學不過是倫理理論的應用，不具有獨立性和開創性；二是肯定論，認為應用倫理學是一種新的倫理形態，但是對其內涵有著不同的甚至對立的看法。無論是否定論還是肯定論，人們大都忽視了這個根本問題的根本，即應用倫理學的邏輯和歷史。

一

要把握應用倫理學的邏輯和歷史，首先來看學者們回答「什麼是應用倫理學」這一問題的兩類基本看法。

第一，否定論，否定應用倫理學存在的必要性，它具有強的否定論和弱的否定論兩種基本形態。

（1）強的否定論是少數學者的一種激進觀點，認為應用倫理學純粹是一個多餘的、甚至虛假的概念，將應用倫理與理論倫理區分開來沒有任何意義（Johannes Rohbeck），而麥金泰爾提出「應用倫理學」這一概念是多此一舉。威廉·韓思（William Haines）甚至認為，應用倫理學「常常是圖書館員使用的分類方式而不是一種概念」。中國學者孫慕義也認為，應用倫理學只是一個鬆散、缺乏嚴密邏輯結構的「應用問題群」，它沒有一個完整的理論與體系，不是一門真正的學科。強的否定論看到了經驗應用倫理學的侷限性，卻忽視了經驗應用倫理學在應用倫理學中的基礎地位，因為如果沒有通俗的應用倫理學作為應用倫理學的資料的奠基，和對傳統倫理學的突破，就不可能有應用倫理學的真正發展。

道德哲學理論
第二篇 應用倫理學探究

(2) 弱的否定論並不斷然否定應用倫理學，而是把它作為傳統倫理學的一部分，實際上把它牢牢鎖在傳統的理論倫理學範圍之中。

在許多學者看來，應用倫理學，顧名思義就是將普遍的倫理原則應用到具體的事例中去。「應用倫理學是倫理學的一個分支，是將倫理學的基本原理、原則和規範應用於現實或未來重大社會問題而形成的倫理學理論形式。」他們認為，應用倫理學這一概念的提出是基於理論和實踐截然兩分的傳統哲學的二元論立場。實際上，應用倫理學古已有之，與傳統的倫理學、特別是規範倫理學沒有本質差別：一方面，應用是理論的應用；另一方面，理論不可能不是應用的，沒有應用關聯的道德是空洞和荒謬的。在道德哲學的經典文獻中，找不到任何與事例不發生應用關係的道德理論。應用倫理學只是在重複道德哲學本應擁有的性質，即規範離不開應用之關聯。

比徹姆（Tom L. Beauchamp）就認為，應用倫理學只是一般規範倫理學所提出的原則在具體倫理問題中的應用，屬於規範倫理學的範疇。彼得·辛格（Peter Singer）、泰利、班森（George C.S. Benson）等人亦如是看。埃德爾（Abraham Edel）等人認為，應用倫理學不過是對哲學關注實際道德問題的傳統的重新發現，堅決反對把應用倫理學看作是全新的理論形態。

弱的否定論看到了應用倫理學和理論倫理學的外在聯繫，這比之強的否定論而言是一種進步，但它否定應用倫理學和理論倫理學的根本區別，把應用倫理學遮蔽於理論倫理學之內，忽視了應用倫理學自身的獨創性和超越性，實際上取消了應用倫理學的獨立地位。

第二，肯定論，是對否定論的否定，它肯定了應用倫理學相對於理論倫理學的獨立性，具有如下三種基本形態。

(1) 經驗論或片面肯定論，認為應用倫理學不是弱的否定論講的理論的應用，它只涉及具體事例的研究，僅僅是經驗研究（Otfried Hoeffe）。比徹姆反對規範倫理與理論思辨，將應用倫理學比擬為經驗的自然科學，主張以自然科學的方式研究應用倫理學。他認為道德並非是透過某種可以從中導出一切其他規則與判斷的規範的體系構造起來的，道德理論應是按照自然科

學的標準建構而成的。因此,僅有規範倫理是不夠的,還必須給應用倫理學它所應有的地位。

這是一種科學主義的思路,與否定論相比,它肯定了應用倫理學不同於傳統理論倫理學的新的資料和研究領域,是對否定論的一種否定,但以否定倫理學的自由本質和割斷應用倫理學和傳統倫理學的內在聯繫而付出了慘重代價。

(2)歷史主義的肯定論,是對經驗的片面肯定論的否定,它主張從歷史的角度來理解應用倫理學:應用倫理學植根於實踐哲學的傳統,是 1960 年代以來後設倫理學式微之後,傳統規範倫理學的復興,而且在很多方面,特別是在結合理論和實踐來解決實際道德問題上具有創新性。阿爾蒙德(Brenda Almond)認為,應用倫理學與傳統道德哲學區別很大,「首先,應用倫理學對道德問題所產生的背景,以及各種情境的詳細結構給予了較大的注意;其次,應用倫理學的方法在一般意義上更具整體主義色彩,也就是說,它在考慮問題時更樂意包容心理學、社會學的洞見以及其他的相關知識領域;應用倫理學的實踐者願意和其他人──特別是和專業人士以及其他領域中的有經驗者──一起工作,以達到對完全是由相關事實所表現的道德問題的解決」。在追求對道德問題的理解和解決的過程中,應用倫理學既涵蓋並深化了傳統意義上的規範倫理學、後設倫理學和描述倫理學,又吸收了其他自然科學和社會科學的知識和方法,具有極強的應用性和學科交叉性。

這一觀點已經從歷史和現實相統一的角度,從歷時性和共時性相統一的視閾,對應用倫理學有了更為深刻的認識和把握,但它停留在外在的倫理理論典範模式的歷史和現實的聯繫,未能深入到倫理學自身的邏輯中,從邏輯和歷史相統一的角度把握應用倫理學的要義:只看到了後設倫理學和應用倫理學之間的抽象的斷裂,未能看到倫理學的話語學轉向中的後設倫理學和應用倫理學之間的內在關係,更沒有看到倫理學的話語學轉向中的另一方面用以解釋倫理學和應用倫理學之間的內在關係。於是,它只看到了後設倫理學式微之後規範倫理學的復興,看不到這種復興的實質是一種對理論倫理學的超越而達到了應用倫理學的水平。

（3）新倫理論，認為應用倫理學是一個正在形成的全新的研究領域，它與傳統的理論倫理學存在著較大的差異。卡拉漢（Joan C.Callah-an）認為，從事應用倫理學並不是簡單地應用哲學技術把理論加於實踐，「毋寧說，它要試圖發現目前具有現實緊迫性的道德問題的可接受的解決辦法」。在此過程中，應用倫理學對傳統倫理學的理論框架和方法論都提出了嚴峻的挑戰。應用倫理學對道德問題的細緻把握和其所涵蓋的廣泛知識領域是傳統的道德哲學所無法比擬的。尤其值得關注的是，中國學者形成的幾種典型觀點：甘紹平的程式共識論、盧風的雙向反思論、陳澤環的終極關懷論等。雖然他們的觀點不同，但都認為當代應用倫理學是倫理學本身的一種嶄新的發展形態。

這是針對否定論的否定，也是對肯定論中的前兩種的揚棄，較為客觀地看到了應用倫理學和傳統倫理學的內在聯繫以及其獨特的地位和價值，代表了迄今為止的最新認識水平，但可惜的是它也沒有深入、全面地把握應用倫理學自身的內在邏輯和歷史。

或許有人會認為這幾種看法都是對應用倫理學的誤解，這從應用倫理學的概念或應用倫理學本身來看，誠然有一定的道理，但從應用倫理學的邏輯和歷史來看，似乎是不全面的。在我們看來，這是幾種對應用倫理學的見解，因為每種觀點都包含著一定的合理成分，只不過有深淺之別。正是它們一步步把對應用倫理學的認識推向深入，為我們進一步探討應用倫理學的邏輯和歷史奠定了堅實的基礎。

二

如上所述，否定論和肯定論這兩類見解比較傾向於對應用倫理學的某些層面的探究，沒有深入地從理論自身的內在矛盾把握應用倫理學自身的邏輯和歷史，也沒有認真對待應用倫理學的經典之作和理論形態。實際上，如果我們用倫理學自身的實踐（即應用）精神激活它們，每一種觀點就動態地貫通起來，展現出應用倫理學自身的邏輯和歷史進程。

第一，從倫理學的學科性質看，即從倫理學作為實踐哲學自身的實踐或應用的本質來看，它是一個實踐或應用過程，這就是廣義的應用，即倫理學

從對自身的目的與至善的追求開始的否定自我、展現自我、實現自我的過程。它是由經驗倫理學、理論倫理學到應用倫理學（可稱之為狹義的應用）的過程，也是由經驗、獨白到商談的過程。經驗倫理學、理論倫理學的應用關心的主要是個體或全部個體的關係，如亞里斯多德關心的個體德性和城邦整體的關係，即個體和整體追求自身的目的及至善的實踐。但是，基督教倫理學提出了每個人都是自由的思想，康德倫理學提出了倫理共同體的思想，它們已經開始考慮類別的關係了，只不過並沒有成為其倫理學的主題罷了。可見，理論倫理學的實踐之中已經包含著應用倫理學的萌芽。狹義的應用即應用倫理學的應用是一個交互主體的商談協調、解決現實重大倫理問題的過程，它是廣義的應用否定自身的獨白階段而達到的高級階段──它不僅把獨白階段的理論包含於自身之內，以此作為自身發展的要素，而且在超越個體層面的基礎上面對關乎人類全體的新問題，提出新的倫理理論以解決理論倫理學沒有遇到、不能解決的新的倫理困境。就是說，應用倫理學關心的主要是單一類別和全部類別（如人類和物類）之間的關係，它把倫理學對至善目的的追求，由全部個體的獨白推進到全部類別商談的新的高度，它主要是類別的目的及至善的否定自我、展現自我、實現自我的過程。

應用倫理學是理論倫理學的自我反思、自我否定的產物，不是理論倫理學自身之外的其他東西。對「應用倫理學」而言，「應用的」（applied, angewandte）首要涵義就是「實踐的」，這種強烈的「實踐」指示正是話語倫理學的自我否定。從根本上講，這是理論倫理學的自我否定；或者從道德思維的角度說，「實踐」指示是批判性道德思維的根本功能，也是後設倫理學思維的自我否定。這直接體現為應用是一個不斷自我否定的實踐過程，即倫理學自身的邏輯和歷史進程。

第二，從倫理學自身的邏輯和歷史進程來看，應用倫理學是倫理學的高級階段。

黑格爾認為，人類認識發展的邏輯進程是由概念、判斷到推論的過程。在我們看來，倫理學史的發展也符合這個過程。德性倫理（亞里斯多德）代表概念倫理，因為每一種德性就是一個倫理概念；規範倫理代表的是判斷倫

道德哲學理論
第二篇 應用倫理學探究

理，因為規範從語言上是以命令的形式出現的，每一個道德命令都是一個判斷。康德對倫理原則的一元化、形式化，使得倫理學的認知活動進入推論的層面。而且，這種進展是符合邏輯的。正如黑格爾所說：「推論常被稱為證明判斷的過程。無疑地，判斷誠然會向著推論進展。但由判斷進展到推論的步驟，並不單純透過我們的主觀活動而出現，而是由於那判斷自身要確立其自身為推論，並且要在推論裡返回到概念的統一。」倫理學在話語倫理學（包括摩爾開創的後設倫理學和伽達默爾開創的解釋倫理學）中，回到了對概念如善、惡（後設倫理學）、「應用」（解釋倫理學）等的邏輯分析或「視域融合」的解釋，但這並非簡單的回歸，而是包含了此前倫理學理論的語言分析或解釋應用。理論倫理學至此基本完成了自己的歷史使命，因為它面對前所未遇的、關乎類的新的經驗領域時已經無能為力了。它的出路在於透過自我否定而自我提升為應用倫理學。

  一方面，後設倫理學對道德語言和道德判斷的語義分析，已經把倫理學從個體性、德性、規範等轉向了人的普遍性。語言邏輯分析的普遍性，和它所反映的實踐的特殊性之間的矛盾，構成了後設倫理學自身的否定因素。當這種普遍性自身具體化時，必然要求其自身在生活實踐中能夠實現或「兌現」，進而轉向人類自身的共同存在的生活領域——這已經不是肇始於蘇格拉底的理論倫理學所面對的狹小的、個體或城邦的倫理領域，而是廣闊的類的倫理領域。後設倫理學無力解決這個新的領域的問題。這就要求後設倫理學自我否定並提升為應用倫理學，在應用倫理學的領域裡解決相對性和普遍性的矛盾。實際上，正是後設倫理學家們自身在不斷地修正其學說的過程中，從內部實現了後設倫理學的突破，為倫理學的應用倫理學轉向開闢了道路。其中，黑爾是後設倫理學過渡到應用倫理學的橋梁，黑爾試圖綜合義務論和目的論的探求，正是後設倫理學自我否定的出路，這個出路必須在廣闊的社會領域中才能找到，這就是應用倫理學的領域，可惜的是他並沒有完成向應用倫理學的轉變。真正完成這個轉變的是羅爾斯的《正義論》這部應用倫理學的經典之作。這或許是很多人不能贊同的一個觀點，因為人們往往把《正義論》看作規範倫理的回歸，殊不知這是一種超越了理論倫理學而達到了應用倫理學高度的創造性理論，或者說，是一種屬於應用倫理學的規範倫理學。

另一方面，和後設倫理學把倫理學看作道德語言的邏輯分析不同，解釋倫理學把語言看作本體和存在，認為語言不僅是存在的家，也是人類理性的普遍特質。正是這種普遍特質和其解釋應用的具體境況之間的矛盾，迫使其進入實踐哲學的領域，這主要是透過伽達默爾在《真理與方法》中對「應用」概念進行的實踐的解釋來完成的。他認為理解、解釋和應用都是解釋學的要素。理解是在具體境況中的理解，解釋是對理解的再理解，理解就是解釋，解釋是深層次的理解，而「理解在這裡總已經是一種應用」。「應用」絕不是對某一意義理解之後的移植性運用，即把先有的一個基本原理應用於實踐——這實際上就是前面說的弱的否定論的觀點。伽達默爾認為，對於倫理學這樣的「實踐的學問」而言，「實踐」就是「應用」。「應用」就是特定目的和意圖在特定範圍和時機中的實踐性「行為」。

「行為」是基於某個特定事物的「內在目的」，而「內在目的」又必然包含其現實化的根據，這樣的實踐性行為就是「事物」完成其自身的自我實現活動。因此，「應用」就是事物朝向自身目的（內在的「好」——「善」）的生成活動，或者說是一種自在到自在自為的活動。就是說，「應用」是善本身的實踐——實現——生成活動（自在——自為——自在自為的過程）。由此，我們可以推論說，倫理學的應用就是倫理學本身的實踐——實現——生成活動。當這種活動由個體進入到類的領域時，應用的普遍性形式和類的特殊資料才應該真正結合，因為應用的普遍性和個體的特殊性結合只不過是低級的有限的結合——這是理論倫理學的領域；而應用的目的的真正實現必須和廣闊的類的領域相結合才能自我完成，這就是應用倫理學的領域。可見，伽達默爾對「應用」的實踐性解釋，為應用倫理學作為一門新的學科的誕生奠定了理論基礎，解釋倫理學的自我否定已經孕育了應用倫理學的萌芽，但並沒有完成應用倫理學的突破。哈伯馬斯的商談倫理學正是在和伽達默爾的論辯中形成的應用倫理學的另一條出路和理論形態。

如果說解釋倫理學從思辨的角度推出了應用的根本涵義，後設倫理學則主要從邏輯分析的角度推動著理論往應用的轉向。兩者都對應用倫理學造成了語言學的不同層面（形式邏輯的、辯證邏輯的）的奠基作用，而各自理論自身的自我否定又殊途同歸地走向應用倫理學。雖然英美應用倫理學偏重經

驗科學分析，歐洲應用倫理學偏重思辨，兩者的經典理論卻在相互辯論商談中極為接近。這是以羅爾斯和哈伯馬斯兩位大師的理論和辯論為標誌的。羅爾斯的正義論和哈伯馬斯的商談倫理學，探求關於人類的普遍價值原則，確立民主的對話商談的倫理程序，建構公共道德權衡機制，解決公共道德悖論，區分理論倫理學和應用倫理學，為應用倫理學提供了經典著作和理論形態，對應用倫理學的發展產生了巨大的推進作用。應用倫理學正是以《正義論》為典範著作，以商談倫理為典範形態，超越傳統的理論倫理學成為當今倫理學的主導形態的。

倫理學的發展經由通俗的經驗倫理學、理論倫理學（即德性倫理學）、規範倫理學、語言倫理學（包括摩爾開創的後設倫理學和伽達默爾開創的解釋倫理學），再到應用倫理學（包括羅爾斯的正義論、哈伯馬斯的商談倫理學）的發展，正好體現了倫理學由通俗的經驗倫理學，到理論倫理學，再到民主的商談的過程，同時也是倫理學的認知活動或倫理學的邏輯由經驗到概念、判斷，到推論，然後再重新回到概念，由此進入新的理論和新的經驗相結合的應用倫理學的邏輯進程。從倫理學的整個實踐過程來看，應用倫理學類似經驗倫理學，但包含了經驗倫理學和理論倫理學於自身並容納新的經驗和理論的新的倫理學形態。應用倫理學是倫理學自身的邏輯和歷史的高級階段，而不是外加的什麼另類倫理學。

這就是倫理學的邏輯和歷史，應用倫理學不但屬於這個大的系統之中，而且有著自己獨特的邏輯和歷史。

第三，從應用倫理學自身的邏輯和歷史來看，它是通俗的應用倫理學、理論的應用倫理學、實踐的應用倫理學構成的一個邏輯過程，而不是各個部分的簡單分割和對立。

倫理學只有一個，但有層次的區別。康德曾經對理論倫理學做了層次的區分：通俗的道德哲學、形而上學的道德哲學和實踐理性批判。黑格爾不但明確地把理論倫理學區分為抽象法、道德和倫理三個環節，而且還把理論倫理學判定為由這三個環節構成的倫理有機體。後設倫理學家黑爾在《道德思維》一書中認為，人類道德思維（無論是類還是個體）的發展已經顯示出三

個層次:直覺思維的層次、後設倫理學思維的層次和批判思維的層次。直覺思維是直覺主義的思維方式,主要認識一般道德原則,思考一般的倫理行為。但直覺思維是有限的,其主要問題在於它不能幫助我們解決道德衝突:當面臨兩個「應該」而只能按一個去做時,直覺思維就無能為力了。這就要求非直覺的思維解決這種衝突。這種非直覺的思維就是後設倫理學的思維和批判思維,它使人們透過對道德概念、語詞的分析(後設倫理學的思維)而達到一種自由的「選擇」和「原則決定」(批判的思維)。這是在道德衝突的情況中,經過批判性審視之後做出的決定,因而它具有特殊性,能解決道德活動中的特殊的實際道德問題。在我們看來,正是批判的思維把倫理學推進到應用倫理學的高度。

　　透過大師們的深刻洞見和倫理學的發展,可以看出理論倫理學是由經驗部分、理論部分和實踐部分構成的一個充滿生命力的發展過程。應用倫理學作為理論倫理學的自我否定,和理論倫理學一樣,也有其經驗的部分、基礎理論部分以及實踐的部分。正是這三個環節的相互糾正、相互否定,才構成應用倫理學的生命力的勃發和湧動。通俗的應用倫理學就是孫慕義等人說的凌亂的各種部門倫理學,如醫學倫理學、工程倫理學、傳媒倫理學等和經驗論者說的研究領域。理論的應用倫理學就是在傳統倫理學理論的根基上,反思通俗的應用倫理學,而提出的應用倫理學的基礎理論和最一般的基本原理。實踐的應用倫理學就是理論的應用倫理學和通俗的應用倫理學的綜合,在通俗的應用倫理學領域運用、修正、發展基本的應用倫理學原理,在應用倫理學基本原理的運用中提升通俗的應用倫理學的理論格調。應用倫理學就是由這三個部分構成的一個實踐過程。

　　問題在於,為什麼應用倫理學自身也有其經驗、理論和應用部分呢?首先,經驗、理論、應用是歷時性和共時性的統一,這是由人類的思維層次和倫理學內在的邏輯決定的:人類的思維層次主要決定著歷時性,個體的思維層次主要決定著共時性,兩者的視域融合決定著歷時性和共時性的統一,也就是倫理學的邏輯,同時也是應用倫理學的邏輯。這和黑爾說的直覺的道德思維、後設倫理學的道德思維、批判的道德思維也是基本一致的。其次,如果沒有經驗的部分,理論部分就是空的;沒有理論部分,經驗部分就是茫然的;

沒有經驗部分和理論部分，實踐部分也就不可能存在。沒有實踐部分，經驗部分就不能得到糾正，理論部分就不能得到提升，應用倫理學就喪失了自我批判、自我否定的動力和功能。應用倫理學缺少了三個環節中的任何一個，都不成其為其自身。所以說，它是一個不斷自我否定的過程，而不是某個靜止單一的點或平面。

不過，應用倫理學的三個層面和理論倫理學的三個層面有著重要區別。

①經驗部分：和理論的經驗部分不同的是，它涉及的主要不是個體的經驗，而是人類的經驗。

②理論部分：和理論的理論部分不同的是，它的道德思維主要不是個體的，而是人類的；它關心的主要是人類的德性、規範和語言，側重於尋求普遍適用的倫理和人權的原則。

③應用部分：和理論的應用部分不同的是，它的過程主要不是個體獨白的，而是民主商談的；它的價值主要不是個體獨善其身的，而是人類的共同關切和發展；它的精神主要不是個體自律的，而是透過近乎法制的強制的他律，力圖達到人類的自律；它的運行機制主要不是個體的意志和良心，而是人類的意志和良心（通常體現為倫理委員會的意志和良心）；它的目的不僅關心個體的自由，更關心人類的自由和人權，追求個體自由和人類的自由的統一。

應用倫理學既然是一個不斷追求自身目的至善的實踐或應用過程，那麼它就應該是一個民主的開放的自由領域。

作為普遍性道德權利的人權

自古希臘以來，倫理學的核心理念一直是公正問題。隨著倫理學對公正觀念研究的不斷深入，作為人的自然權利的人權理念逐漸從公正觀念中脫穎而出：繼格老秀斯在公正的基礎上明確提出人權概念之後，霍布斯把人權理念從公正理念中解放出來，使之獨立成為理論倫理學的一個道德範疇。隨著

理論倫理學的應用倫理學轉向，人權理念也就由理論倫理學視閾進入了應用倫理學視閾。

一、人權理念的歷史與困惑

人權理念及應用倫理學視閾的人權問題，是關乎全人類普遍權利的一個價值根基問題，人權的歷史進程和困惑昭示著人權事業源遠流長而又任重道遠的歷史使命。

（一）世界人權進程

關於世界人權的發展，目前比較一致的看法是，它已經歷了三代人權。第一代人權指生命權、財產權、自由權（洛克）等要求國家避免無端干涉的權利，即消極人權與政治參與權（盧梭），包括新生的美國和法國大革命時期的自由人權的要求。標誌性的文獻是 1789 年法國的《人權宣言》和 1791 年美國的《人權法案》或《權利法案》，即十條憲法修正案。

第一代人權一旦落實到社會就必然要求包括社會權、經濟權、文化權在內的第二代人權——積極人權。它們的實現要靠國家公正的分配制度以及健全的社會保障體系。標誌性國際人權文獻有：《世界人權宣言》（1948），《消除一切形式種族歧視國際公約》（1965）、《經濟、社會和文化權利國際公約》（1966）和《公民權利和政治權利國際公約》（1966）等。第二代人權的進步帶來科技、經濟文化的繁榮，尤其是科技進步帶來了前所未有的新理念如全球化、地球村、科技資訊、世界公民問題等，科技進步同時也對生命、自由和安全帶來了新的危險，這就導致了第三代人權的產生：發展權、和平權、自然與文化遺產的共同擁有權利、生活在無汙染的環境中的權利、隱私權、保持遺傳基因完整的權利等。另外，卡斯林·瑪哈尼（Kathleen E.Mahoney）和保羅·瑪哈尼（Paul Mahoney）等人還主張未來人權應當擴展到如健康、食品、殘疾人以及資訊技術、生產技術等帶來的新領域。可見，第三代人權或未來人權的實質是應用倫理學視閾的人權，它是在理論倫理學視閾的人權（前兩代人權）的發展和矛盾衝突中孕育出來的人權理念。其標誌性的主要國際公約和宣言有：《生物多樣性公約》（1992）、《世界

道德哲學理論
第二篇 應用倫理學探究

人類基因組與人權宣言》（1997）、《在生物學和醫學應用方面保護人權和人的尊嚴公約：人權與生物醫學公約》（1997）、《當代人對後代人的責任宣言》（1997）、《世界文化多樣性宣言》（2001）、《國際人類基因數據宣言》（2003）、《世界生物倫理和人權宣言》（2005）等。

義大利政治哲學家 N．博比奧（Norberto Bobbio）區分了三代人權。第一代人權指公民權與政治權即洛克意義上的自由權，包括新生的美國和法國大革命時期的自由人權的要求。自由權一旦落實到社會就必然要求包括社會權、經濟權、文化權在內的第二代人權。第二代人權的進步帶來科技、經濟文化的繁榮，尤其是科技進步帶來了前所未有的全球化、地球村、科技資訊、世界公民問題等新理念，這就導致了第三代人權的產生。第三代人權是「由科技進步對生命、自由和安全帶來的危險引起的」。比如生活在無汙染的環境中的權利、隱私權、保持遺傳基因完整的權利等。另外，卡斯林‧瑪哈尼（Kathleen E.Mahoney）和保羅‧瑪哈尼（Paul Mahoney）等人也主張未來人權應當擴展到如健康、食品、環境、殘疾人以及資訊技術、生產技術等帶來的新領域。第三代人權或未來人權的實質是應用倫理學視閾的人權，它正是在理論倫理學視閾的人權（前兩代人權）的發展和矛盾衝突中孕育出來的人權理念。

值得重視的是，關於三代人權的比較公認的看法是，1970 年代，法國法學家、聯合國教科文組織前法律顧問瓦薩克（Karel Vasak）提出的「三代人權」的觀點，其中第三代是「集體人權」。我們認為，「集體人權」的說法是不能成立的：首先，如果集體不包括所有的人，這樣的集體權就只能是某些人的權利，而不是每個人的人權。其次，如果集體國包括所有的人，這樣的集體就是所有人的權利，即人類的權利，由於只有每個人都享有的權利，才能成為人類的權利，所以人類權利的實質必然是個體普遍享有的人權。這樣的集體人權和個體人權並沒有實質不同。第三，人權是具體的個體權利，其核心目標是對單一個體的保護或不無端干涉單一個體，否則，個體就有權訴諸國家，而國家或國家聯盟的合法性就來自對個體權益的保護，誠如 1791 年法國憲法所規定：「所有的政治聯盟的終極目標在於維護天賦的、絕對必要的人權。」麥凱（J. L. Mackie）也明確主張，個人是基本權利的擁有者，

群體即使有權利，也是由主體分化出來的權利，而非基本權利。因此，集體人權的說法是無任何意義的。鑒於此，我們主張第三代人權是應用倫理學視閾的人權而不是所謂的「集體人權」。

(二) 中國哲學中的人權進程

嚴格講來，古代漢語中並沒有西方文化中表達正當（right）涵義的倫理詞彙。「權利」一詞在古代漢語裡的主要涵義是和仁義道德相對立的「權勢、貨利」，如《荀子‧君道》說：「接之於聲色、權利、憤怒、患險而觀其能無離守也。」桓寬的《鹽鐵論‧雜論篇》也說：「或尚仁義，或務權利。」

19世紀中期，美國學者丁韙良（W. A. P. Martin）及其來自中國的助手們把維頓的《萬國律例》（Elements of International Law）翻譯成中文時，他們選擇「權利」來對譯英文「rights」。自此以後，「權利」在中國逐漸成了一個被廣泛接受和使用的詞彙。但是權利是爭權奪利的代名詞，是和「仁義」之類的傳統倫理相對立的觀念依然根深蒂固，權利、人權也因此在中國倫理學研究中長期處於極為尷尬的境地。

實際上，19世紀後期，中國人已經開始追求人權了。留學英國的何啟與胡禮垣在作於1887至1889年間的《新政真詮‧<勸學篇>書後》中表達了「人人有權，其國必興；人人無權，其國必廢」的觀點。康有為在《大同書》（1902）中主張男女平等獨立乃是「天予人之權矣」。梁啟超在《十種德性相反相成義‧自由與制裁》中提出「尊重人權」的思想。繼康梁之後，嚴復、容閎等留學英美的學者從自由的角度闡釋了西方的人權觀念。戊戌變法失敗後，尤其在20世紀初葉，人權運動風起雲湧，資產階級民主派鄒容、陳天華、秋瑾等革命志士疾呼人權，要求徹底摧毀專制制度，人權思想業已形成一股思潮。遺憾的是，由於中國早期有法律無法治、有憲法無憲政的情形，再加上1937年日本的大舉入侵，人權思想在民族危亡的血火迸流中幾近湮滅。抗戰勝利後，南開大學張彭春博士受國民政府委派，參與了《世界人權宣言》的起草和訂立。他以中國的特有方式表達了「某些權利永遠不能歸屬於政府，必須掌握在人民手中」（埃莉諾‧羅斯福語）的人權基本精神，為世界人權事業做出了中國地區的努力和貢獻。

（三）人權的困惑

應用倫理學視閾的諸多問題給人權理念的發展帶來了前所未有的全面而深刻的挑戰和機遇。誠如傑克・瑪哈尼（Jack Mahoney）所言：「與往昔相比，如今的人權理念遇到的對抗和反對更加強烈」。這是因為理論倫理學視閾的人權問題尚未得到良好的回應，應用倫理學視閾中更為複雜難解的人權新問題又接踵而至。更為關鍵的是，人權還直接涉及倫理學是權利本位還是義務本位這個關乎倫理學性質和命運的根基問題。這樣，疑難重重的人權理念就成了應用倫理學必須破解的史芬克斯之謎。

欲解此謎，還得回到理論倫理學視閾中的權利理論：權利理性派認為，權利是普遍的自然權利，人的自然權利（natural right）就是人權（human rights）。人們也因此常常把自然權利（natural rights）和人權（human rights）通用。權利經驗派針鋒相對地反對理性派的觀點，它主張權利不是普遍的自然權利或人權，而是特殊的實證的經驗權利。雙方的激烈爭論直接引發了權利懷疑論對權利本身的否定和質疑。我們可以把這些有關權利爭論的核心問題歸結為兩個方面：①權利是否存在？②權利如果存在，它是何種權利？對它們的回答，實際上就是對「應用倫理學視閾的人權為何可能實現？」問題的回答。這就自然過渡到「何為應用倫理學視閾的人權？」以及「應用倫理學視閾的人權如何應用？」的問題。

我們知道，在外文中，Nature 有兩個涵義：

①本然的、固有的、天然的、與生俱來的。

②本性的、本質的。

「Natural right」直譯應是「自然權利」。人的自然權利（natural rights）就是人權（human rights）。人們常常把自然權利（natural rights）和人權（human rights）通用。需要說明的是，「天賦人權」（natural right）是 20 世紀初（可能還更早）中國學者在翻譯或介紹西方著作中有關人權的一個意譯的譯名。「天賦人權」在中國已是一個約定俗成的說法，值得我們尊重，但天賦有授受之意，易生誤解。如，美國一個

教授在論述中國權利思想的文章中,將「天賦」直譯為英文中的「heaven-given」。為用語統一,本文一律用自然權利或人權而不用天賦權利或天賦人權。

迄今為止,人權的發展在各種挑戰之下經歷了三個時期,人權的哲學理論反思、人權文獻的固化、由於人權的困境把它自身帶入了應用倫理學領域。應用倫理學的人權要求哲學反思和現實的法制的綜合超越。由於理論深度的增加、現實問題和法制要求的合理性和涉及領域的寬廣深入,人權理念的發展面臨著前所未有的機遇和挑戰。誠如 Jack Mahoney 所言:「與往昔相比,如今的人權理念遇到的對抗和反對更加強烈。」哈伯馬斯也說:「人權儘管是國家共同體政治的唯一合法化基礎,但是圍繞著如何正確解釋人權而展開的爭論,則愈演愈烈。」這是因為一方面人權論證方法和人權文獻的質疑未能得到良好的回應,同時新的應用倫理領域的人權衝突又提出了更為複雜難解的挑戰。

顯然,這些人權問題的根基在於,由於人們只注重了「nature」的「自然的」的涵義,而沒有注意其「本質的」的涵義,結果雖然彰顯了「natural rights」和「human rights」的自然權利之義,卻遮蔽了其本質權利或本性權利的另一層涵義,一系列人權問題便由此而來。為解決這些問題,我們必須窮根究底,從追問和解答如下的根基性問題入手:

① nature 的兩個基本涵義自然和本質有內在聯繫嗎?如果有,它是什麼?

② 人的自然是什麼?人的本性是什麼?人的自然與人的本性有內在聯繫嗎?如果有,它是什麼?人的自然和人的本性的綜合體是什麼?

③ 自然權利和本質權利作為 natural rights 的兩個涵義,它們之間有何內在關係?要解決這些根基性問題,還得從對自然權利或人權的質疑和否定入手。

二、應用倫理學視閾的人權何以可能？

在理論倫理學視閾中，由於人們對權利的涵義爭論不休，沒有一個公認的權威的權利理念，致使權利懷疑論有理由懷疑權利的存在。這樣，權利論和懷疑論雙方爭論的焦點就集中體現為：權利是否存在？如果存在權利（right），那麼它是普遍權利還是特殊權利？

（一）權利是否存在？

權利懷疑論雖然形式多樣，但它主要是從邏輯分析的角度（休謨）、語言學的角度（麥金泰爾）、權利和公正的關係（魯斯·瑪克林）等幾個層面懷疑並否定權利（包括人權）的存在的。

其一，休謨認為，自然法學家們用「自然法──理性」的概念指稱完全不同的三類東西──理性所發現的戒條或一般法則，自然界和人類社會的事實法則，以「自然權利」名義囊括的自由、平等、公正等價值規範。在邏輯上，這嚴重地混淆了「邏輯的必然、事實的必然和道德的必然」三種不同的涵義。作為邏輯必然的理性僅僅存在於數學的局部知識，事實的必然即自然界的諸多法則來自於習慣的聯想，道德的必然是價值判斷。自然權利（自由、平等、公平、正義等價值規範）既非事實的推理，也非理性的對象，它們只是人類的願望或「癖好」。休謨基於此提出事實和價值區分以及無法從事實推導出價值的命題，即「休謨問題」。後來，馬克斯·韋伯把這一問題明確化。據此，屬於價值範疇的自然權利不可能從理性（人性）的事實推出，自然法理論從「理性」引出的人權受到致命的質疑。

在我們看來，「休謨問題」在應用倫理學領域內是可以解決的，不能構成否定人權的根據。具體說來，從靜態看，人是有限和無限、生理心理和理性精神融於一體的存在。從動態看，人是無限揚棄有限、精神（心理、理性）揚棄自然（生理）的存在過程，是自由自律地怯弱和求備的存在，是不斷彌補不足、完善自我的存在。人性具體存在於對人的有缺事實（生存環境、生理、心理、社會狀況等）的不滿的基礎上追求人性完善的價值的過程之中。這個過程既是事實，也是價值，是蘊含著價值的事實。這就是說，人是集存

在和應當、事實和價值於一體的主體。由於自然權利（價值）是從人的整個本質（作為事實和價值的統一體的人性）中起源的，價值（權利）當然可以合乎邏輯地從事實和價值的統一體（人性）中推出。

其二，經過了德國古典哲學和當代分析哲學洗禮的麥金泰爾，不滿足於休謨式的邏輯分析的懷疑，認為它不具有徹底否定權利（包括人權或自然權利）的理論力量。他企圖從根基上拔除權利和人權的信念，以達到全面否定、一勞永逸之目的。他認為：

①人權觀念並非社會生活本身所必須，而且在每一個社會都尋找不到它。在古典語言、中世紀語言中都沒有任何足以正確表達權利的詞語，古希臘語就沒有一個詞表達權利。正確表達的「權利」（right）一詞直到中世紀末才出現。

②如果存在人權的話，在現代之前卻無人知曉它的存在。

③根本沒有人權，因為所有試圖給予人權信念以好的理由的嘗試都失敗了。信仰人權就如相信巫術和獨角獸一樣。

如此一來，權利、人權在他這裡就成了一個巨大的虛無而被否定了。但他只是透過抽象的理論分析和語言學考察來否定權利和人權的存在，並沒有提出令人信服的有力論證，以至於米爾恩（A. J. M. Milne）十分輕易地就駁斥了麥金泰爾的謬論，茲不贅述。但它啟示我們不能停留在表面的實證的權利概念的有無上，而應深入到權利的內涵和歷史中去研究權利。

其三，與麥金泰爾不同，魯斯·瑪克林（Ruth Maclin）試圖從權利發展的歷史中論證權利的無根性。他同意彌爾提出的權利和正義理論具有潛在的聯繫的觀點，認為權利不是原初概念，而是源自公正的概念。因此，對權利做出系統的判斷，必須以完滿的公正理論為根基。但他認為還沒有出現也不可能出現完滿的公正理論——即使羅爾斯的《公正論》也並非完滿。如此一來，「關於權利的存在和本性的具體主張便失去了充分的根據，也無法得到確證。」、「試圖發現人類權利的存在，完全是一種錯誤地幻象出來的事情。」這一思想揭示了權利和公正之間的歷史關係，具有一定的理論依據，

但它僅僅停留在二者的時間先後的順序上，而沒有把握它們內在的邏輯關係。因此，它對權利的否定缺乏充足的根據和有力的論證。但它明確提出的人權和公正的關係問題，值得我們深入研究。

總之，權利懷疑論並沒有提出有力的否定權利的論證，它不但與人們的直覺相悖，而且也與當前世界上普遍注重權利、人權信念的事實相左。維根斯坦曾說：「懷疑論並不是不能駁斥的，而是如果它在不能提出疑問的地方想表示懷疑，顯然是沒有意思的。因為疑問只存在於有問題的地方；只有在有解答的地方才有問題，而這只有在有某種可以說的事情的地方才有。」實際上，權利懷疑論非但沒有否定權利和人權，反而暗示了權利解答的方法，推動了對權利和人權的確證。

值得肯定的是，權利懷疑論是一把懸在權利理論之上的「達摩克利斯」之劍，它質疑權利的霸權和獨斷，反對權利的抽象性、偶然性、隨意性和極端化，從告誡、提醒、否定的角度推動著權利、人權的研究。另外，權利懷疑論雖然不能否定權利的存在，但其懷疑精神卻在權利理論中一以貫之。人權理念正是在質疑、反駁權利懷疑論的過程中，在權利理性派和權利經驗派的相互質疑和相互反駁的過程中，逐步顯現出其本真要義的。

如果存在權利（right），那麼它是普遍權利還是特殊權利？

（二）普遍權利還是特殊權利？

首先，權利理性論認為權利是具有普遍性、絕對性的自然權利（natural right）或人權（human rights）。該理論主張自然權利是人與生俱來的，它的本源是「理性」。生命權、自由權、財產權（史賓諾莎、洛克）、政治參與權（盧梭）、幸福權（傑弗遜）等人權來源於人的自然本性即「理性」，是人固有的不可剝奪的自然（理性）權利。顯然，這些權利是多樣的特殊權利而不是普遍權利。因此，它受到後來的理性權利論者（如康德）的批判，同時也遭到經驗權利論的質疑。

康德認真研究了理性，把它分為理論理性和實踐理性。他認為源自實踐理性的自由是人所具有的唯一的自然權利，「是每一個人由於其人性而具有

的獨一無二的、原初的權利」。這種原初人性的自然權利，就是人之所以為人必不可缺少的人權。康德以後，胡塞爾明確解釋了理性的內涵：「理性是『絕對的』，『永恆的』，『超時間的』，『無條件地』有效的理念和理想的名稱」。人權既然源自追求無限和普遍本質的理性，應當具有普遍性和絕對性、無條件性。就是說，人權是普遍的、絕對的、無例外的每人都擁有的權利。

其次，權利經驗論反對權利理性派的觀點，主張權利不是來自理性的自然權利而是源自經驗的具有相對性、多樣性的實證的特殊性權利。該派認為理性是有限的，它不能認識事物的本質，只能認識相對的東西。理性在感覺之外，什麼也不知道。只有實證的事實才是科學的，任何突破主觀經驗界限的企圖都是必須拒斥的形而上學。因此，權利的基礎不是理性或自然法，而是動物本性（胡果）、心理（法國的塔爾德）、本能經驗（霍姆斯、龐德、弗蘭克）、感性快樂、利益（奧斯丁、龐德、彌爾等）、歷史風俗傳統（伯克）、民族精神（胡果、薩維尼）、宗教信仰（阿奎那等）、義務（奧尼爾）等經驗性的事實。根本不存在超越一切社會、歷史和文化差異的普遍的「人權」，只存在多樣性文化（包括道德、法律、風俗、制度等）所制約的多樣性的相對的實在權利，人們也只能在與某一特定文化的關係中理解自己的實在的真實具體的權利，。

理論倫理學視閾內的權利問題的爭論表明，應用倫理學視閾內的人權得以可能的根據在於：

（1）權利是存在的——這是人權得以可能的基礎。

（2）超越經驗派和理性的衝突是人權得以可能的途徑。

經驗派的實質是從個體出發強調個體的理性的有限性或經驗理性，這並不能否定理性本身的普遍性和普遍性的權利。

康德前的理性派強調人的理性是共同的自然性時，儘管它強調理性的無限性，但他們提出的生命權、自由權、財產權、政治參與權、幸福權等是多樣性權利，這和經驗論的多樣性的權利是一致的。雙方主張的權利都不具有普遍性。

自康德以來，理性派試圖從理性的理念出發強調理性的無限性，並試圖尋求普遍性的人權。但康德等以理性尋求的自由人權，仍然不具有普遍性。馬克思曾從階級分析的角度指出了理性權利論的人權的特權性質，否定了其人權的普遍性。他批評說：「至於談到權利，我們和其他許多人都曾強調指出了共產主義對政治權利、私人權利以及權利的最一般的形式即人權所採取的反對立場……人權本身就是特權，而私有制就是壟斷。」另外，康德式的理性派面對的一個難以解答的問題是：沒有自由和理性的人如嬰幼兒、精神病人等是否有普遍人權？

可見，經驗派和理性派的爭論凸現出了自然、經驗和理性三個權利的基本要素，如何綜合超越之，亦是人權得以可能的步驟之一。

（3）否定獨白式的理論探討是達成人權共識的必然選擇。

權利懷疑論和權利論的對抗、權利理性論和權利經驗論的頡頏表明，各方都不是透過對話商談的途徑，而是獨白式地企圖以己方特殊的權利理念強加於他者並試圖使之普遍化。這就不可能真正解決權利和人權問題。以應用倫理學視閾的民主商談的精神和民主商談平台取代獨白式的理論典範，綜合權利的三個基本要素：自然──經驗──理性，從中抽象出人權的理念，是人權得以可能的關鍵。

至此，理論倫理學視閾內的人權走向終結，這同時也是以對話商談、程序共識為標誌的應用倫理學視閾的人權的開端。

三、何為應用倫理學視閾的人權？

應用倫理學視閾的人權涉及如下三個問題：一是它是形式的權利還是實質的權利？二是它是道德權利還是非道德權利？三是它應當如何應用？

（一）形式的權利還是實質的權利？

我們認為，人權不是某些人或某個人的特有權利，而是每一個人都應當擁有的普遍性的共有權利。因此，它只能是形式的，不能是實質的。理論倫理學視閾內的權利本質上都是某些人或某個人的特有權利，並非具有普遍性

的人權。米爾恩曾把人權的普遍性概括為：人權是「屬於所有時代、所有地域的所有人的權利。這些權利只要是人就可擁有，而不管其民族、宗教、性別、社會地位、職業、財富、財產的差異或者倫理、文化、社會特性等任何其他方面的不同」。不過，人權的普遍性並不等於普遍性的人權，後者作為形式的權利，是何種形式的權利呢？首先，必須明確的是，nature 有兩個基本涵義：①自然（本然、天然、固有、與生俱來）；②本質（本性）。根據海德格爾的考察，自然（natura）出自於 nasci（意為：誕生於，來源於），「natura 就是：讓……從自身中起源」。nature 的完整涵義就是「從本然中產生出本質或本性」，而人權或人的自然權利（naturalright）的內涵應是「從人的本然中產生出的人的本質權利或人的本性權利」。

其次，據前所述，我們可以總結出和人權相關的基本要素：

①動物本性（胡果）、本能經驗（霍姆斯、龐德、弗蘭克）、心理（法國的塔爾德）是人和自然界的動物都有的自然生理條件，但有區別。而且，人還具有動物所不具有的：

②利益、實證的法律制度（邊沁、奧斯丁、龐德）、風俗傳統、歷史文化（伯克）、民族精神（胡果、薩維尼）、義務（奧尼爾）等；

③理性（康德、胡塞爾等）；

④新自然法學家所主張的程序、形式和商談精神（哈伯馬斯、斯塔勒姆、富勒等）。

儘管①②③④各自均可以成為人權的某個方面的要素，但都不具備獨自構成人權的資格。

①和③分別是自然（nature）的第一個涵義（固有、天生）和第二個涵義（本質、本性），②則是暗中運用③連結①的各種體現，如分析法學要靠理性分析法律條文使之體系化、邏輯化、條理化，功利主義法學要運用理性算計、推理、判斷最大多數人的最大利益或幸福，傳統風俗法律制度等都是理性力量的相對固化所形成的行為規範和社會要求，它們的目的在於解決人類的生理、心理、精神的有限不足和無限追求之間的矛盾。因此，①②呈現

道德哲學理論
第二篇 應用倫理學探究

出有限的多樣性，同時也暗中確證了理性的存在和價值。追求無限和普遍的理性綜合①②使其無限的訴求得以有限地實踐。④則試圖把獨白權利理論提升為具有商談精神和民主程序的普遍人權。從內涵看，這四類要素各自體現的都是一種實體性的多樣性如利益、義務等的多樣性，但這些實體多樣性中卻一以貫之地潛藏著一個綜合各要素的程序和形式，也就是說唯有這個程序或形式具有普遍性，它就是人權的本質之一。作為程序或形式的普遍人權可暫時表述為：人權就是權利主體透過民主商談對話、尋求共識的合道德程序而相互尊重其自由自主地設想、選擇、安排、踐行各自人生理念、生活方式、倫理秩序等的人人共享的普遍性的權利。

現在的問題是，作為形式權利的人權是道德權利還是非道德權利？

（二）道德權利還是非道德權利？

德國自然法學家羅門（Heinrich A. Rommen）認為，權利經驗論的「本質特徵是賦予關於個別事物的經驗知識以至高無上地位，將精神的視野侷限於經驗和殊相」。比如，邊沁就曾說過：「權利是法律之子：不同的法律運作產生不同的權利。自然權利是一個從來無有（也絕不會有）父親的兒子。」權利經驗派以實證的法律權利否定或取代人權的結果是，「只存在實證性法律，也即強制性法律，因為，只有那些確實可以強制執行的東西才是法律，它完全是國家創造的。……這樣，法律就是、實際上僅僅是事實上占據優勢的那個階級，即統治階級的東西」。經驗的、相對的、可修正乃至可廢除的實證法律權利始終只是統治階級所規定、所承認的個別人的權利，儘管它不同程度地包含著人權的要素，也是保障人權的重要途徑，但它並不等於人權，因為它不具有絕對性、普遍性和平等性。同理，奠定在本能、心理、風俗、習慣、歷史傳統、民族精神等基礎上的非道德權利也不是人權。如此一來，普遍的形式的人權只可能是人的自然權利（natural right）或道德權利。問題是，人的自然權利是不是道德權利呢？這得從arete（德性）和nature（自然）之間的內在關係說起。

在古希臘文中，arete 原指每種事物固有的天然的本性，主要指每種事物固有且獨有的特性、功能、用途，或者說指任何事物內在的優秀或卓

越。因此，《西英大辭典》把 arete 解釋為 goodness，excellence of any kind。任何一種自然物包括天然物（如土地、棉花、噴泉等）、人造物（如船、刀等）、人等都有自己的 arete，如馬的 arete 是奔跑，鳥的 arete 是飛翔，二者各自的 arete 都是自己獨有而他者所沒有的。如果失去了這些本性，就是亞里斯多德後來說的 arete 的缺失。據此，arete 和 nature 的本意是一致的。

亞里斯多德曾把自然解釋為本性，一物的本性就是其自然的狀態，一物按其本性活動就是其自然活動。在亞里斯多德那裡，arete 仍然具有較廣的涵義，往往泛指使事物成為完美事物的特性或規定。他說：「每種德性都既使得它的狀態好，又使得它們的活動完成得好。比如眼睛的德性，既使得眼睛狀態好，又使得它們的活動完成得好（因為有一雙好眼睛的意思就是看東西清楚）。」在亞里斯多德這裡，arete 和 nature 的本意也是基本一致的，不過，他已開始把德性主要歸結為人的優秀。

亞里斯多德以後，人們主要在道德意義上討論德性的內涵。史賓諾莎把德性直接規定為人的本性，他說：「就人的德性而言，就是指人的本質或本性，或人所具有的可以產生一些只有根據他的本性的法則才可理解的行為的力量。」羅門也明確指出：「社會倫理和自然法的原則就是人的本質性自然。」可見，亞里斯多德以後的 arete 主要指自然（nature）的第二個涵義「本質」、本性、卓越、優秀，尤其特指人的本性或本質。這就是自然（nature）和德性（arete）的內在聯繫。

在亞里斯多德等古典法學家那裡，每一類事物的本性都有一種特有的必須遵守的規律或原則，這就是自然法（nature law）。相應地，人的自然法就是人的德性法即道德命令。因此，出自道德命令的人的自然權利（人權）本質上只能是道德權利。或者說，人的德性就是人的本質性自然，人權就是基於德性或人性的道德權利。格勞秀斯曾說，權利是人作為理性動物所固有的道德本質，「使人得以正當地佔有某一特殊的權利，或可以做某一特殊的行為。」、「自然權利乃是正當理性的命令，它依據行為是否與合理的自然相諧和，而斷定為道德上的卑鄙，或道德上的必要」。康德在《道德形而上學》

中發揮了格勞秀斯的這一思想，並批判地深化了史賓諾莎的德性就是力量的思想，使德性具體化為人權的力量。另外，當列奧·斯特勞斯強調自然權利應回歸古代的德性觀念來理解的時候，他所關懷的也正是人權的道德內涵。

遺憾的是，這個問題，一直沒有引起人們的重視，以至於具有內在聯繫、實質一致的自然、德性和人權在倫理學中幾乎是幾個老死不相往來的範疇，它們在某些人那裡甚至是相互對立、水火不容的。最經典的莫過於以追尋德性著稱的麥金泰爾卻殫精竭慮地企圖透過全面否定人權（實即德性權利）和權利去追求德性，這無異於以謀殺德性來追尋德性。關於這個問題，我們將在第四章的應用德性論部分詳加討論，與此相關的一些問題這裡暫且存而不論。

需要注意的是，哈伯馬斯曾明確地說：「人權具有兩面性，它既是道德範疇，也是法律範疇。」這只能理解為被法律規定下來的權利具有道德上的根據，法律權利的正當性只能從道德的觀點來加以論證，並不等於凱爾森、伯克、哈維尼、奧斯丁等經驗派所說的權利或人權只能是法律權利。因為儘管實證法中包含著人權的異同，但它是有缺的、不完備的人權，它只是實現人權的途徑或工具，其目的則是作為道德權利的人權。就是說，人權不是實證法的權利，同理，它也不是其他非道德權利如風俗習慣中的權利等，人權只能是道德權利。

基於上述理由，我們把（一）中的人權的表述修正為：人權就是權利主體透過民主商談對話、尋求共識的合道德程序，相互尊重其自由自主地設想、選擇、安排、踐行其各自人生理念、生活方式、倫理秩序等的人人共享的普遍性的道德權利。簡言之，應用倫理學視閾的人權就是普遍性的道德權利。

四、應用倫理視閾的人權如何應用？

應用倫理視閾的人權問題必須在民主對話商談的基礎上尋求共識，靠獨白式的絕對命令是不可能得到解決的，因為獨白的形式和程序極易導致獨斷地把自己的權利觀念強加於人甚至走向極端的專制，如希特勒就是依靠獨白的方式合法地把個人意志作為國家乃至民族的普遍精神而合法地強加給他人

的。鑒於此，我們吸取康德絕對命令的普遍性形式的合理性，拋棄其獨白性而代之以民主商談的精神，把「應用倫理學視閾的人權」的理念明確為三條根本的應用法則。

(一) 形式法則

　　形式法則要求：應用倫理學領域的人權具有普遍性，應當適用於所有人，而且沒有任何附加條件，因此，人權具有對於其他特有權利或義務的絕對優先地位。其具體內涵如下：首先，普遍人權優先於相對權利。不可否認，在人權的普遍意義與人權實現的具體條件之間，存在著一種獨特的緊張關係。如生命權、自由權、財產權、幸福權、健康權、信仰權、發展權、良好的生活環境權等都是受具體條件限制的不完滿的人權，即特殊的權利，是人權共相的不同之處。就是說，實體性的權利不是絕對獨立的無條件的人權，它必須納入形式人權或以形式人權為根據。反之，形式人權也只有在相對的權利中有限地、不完滿地不斷實現自我，卻永遠也不可能在經驗的相對人權中完成自我。

　　其次，權利優先於義務。普遍人權優先於任何義務。特別值得重視的是，不具備履行義務的個體如嬰幼兒、病人及其他無能力履行義務的人，其人權不因缺失履行相應的義務能力而喪失，因為人權是具有絕對性和無條件性的原初權利，它不以義務、法律、國家等為前提。奧尼爾（O. Neill）等主張的義務決定人權的觀點，剝奪了沒有履行義務能力的人的權利，實質上取消了人權。這也是倫理學被認為是義務本位的理論根源之一。相對權利優先於其相應的義務，但只有在可促進或至少不侵害權利的條件下才是合乎人權的。比如，當老虎危及人的生命的時候，人的生命權優先於保護老虎的義務。必須注意的是，在不履行相應的個體義務就會損害個體權利的條件下，個體權利失去對相應義務的優先性。但從根本上講，這依然是為了保障權利。比如，如果病人不履行配合治療的義務，就有可能導致其病情加重甚至危及生命時，病人的自由權就喪失了對其配合治療的義務的優先性，但其根據依然是其生命健康權而不是義務優先於權利。就是說，權利只能因為權利的緣故而受到限制。這就是人權形式法則的具體要求，它進一步具體化為人權的質料法則。

(二) 質料法則

　　質料法則要求：應用倫理學視域的倫理行動，要把我們自己人身中的人性，和其他人身中的人性，在任何時候都按照民主商談對話的程序，將它同樣看作是目的，永遠不能僅僅看作是手段。

　　瑪格麗特·麥格唐納（Margaret Macdonald）曾認為沒有固定不變的抽象人性和普遍性的人權。這種觀點的錯誤在於把抽象人性論和普遍人權等同起來。我們認為，雖然沒有固定不變的抽象人性，卻不能否認具體的人性——它是人權的形式所蘊含的質料，更不能據此否定普遍性的人權。

　　具體的人性（human nature），就是基於人的自然性而發展出來的人的完整的本質性。海德格爾也認為，自然指稱著人與他所不是和他本身所是的那個存在著的本質性聯繫，並非僅僅指人的軀體或種族，而是指人的整個本質。人的自然權利或人權就是源自人的整個本質的普遍道德權利，前述休謨問題的實質也是由於沒有把握具體人性而產生的。因此，以人性為目的的實質，就是以人權為目的——這也是義務必須以普遍人權為目的的根據。

　　把人性看作目的而不僅僅看作手段，就是把尊重人權看作最高目的而不僅僅把人權看作手段。它有三層涵義：

　　①手段中包含著目的，我們要求手段包含的應是合乎人權或出自人權的目的，不能包含違背人權甚至踐踏人權的目的。

　　②應當區分階段目的和終極目的。生命權、福利權、不受汙辱權等階段目的都應服從出自人性的普遍人權的根本目的。

　　③必須體現經過民主對話的商談程序而尊重當事人的人權的基本精神，不得以個人獨白式的人權標準強加於人。

　　我們以法國禁止拋擲侏儒為分析案例。20世紀末法國為了推行免於侮辱的權利，施行禁止侏儒拋擲活動的法律。結果遭到一些侏儒反對，認為此法剝奪了自己的工作權、經濟收入和生活來源。法國政府以獨白的方式頒布和實施這項法律，把作為人權殊相的一種權利看作另一種權利的工具，並把後者看作目的，而忽視了權利應當以人權為最高目的、經過民主商談的程序

才能加以具體的確認。因此，它實際上違背了人權的質料法則。這也警示我們，人權需要遵循形式和內容相綜合的全體法則——綜合法則。

(三) 綜合法則

綜合法則要求：以倫理委員會為平台，每個有理性人的意志按照民主商談的程序的觀念才能成為普遍立法意志的公正觀念，並以此推進應用倫理學視閾的人權理念的實踐。或者說，人權體現為以倫理委員會為平台，透過民主商談程序以求達成共識的公正的人權訴求過程。簡言之，這就是人權的公正法則。

公正和人權本質上是一致的。從時間上講，公正先於人權出現，人權正是從公正發展而來的；但從邏輯上講，人權優先於公正，是公正的邏輯起點和最終目的。如前所述，彌爾、魯斯·瑪克林也看到了第一層關係，但忽視了第二層關係。這就決定了魯斯·瑪克林以公正否定權利（包括人權）的懷疑論是難以成立的。我們認為，普遍性的人權應該透過公正的倫理秩序最終落實為具體個體的權利。

1. 建構普適性的公正的國際公民法

人權儘管是倫理共同體，尤其是國家的唯一合法化基礎，但是關於如何正確解釋人權卻不可能達到完全一致，因為雖然法律、制度、習俗、傳統等在同一個國家地區或民族具有一定的普適性，但在國際範圍內則具有多樣性、相對性。儘管不同國家主張不同的人權理念，但其中體現著某種程度的共同人權意識。不同國家之間應當透過一定的民主程序和對話平台，如聯合國或國際倫理委員會等，相互商談、相互理解，確立當時的世界人權的基本原則，並基於此使人權進入一個公正的世界民主法律秩序中，即建構合乎人權優先原則和人性目的的具有普適性的國際公民法，作為各國人權意識的最高法律依據。儘管它不是完整的普遍性人權，但它畢竟是多數國家商談認可的人權的最高法則，其普遍性比個別國家的人權觀念更為可信。各國應當自覺恪守國際公民法，相互尊重各國自身的多樣性選擇而不妄加指責干涉他國的人權

選擇，更不得以本國的人權理念冒充普遍的人權而強制推行到他國乃至整個世界。

2. 建構合乎人權的公正的社會制度

人權必須在倫理秩序中有限地付諸實施。在倫理共同體（主要是國家）的範圍內，應當以人權和國際公民法作為根據，透過公正的法律制度把人權納入法制軌道之中，切實有效地解決自身範圍內的人權問題。羅爾斯認為「公正是社會制度的首要德性」。我們認為人權是原初德性，作為社會制度的首要德性的公正服從於人權。據此，我們把羅爾斯關於社會制度的兩個公正原則修正為：第一個原則是權利平等原則或普遍人權原則，第二個原則是權利差別原則。這兩個原則處於一種「詞典式次序排列」的先後關係中：第一原則優先於第二原則即人權的優先性，指每一個人的平等共有的基本權利（人權）必須優先考慮受到公正制度的保護，而不能受制於第二公正原則。每個人都擁有一種基於公正的社會制度保護的不可侵犯的權利，這種普遍權利即使以社會整體利益之名也不能踰越。因此，公正否認為了一些人分享更大利益而剝奪另一些人的普遍權利是正當的，認為「多數人享受的較大利益能補償強加於少數人的犧牲」是違背人權、絕不容許的。人權作為人類活動的首要德性，公正作為以人權為目的的社會制度的首要德性，絕不向任何權勢、利益、暴力、罪惡妥協。

3. 尊重個體主觀權利的差異

人不僅作為類和倫理共同體的一員而存在，而且還作為具有獨特個性的個人而存在。真正的人權必須把人權理念的普遍性和倫理共同體的權利多樣性統一起來，落實到具體的個體權利。人權的普遍平等要求對於千差萬別的作為個體的權利主體來講，必然呈現出個體主觀性的巨大差異。人權主體間的平等與差異的張力形成人權的內在矛盾，使人權顯示出主體權利的結構特徵。這也是權利差異原則的根據。

第二個公正原則即權利差異原則的要義，就是在普遍平等人權的原則下，透過民主商談的程序尊重權利主體獨立思考、選擇、踐行其倫理生活的權利，

保障個體主觀性權利的實現以及其生活水平、生命質量、人生責任等在公正的社會制度保障下所呈現出的差異和個性。對於權利個體來講，在公正制度的保障下，「每一個人對自己的一生是否成功負有主要責任」。

「我們有責任有所成就，我們有責任過好的一生，而不是被人浪費的一生。說到底，任何人都不能替我們做出決定，這是我們自己的責任」。權利個體應當獨立自由地選擇、決定、實踐自己獨特的生活方式、生命歷程或自我發展完善的獨特途徑。

哈伯馬斯曾從康德的世界公民的觀念出發，把人權在全球範圍內的推廣過程設想為：「所有的國家都轉變為民主法制國家，而每一個人同時又享有選擇國籍的權利。一種可能性在於：任何一個人，作為世界公民，都能充分享受到人權。」這種期望涉及實現人權的關鍵途徑——民主法制，但具有一定的烏托邦性質。我們不指望這種遙遙無期的預設，而主張透過上述程序在切實地保障和實現相對權利的過程中，永不停息地行走在人權之途上。

五、結語

由於普遍性的人權和特殊性權利的矛盾，真正的人權只有在應用倫理學視閾內才能獲得其足夠廣闊的領地；應用倫理學視閾內的多樣性權利所蘊含的普遍性權利，也只有從人權的角度才能得到解決。因為應用倫理學視閾的人權作為普遍性的道德權利，不僅僅是在理論倫理學視閾的人權基礎上對人權外延的全面擴展，而且是對人權內涵的深化和提升：

其一，從靜態角度看，它是尊重人性的普遍性道德權利。

其二，從動態角度看，它是在衝突、商談、共識的程序中透過特殊性權利不斷地豐富自身、完善自身、實現自身的普遍性權利。

最後，從理論地位看，作為原初的、絕對的、沒有任何附加條件的道德權利，它以人性自身為目的，優先於任何其他權利和義務。

這樣一來，它不但超越了理論倫理學視閾的抽象人權理念，而且徹底顛覆了以義務為本位的無根的倫理學，為有根的倫理學——應用倫理學奠定了

堅實的人權基礎。也就是說，有根的倫理學應當是以人權為價值基準的應用倫理學。

▌除魅「休謨問題」：生態倫理學的奠基

在生態文明已成為普遍共識的今天，生態環境問題所引發的有關生態倫理學的廣泛、激烈而持久的學術論戰卻愈演愈烈，難以達成倫理共識。各方為之爭論不休的根本原因在於相互指責對方犯了自然主義謬誤。人類中心論認為，生態中心論把自然的存在屬性當作自然擁有內在價值的根據的觀點，「顯然是把價值論同存在論等同起來了」，犯了摩爾所說的從「是」推出「應該」的自然主義謬誤。非人類中心論反駁說，割裂事實與價值、「是」與「應該」是西方近代倫理學和哲學的傳統，只是邏輯實證論的一個教條。事實上，人類中心論也在做著同樣的推理，「即把人的利益（實然）當作保護環境這一倫理義務（應然）的根據」。人類中心論同樣犯了自然主義謬誤。

自然主義謬誤的實質是「休謨問題」，即事實與價值的關係問題能否從「是」中推出「應當」的問題。如果不能，「應當」就失去了存在的根據，對「是」做「應當」判斷的倫理學就不能成立，生態倫理學也必然隨之土崩瓦解。能否解決「休謨問題」，直接決定著生態倫理學的命運。

一、休謨問題的復魅及其實質

休謨以前或同時代的不少哲學家認為，道德可以如幾何學或代數學那樣論證其確實性。然而，休謨在論述道德並非理性的對象時卻有一個驚人的發現：「在我所遇到的每一個道德學體系中，我一向注意到，作者在一個時期中是照平常的推理方式進行的，確定了上帝的存在，或是對人事做了一番議論；可是突然之間，我卻大吃一驚地發現，我所遇到的不再是命題中通常的『是』與『不是』等聯繫詞，而是沒有一個命題不是由一個『應該』或一個『不應該』聯繫起來的。這個變化雖是不知不覺的，卻是有極其重大的關係的。因為這個『應該』與『不應該』既然表示一種新的關係或肯定，所以就必須加以論述和說明；同時對於這種似乎完全不可思議的事情，即這個新關係如

何能由完全不同的另外一些關係推出來的，也應該舉出理由加以說明。」這段話便是公認的倫理學或價值論領域「休謨問題」的來源。就是說，休謨認為，在以往的道德學體系中，普遍存在著一種從「是」或「不是」為系統的事實命題，向以「應該」或「不應該」為系統的倫理命題（價值命題）的思想跳躍，而且這種思想跳躍既缺乏相應的說明，也缺乏邏輯上的根據和論證。

休謨之後，英美分析哲學家們試圖把這個問題邏輯化、規則化。後設倫理學的開創者摩爾認為，西方倫理學自古希臘以來大致可分為兩類：自然主義倫理學，即用某種自然屬性去規定或說明道德（或價值）的理論；非自然主義倫理學或形而上學倫理學，其特點是用某種形而上的、超驗的判斷作為倫理或價值判斷的基礎。自然主義倫理學從事實中求「應該」，使「實然」與「應然」混為一體；形而上學倫理學又從「應該」中求實在，把「應該」當作超自然的實體。這兩類倫理學都在本質上混淆了善與善的事物，並以自然性事實或超自然的實在來規定善，即都犯了「自然主義謬誤」。這就是生態倫理學各方所謂的自然主義謬誤的理論來源。後來，英國著名分析哲學家黑爾（R. M. Hare）沿襲了休謨與摩爾等區分事實與價值以及價值判斷不同於，而且不可還原為事實判斷的觀點。他認為，價值判斷是規定性的，具有規範、約束和指導行為的功能；事實判斷作為對事物的描述，不具有規定性，單純從事實判斷推不出價值判斷。在《道德語言》中，他具體地研究了他稱之為「混合的」或「實踐的」三段論的價值推理。這種三段論的大前提是命令句，小前提是陳述句，而結論是命令句。

黑爾提出了掌握這種推理的兩條規則：

①如果一組前提不能僅從陳述句中有效地推導出來，那麼從這組前提中也不能有效地推導出陳述句結論。

②如果一組前提不包含至少一個命令句，那麼從這組前提中不能有效地推導出命令句結論。

黑爾認為，在倫理學或價值論中，第二條限定性規則是極其重要的，根據這一規則，從事實判斷中不能推出價值判斷。至此，事實與價值關係問題就被具體化為一條邏輯推導規則——「休謨法則」。事實與價值二分對立的

圖景隨著分析哲學的盛行和哲學的「語言學轉向」，在哲學界盛極一時，其影響迄今仍根深蒂固。人類中心論和自然中心論相互指責對方犯了自然主義謬誤，就是受其影響的結果。

黑爾站在非認知論立場上思考價值或道德問題，否認價值判斷是對客觀事實的反映，他囿於其邏輯與語言分析方法，企圖僅僅透過分析價值語言來解決一切價值問題，從未考慮價值語言的實踐根據，也談不上從實踐中去尋找作為大前提的價值原理，結果並沒有說明推理中作為大前提的價值判斷從何而來，即那種基本的、具有「可普遍化性」和規定性的價值判斷從何而來。其實，休謨問題的真正內涵在於：從兩個單純的事實判斷中不能推導出價值判斷。我們可以由此引出如下結論：

①和價值無關的純粹事實或者不進入研究主體領域的事實，既不是有價值，也不是無價值——這是休謨問題的消極意義。

②價值（判斷）具有鮮明的主體性，它與事實（判斷）存在著實質性的區別。因此，價值科學（倫理學）不能用和事實科學一樣的方式來建立。哲學史上一直有人試圖用自然科學的方法來建構價值科學（倫理學），例如，笛卡兒試圖建立一門類似數學自然科學的道德科學；萊布尼茲發展了霍布斯「推理就是計算」的思想，企圖把一切科學包括道德科學都歸於計算；史賓諾莎曾依照「一切科學的範例」——歐幾里得幾何的方法，推導、建構其倫理學；休謨直接以「人性論——在精神科學中採用實驗推理方法的一個嘗試」作為其《人性論》一書的全部標題等等。然而，這一系列的嘗試都歸於失敗了。這從反面警示我們，價值科學（倫理學）的研究需要有不同於事實科學的方法和途徑，因為倫理學研究對象遵循的是自由規律，事實科學研究對象遵循的是自然規律——這是休謨問題由其消極價值通向其積極價值的仲介。

③休謨問題的積極價值：價值判斷和事實判斷的區別正是基於價值判斷和事實判斷是有內在聯繫的基礎上的，因為如果二者毫無關係，它們之間就不會存在著所謂區別。如果能夠在尋求事實和價值的內在聯繫的基礎上把二者統一起來，從事實判斷推出價值判斷就具有了可能性。休謨問題絕不僅僅是一個簡單的邏輯推理問題，而是倫理學的基本問題。換句話說，休謨問題

即事實判斷和價值判斷的關係的終極內涵是自然和自由的關係問題——這正是生態倫理學的根本,其內在根基在於它們都是在感性實踐的基礎上,同一個主體對同一個對象做出的不同層面(事實或價值)的判斷。

表面看,倫理學的研究對象是價值,事實科學的研究對象是純粹的和價值無關的事實。實際上,在所謂邏輯推理的背後潛藏著其價值根基,凡是進入研究領域之中的事實都必然滲透著研究主體的目的、精神和價值理念。和價值完全無關的純粹事實是沒有進入研究領域的事實,人們既不會對它做價值判斷,也不會對它做事實判斷。沒有任何一個事實(判斷)是和價值完全無關的事實(判斷)。事實判斷本身正是價值判斷的產物,研究它、知道它都是研究主體的價值理念在起作用。就是說,任何研究事實判斷的科學(自然科學)都同時滲透著價值判斷,反之,任何研究價值判斷的科學(人文科學)包括倫理學都是從滲透著價值的事實中做出價值判斷的。沒有研究和價值無關的純粹事實的自然科學,也沒有研究和事實無關的純粹價值的人文科學。正如休謨法則所表明的:和價值無關的純粹事實與和事實無關的純粹價值一樣,都是無意義的。所以,馬克思曾說,在終極的意義上,真正的自然科學就是真正的人文科學。

這樣,把邏輯和感性實踐相結合、在研究自然和自由的內在邏輯的基礎上解決休謨法則的途徑(這也正是解決生態倫理學奠基的途徑)就呈現出來了。

二、休謨問題的除魅

人們通常從外延的角度,把自然看作由人和非人自然組成的整體,把人看作自然界的一部分。這種抽象的自然科學唯物論的觀點把人的感性存在抽象掉了,他們只看到人的存在基於他人(父母、祖父母等)的存在、基於與人相外在的自然界的存在,因而陷入了自然因果律的無窮追溯。一方面,這個過程在人提出誰產生第一個人和整個自然界這一問題之前會驅使人不斷地尋根究底,造物這個觀念就會出現於人們的意識中,這就必然導致神祕論。誠如康德所說:「一切成見中最大的成見是,把自然界想像為不服從認知性透過自己的本質規律為它奠定基礎的那些規則的,這就是迷信。」自然主義

謬誤或休謨問題本質上正是這種神祕論的當代產物。另一方面，由於僅僅侷限於二者的外在關係，割裂自然和人的內在關係，必然導致否定人的主體性和價值理念對自然事實的深刻影響。休謨問題就是對這種觀念的邏輯化、抽象化、理論化的產物。

但從內涵上看，自然是外在自然（非人的自然）向內在自然（人的自由）生成的過程。整個自然界潛藏著具有思維的可能性，人是自然界一切潛在屬性的全面實現和最高本質，因為只有在人身上才體現出完整的自然界。由於人是全部自然的最高本質，全部自然都成了人的一部分或人的實踐的一部分。我們可從世界歷史、人的本性和感性實踐三個方面加以論證。

（一）從動態的世界史的角度看

一般說來，「一個存在物只有當它立足於自身的時候，才被看作獨立的，而只有它依靠自身而存在時，才是立足於自身」。整個自然界只有產生出了人，才真正是立足於自身的獨立存在。在此之前，各種自然物不是獨立的，每個自然物都完全依賴另一個自然物而生成和瓦解，或者說，自然界的獨立性還是潛在的，是未得到證明和證實的。潛在於自然本身之中的自然的最高本質屬性，是有待於產生出人類並透過人類而發展出來的「思維著的精神」。自然在它的一切變化中永遠不會喪失任何一個屬性，它必定會以「鐵的必然性」把「思維著的精神」產生出來（恩格斯）。就是說，「全部歷史、發展史都是為了使『人』成為感性意識的對象和使『作為人的人』的需要成為（自然的、感性的）需要所做的準備。歷史本身是自然史的一個現實的部分，是自然界生成為人這一過程的一個現實的部分」。整個自然界成為一個產生人、發展到人的合乎目的的系統過程，成為人的（實踐活動的）一部分。全部世界史就是自然界透過人的感性實踐向人的生成。

（二）從人性的角度看

人是自然的本質部分，人性問題也就是自然的本質問題。人是（迄今為止所知道的）唯一具有自由和理性的自然存在者。

從靜態的角度看，人集自然和自由於一體，同時具有物性和神性兩個要素。人的物性不僅僅包括生理和心理要素，因為各種感官的功能視覺、聽覺、嗅覺等不僅僅是感官自身，而是感官和自然的光線、光波、震動頻率等連接在一起的，時間和空間作為人的內感官和外感官的形式本身也是人的感官的構成部分。可見，人的物性包括人自身的自然（生理和心理要素）和人之外的自然。同時，基於物性的人的理性或神性也就不僅僅是人自身的理性，而是自然之靈秀，即本質上是自然的理性或神性。

從動態的角度看，人性是神性不斷揚棄物性的過程。它有兩個基本含意：自由不斷揚棄人之外的自然的過程；自由不斷揚棄人自身的自然的過程。具體說來，完整的實踐的人（我）有三個層面：抽象的我——我的精神、身體和另一個身體即自然；社會的我——我和另一個我（他人）；本質的我——包括前兩個環節於自身的獨特的具有個性的我。正是實踐的人使自然成為自然，使人成為人，使人和自然成為本質的我。

或者說，本質的我是「創造自然的自然」，是自然的最內在的真正本質。

自然的內在本質最終體現為人的自由，體現為自由和自然的統一即世界歷史，但它同時又是感性的實踐自我證明的人性和歷史。

（三）從感性的實踐角度看

人的感性實踐是具體生動的、自由自覺的感性活動，是人的本質力量的對象化和對象的人化——這也是連結事實與價值的橋梁。不與人的感性實踐發生關係的抽象的自然界本身是無目的、無意義的即和價值無關，因而它是一種「非存在物」——這就是休謨問題的消極涵義。與人的感性實踐發生關係的感性自然是人的生命活動的材料和無機的身體，同時也是人的「精神的無機自然界」或「精神食糧」，因此具有價值和意義——這就是休謨問題的積極涵義，即從事實推出價值的根據。

感性實踐既是感性知覺或感性直觀，又是感性活動，所以它同時具有一種證明和肯定客觀世界的主體性能力。一方面，人的實踐活動並不僅僅把自己的某個肢體當作工具，也不僅僅把某個自然物當作工具，而是能夠把整個

道德哲學理論
第二篇 應用倫理學探究

自然當作工具,如嫦娥一號人造衛星登陸月球環繞,就是有意識地利用了天空星體的位置關係。另一方面,整個自然也只有透過人才意識到了自身、才能支配自身,才成為了自由的、獨立的自然或內在的必然。人的感性活動本身把外部對象世界(自然界)的客觀存在作為自身內部的一個環節包含於自身,它是包含人與自然、主體與客體在內的單一的(直接感性的)全體。感性在自己的活動中證明了在感性之外有一個自然界存在,它為自己預先提供出質料。這個證明不是邏輯推論,而是他直接體驗到他自己就是這個質料(物質)的本質屬性,他在對象上確證的正是他自己。因為這個對象由他自己創造出來,所以在自己之外的對象仍然是對象化了的自己:自然界是自己的另一個身體,他人是另一個自己,自己則是在包含自然界和他人於自身的全面的完整的自我。主體(主觀)的感性活動唯一可靠地證明了客體(客觀)世界在主體之外的存在。自然界由此獲得了真正的徹底的獨立性,人(包括他的「無機身體」的人)也具有了本質的自然豐富性和完整性。

從完整的意義上看,本質的人即實踐的人既然就是自然本身,所以他的超越性就是自然界本身的自我超越、自我否定過程。人自己的這種超越正是自然界最內在的真正本質。由人的感性活動所證實的這個客觀世界、自然界,反過來也就帶上了人性化的感性的性質。它不僅為人在自然界中的存在定了位,而且本身也成了為人的存在而存在、以人的存在為目的。這樣,實踐的人的感性實踐證明它自身就是作為價值判斷的大前提的主體性根據,本質的人就把自然和自由、事實和價值聯結起來了。

可見,自然和自由的關係在於,自然是自在的自由,自由是自為的自然,整個自然史包括世界史就是自然透過其本質部分,人的感性實踐而不斷自我否定不斷深入自由的過程。正是感性實踐把非人自然和人的主體性連接起來,把非人自然作為人自身的一個環節而成為和主體相關的事實,即成為包含著價值的事實,而不再是和價值主體無關的非存在。就是說,價值的事實根據就在於感性實踐之中,這就是人性的神性揚棄物性或自由揚棄自然的實踐所證明的主體性,這種主體性就是作為價值判斷的根據的大前提,即人性的自由完善對自然的揚棄——它同時既是事實又是價值,因此,價值判斷可從這

種（非命令句中的）大前提中合乎邏輯地推出，從事實判斷推不出價值判斷的休謨問題也就不能成立了。

這就是我們對由「是」推出「應該」的理由和說明，即對休謨問題的回答。

三、結語

休謨問題的解決，至少有三個方面的重要意義：

①消極意義：自然主義謬誤本身也是謬誤，其謬誤在於把感性實踐拋開，人為地把事實和價值絕對分開而無視二者的內在聯繫。人類中心論和生態中心論相互指責對方犯了自然主義謬誤，實際上是因為都沒有搞清楚休謨問題，不是割裂存在論和價值論的關係，就是否定利益和價值的內在聯繫。

②積極意義在於，引導我們重新認識人和自然的內在關係，把實踐的主體立足於感性的實踐的人而不是抽象的人或抽象的自然，進而深入把握倫理學或價值論乃至自然科學的本質，為研究生態倫理學奠定堅實的理論基礎。

③祛除了自然主義謬誤的神祕色彩，就可以走向倫理學本身——人的存在，它既是事實（實然）的前提，又是價值（應然）的根基。因此，生態倫理學關注的生態平衡（事實）的實質是「為人」的生態平衡（價值），我們絕不應當為保護生態而保護生態。相反，應當為人而保護生態——這就是生態倫理學的根基和要義。

道德哲學理論
第三篇 生命倫理學探究

第三篇 生命倫理學探究

祛弱權：生命倫理學的人權基礎

一、問題的提出

自古希臘以來，倫理學領域的普遍主義和相對主義之爭（如蘇格拉底和智者關於德性的爭論）一直綿延不絕。如今，作為道德相對主義的後現代倫理學強調否定性、流動性、破壞性，執著於不確定化、多元化、相對化，推崇無立場、無原則的倫理學，甚至為此不惜離「家」出走，流浪荒野。後現代倫理學對現代理性主義倫理學的斷然否定和全面解構，把道德相對主義和道德普遍主義之爭推到空前尖銳的地步，其結果必然引發應用倫理學領域的普遍主義和相對主義之爭。生命倫理學就是激烈爭論的主戰場之一。

極為典型的是，當代生命倫理學的奠基者恩格爾哈特（H.Tristram Engelhardt）曾在《生命倫理學基礎》（1986年）中提出了後現代倫理學境遇中的生命倫理學達成共識的基礎原則：形式的允許原則和質料的行善原則。20年之後，他在最近主編出版的《全球生命倫理學：共識的崩潰》（2006年）一書中卻明確否定了後現代倫理學境遇中的生命倫理學達成共識的可能性。恩格爾哈特前後矛盾的轉變，使我們不得不思考如下問題：他何以由肯定生命倫理學的基礎到宣稱生命倫理學共識的潰敗？生命倫理學是否可以達成共識？如果能，共識的基礎又是什麼？歸結為一個問題，就是生命倫理學的基礎和共識何以可能？我們認為，脆弱性是生命倫理學的基礎，與脆弱性密切相關的祛弱權問題應當成為生命倫理學的核心理念和理論基礎。關於脆弱性的倫理思考，正如瑪莎・納斯鮑姆（Martha C.Nussbaum）在《善的脆弱性》的修訂版序言中所說：「即使脆弱性和運氣對人類具有持久的重要性，但直到本書出版之前，當代道德哲學對它們的討論卻極其罕見。」一般而言，人類社會主要推崇人類生活的樂觀狀態，相應地，倫理學主要推崇人的堅韌性而貶低人的脆弱性。建立在堅韌性基礎上的理論形態主要是樂觀主義倫理學，典型的如柏拉圖以來的優生倫理學、亞里斯多德的幸福德性論，

道德哲學理論
第三篇 生命倫理學探究

邊沁、彌爾等古典功利主義的最大多數人的最大幸福原則，康德等古典義務論的德性和幸福一致的至善，達爾文主義的進化論倫理學等。尤其是尼采的超人哲學過度誇大人類的堅韌性而蔑視人類的脆弱性，其推崇的必然是叢林法則而不是倫理法則，希特勒等帶來的道德災難和人權災難就是鐵證。麥金泰爾透過考察西方道德哲學史也指出，脆弱和不幸本應當置於理論思考的中心，遺憾的是，「自柏拉圖一直到摩爾以來，人們通常只是偶然地才思考人的脆弱性和痛苦，只有極個別的例外」。樂觀主義倫理學在樂觀地誇大人的堅韌性的同時，有意無意地遮蔽了人的脆弱性。

不可否認，對堅韌性的否定方面即脆弱性的思考也源遠流長。蘇格拉底的「自知其無知」，契約論倫理學家（如霍布斯、洛克、盧梭等）的國家起源論在一定程度上也是基於人的脆弱性。不過，脆弱性在堅韌性的遮蔽之下並未成為傳統倫理學的主流。以堅韌性（理性、自由和無限性等）為基礎的傳統倫理學所追求的目的主要是樂觀的美滿和完善，即使探討脆弱性也只是為了貶低它以便提高堅韌性的地位，如基督教道德哲學把身體的脆弱性作為罪惡之源，以便為基督教倫理學做論證，或者主要是在把人分為弱者和強者的前提下對強者的關注，如尼采的超人道德哲學等。這和關注普遍脆弱性並基於此提出人權視閾的祛弱權還相去甚遠。

二戰以來，深重的苦難和上帝救贖希望的破滅激起了人們對自身不幸和脆弱性的深度反省，人們在反思傳統樂觀主義倫理學貶低脆弱性並由此誇大、追求人的無限性和完滿性的基礎上，已經明確地意識到了脆弱性在倫理學中的基礎地位，這是以脆弱性同時進入當代德性論、功利論和義務論為典型標誌的。當代英國功利主義哲學家波普爾批判謀求幸福的種種方式都只是理想的、非現實的，認為苦難一直伴隨著我們，處於痛苦或災難之中的任何人都應該得到救助，應該以「最小痛苦原則」（盡力消除和預防痛苦、災難、非正義等脆弱性）取代古典功利主義的最大多數人的最大幸福原則。如果說波普爾主要從消極的功利角度關注個體的脆弱性，麥金泰爾的德性論則把思路集中到人類的各種地方性共同體，認為它們在某種程度上就是以人的生命的脆弱性和無能性為境遇的，因而它們在一定程度上是靠著依賴性的德性和獨立性的德性共同起作用才能維持下去的。當代義務論者羅爾斯批判功利論，

把麥金泰爾式的個體德性提升為社會制度的德性,明確提出公正是「社會制度的首要德性」,並把公正奠定在最少受惠者的基礎上。在一定程度上,這些重要的理論成果已經把脆弱性引入了應用倫理學領域。

上述對脆弱性的理論研究和近年來新的天災人禍和倫理問題(如恐怖事件、金融危機、環境危機、複製人、人獸嵌合體等問題)一起,從理論和現實兩個層面把人類的脆弱性暴露無遺,徹底摧毀了柏拉圖以來的烏托邦式的空想或超人的狂妄,脆弱性不可阻擋地走向檯面,深入應用倫理學各個領域,尤其是和脆弱性直接相關的生命倫理學領域。如今,在歐美乃至在世界範圍內的生命倫理學和生命法學的研究中,對脆弱性的關注和反思,業已形成了一股強勁的理論思潮。美國生命倫理專家卡拉漢(Daniel Callahan)說:「迄今為止,歐洲生命倫理學和生命法學認為其基本任務就是戰勝人類的脆弱性,解除人類的威脅」,現代鬥爭已經成為一場降低人類脆弱性的戰鬥①。其中,丹麥著名生命倫理學家亞魯德道弗(Jacob Dahl Rendtorff)教授、哥本哈根生命倫理學與法學中心執行主任凱姆博(Peter Kemp)教授等一批歐洲學者對脆弱性原則的追求和闡釋特別引人注目。他們以自由為線索,把自主原則、脆弱性原則、完整性原則、尊嚴原則作為生命倫理學和生命法學的基本原則,並廣泛深入地探討了其內涵和應用問題。他們不但把脆弱性原則作為一個重要的生命倫理學原則,甚至還明確斷言:「深刻的脆弱性是倫理學的基礎。」這對恩格爾哈特否定生命倫理學共識的觀點提出了挑戰。對此,智利大學的克奧拓(Michael H.Kottow)卻不以為然。他特別撰文批評說,脆弱性和完整性不能作為生命倫理學的道德原則,因為它們只是「對人之為人的特性的描述,它們自身不具有規範性」。不過,他也肯定脆弱性是人類的基本特性,認為它「足以激發生命倫理學從社會公正的角度要求尊重和保護人權」。

克奧拓的批評有一定道理:描述性的脆弱性本身的確並不等於規範性的倫理要求。他的批評引出了人權和脆弱性的關係問題:描述性的脆弱性可否轉變為規範性的倫理要求的祛弱權?克奧拓批評的理論根據源自英國著名分析哲學家黑爾(R. M. Hare)。黑爾在《道德語言》中主張,倫理學的主體內容是道德判斷。道德判斷具有可普遍化的規定性和描述性的雙重意義,因

為只有道德判斷具有普遍的規定特性或命令力量時才能達到其調節行為的功能。他沿襲休謨與摩爾等，區分事實與價值以及價值判斷不同於而且不可還原為事實判斷的觀點。他認為，價值判斷是規定性的，具有規範、約束和指導行為的功能；事實判斷作為對事物的描述，不具有規定性，事實描述本身在邏輯上不蘊含價值判斷，因此單純從事實判斷推不出價值判斷。但是，描述性的東西一般是評價性東西的基礎，即對事物的真理性認識是對它做價值判斷的基礎。道德哲學的任務就是證明普遍化和規定性是如何一致的。我們認為黑爾的觀點是有道理的。依據黑爾，要從描述性的脆弱性推出規範性的脆弱性，並提升為祛弱權，需要解決的主要問題是，脆弱性是否具有普遍性？從描述性的脆弱性能否推出價值範疇的規範性的祛弱權？如果能，祛弱權能否作為生命倫理學的基礎？回答了這些問題，也就回答了「生命倫理學的基礎和共識何以可能？」的問題。

二、脆弱性何以具有普遍性？

每個人都是無可爭議的脆弱性存在，脆弱性在人的狀況的有限性或界限的意義上具有普遍一致性，這主要體現在如下三個基本層面。

（一）非人境遇中的脆弱性

每個人相對於時間、空間以及非同類存在物如動物、植物等都具有脆弱性，甚至可以說「我們對外界的倚賴絲毫也不少於對我們自身的倚賴；在疑難情況下，我們寧肯捨棄我們自己自然體的一部分（如毛髮或指甲，甚至肢體或器官），也不能捨棄外部自然界的某些部分（如氧氣、水、食物）」。

從進化論的角度看，人類是生物學上的一個極為年輕的種類。赫胥黎認為，人類大約在 50 萬年前產生的，直到新石器時代革命後即一萬年左右，才成為一個占統治地位的種類。人的自然體並非必然如今天的樣式，也可以是其他模樣。所有占統治地位的種類在其歷程開始時都是不完善的，需要經過改造和進化，直到把它的全部可能性發揮殆盡，取得種族關係發展可能達到的完滿結果。不過，種系發生學上的新構造越根本越徹底，其包含的弱點和不足的可能性就越大。據拜爾茨（Kurt Bayertz）說，義大利解剖學家皮

特·莫斯卡蒂曾從比較解剖學的角度證明了直立行走在力學上的缺陷：皮特博士證明人直立行走是違反自然且迫不得已的。人的內部構造和所有四條腿的動物本沒有區別，理性和模仿誘使人偏離最初的動物結構直立起來，於是其內臟和胎兒處於下垂和半翻轉的狀態，這成為畸形和疾病如動脈瘤、心悸、胸部狹窄、胸膜積水等的原因。雷姆也認為雖然能保存下來的種類都是理想的，但造化過於匆忙，給我們的機體帶來了四條腿的祖先沒有的缺陷，他們的骨盆無須承擔內臟的負擔，人則必須承擔，故而韌帶發達，導致分娩困難，致使人類陷入無數的病痛之中。更何況，今人僅僅處在一個新的階段，有待更長更久更完善的改進和進化。面對無限的時空和無窮的非人自然，每個人每時每地都處於脆弱性的不完善的狀況之中。這種非人境遇綜合造成的人類的脆弱性，甚至是當今人類不可逃匿的宿命。不過，我們的當下使命不是抱怨為何沒有被造成另外的一種理想的樣式，更不是無視自身的脆弱性而肆意誇大自身的堅韌性，而應當是勇敢地面對自身的脆弱性，把祛除脆弱性上升為普遍人權。

(二) 同類境遇中的脆弱性

霍布斯曾描述過人面對豺狼的自然狀態，這種狀態實際上暗示了任何人在面對他人時都有一種相對的脆弱性。其實，國家制度等形成的最初目的正是為了祛除個體面對他者的脆弱性。

在每個人的生命歷程中，疾病是一種具有普遍性的根本的脆弱性。患者相對於健康者，尤其相對於掌握了醫學技術和知識的醫務人員來講，是高度脆弱性的存在者。伽達默爾（Hans-Georg Gadamer）在《健康之遮蔽》一書中認為，健康是一種在世的方式，疾病是對在世方式的擾亂，它表達了我們基本的脆弱性，「醫學是對人類存在的脆弱性的一種補償」。醫務人員相對於其他領域和專業如教育、行政、管理等方面也同樣是脆弱者。任何強者包括科學家、國家元首、經濟大亨、體育冠軍等在其他領域相對於其他人或團體都可能是脆弱者。如果尼采的超人是人的話，也必然是相對於他者的弱者。誠如雅斯佩斯所說：「在今天，我們看不見英雄。……歷史性的決定不再由孤立的個人做出，不再由那種能夠抓住統治權並且孤立無援地為一個時

代而奮鬥的人做出。只有在個體的個人命運中才有絕對的決定，但這種決定似乎也總是與當代龐大的機器的命運相聯繫。」由於自我滿足的不可能性，絕大多數人由於害怕譭謗和反對而被迫去做取悅於眾人的事，「極少有人能夠既不執拗又不軟弱地去以自己的意願行事，極少有人能夠對於時下的種種謬見置若罔聞，極少有人能夠在一旦決心形成之後即無倦無悔地堅持下去」。相對於他者，每個人任何時候都是弱者——既有身體方面的脆弱性，又有精神和意志方面的脆弱性，但每個人並非任何時候都是強者。沒有普遍性的堅韌，卻有普遍性的脆弱。就是說，脆弱性體現著平等，強韌性則體現著差異。

（三）自我本身的脆弱性

人自身的脆弱性是自然實體（身體）的脆弱性和主體性的脆弱性的綜合體。法國哲學家保羅‧利科認為「人的存在的典型方式是身體的有限性和心靈或精神的欲求的無限性之間的脆弱的綜合」。這種脆弱性顯示為人類主體的有限性及其世俗的性格，我們必須面對生活世界中作惡的長久的可能性或者面對不幸、破壞和死亡。鑒於此，拜爾茨說：「我們和我們的身體處於一種雙重關係之中。一方面，不容置疑，人的自然體是我之存在和我們主觀的物質基礎；沒有它，就不可能有思想感覺或者希望，甚至不可能有最原始的人的生命的表現。另一方面，同樣不容懷疑，從我們主觀的角度來看，這個人的自然體又是外界的一部分。儘管他也是我們的主觀的自然基礎，可同時又是與之分離的；按照它的『本體』狀態，與其說是我們主觀的一部分，還不如說他是外部自然界的一部分。」

我們作為個體都是身體的實體的有限性和主體性的綜合存在，但個體的實體是具有主體性的實體。不但實體是有限的脆弱的，而且實體的主體性也是有限的脆弱的。康德曾闡釋了人的本性中趨惡的三種傾向：「人的本性的脆弱」即人心在遵循以接受的準則方面的軟弱無力；心靈的不純正；人性的敗壞如自欺、偽善、欺人等。其實，這都是主體性本身的脆弱性的體現。另外，人的自然實體（身體）是主體性的基礎，它本身的規律迫使主體服從，主體對自身實體的依賴並不亞於對外部自然界的依賴。就身體而言，遺傳基因和生理結構形成人的一種無可奈何的命運或宿命。人自嬰兒起，就必須發揮其

主體性去學會控制其自然實體、本能和慾望、疾病等。自然實體和主體性的對立，身體和精神的矛盾常常體現為心有餘而力不足，「這種現象首先被看作是病態，它讓我們最清楚、最痛苦不過地想到，有時候，我們的主觀與我們的自然體相合之處是何等之少」。每一個人都具有這種普遍的脆弱性。

儘管脆弱性的程度會隨著人生經歷的不同和個體的差異而有所變化和不同，但基本的脆弱性是普遍一致的，如生理結構、死亡、疾病、生理欲求、無能等不會隨著人生境遇的差異而消失，任何人都不可能逃匿自身的這種基本脆弱性。在這個意義上，人是被拋入到脆弱性之中的有限的自由存在，「人生而平等」（盧梭）的實質就是人的脆弱性的平等。每一個人都是有限的脆弱的存在者，不論其地位、身分、天賦、修養等有何不同，沒有一方能夠例外，自我和他人都是處於特定境遇之中的脆弱性主體。因此，普遍的脆弱性「或許能夠成為多樣化的社會中的道德陌生人之間的真正橋梁性理念」。不過，誠如克奧拓所言，身體生理、理性認識、主體性和道德實踐的不足以及缺陷等脆弱性，都只是描述性的，如果它不具有價值和規範意義，就不可能成為價值範疇的人權。同時，另外一個不可迴避的問題也出現了：由於脆弱性不可能靠脆弱性自身得到克服，樂觀主義倫理學有理由質疑，如果人類只有脆弱性，那麼人們憑什麼來保障其脆弱性不受侵害呢？

三、袪弱權何以可能？

傳統樂觀主義倫理學的功績在於重視人的堅韌性（自由、理性、快樂、幸福等），其問題主要在於誇大堅韌性，忽視甚至貶低脆弱性。的確，人不僅是脆弱性的存在，而且也是堅韌性的存在。人主要靠堅韌性來保障脆弱性不受侵害。

我們認為，描述性的脆弱性或堅韌性不能形成規範性的權利的真實涵義是：純粹堅韌性或純粹脆弱性都和價值無關，都不具備道德價值和規範性的要求。就是說，只有相對於堅韌性的脆弱性或者相對於脆弱性的堅韌性才具有價值可能性。因此，只有集脆弱性和堅韌性於一身的矛盾統一體（人），才具有產生價值的可能性。換言之，人自身的脆弱性和堅韌性都潛藏著善的可能性和惡的可能性。

（一）脆弱性既潛藏著善的可能性，也潛藏著惡的可能性

脆弱性具有善的可能性在於它內在地賦予了人類生活世界的意義和價值。為了簡明集中，我們以作為脆弱性標誌的死亡或可朽作為考察對象。

儘管我們夢想不朽以及運用自己的能力，完全掌握我們的身體存在而擺脫自然力的控制，但是我們總是被自身的身體條件所限制而使夢想成空。實際上，如果生命不朽成為現實，它不但會徒增煩惱、憂鬱，而且必然導致朋友、家庭、工作，甚至道德本身都不必要而且無用，生活乃至整個人生就會毫無意義。因此，「不朽不可能是高貴的」。康德曾經把道德作為上帝和不朽的基礎，實際上應當把它作為道德權利的普遍人權作為人生的基礎。不朽和上帝的價值僅僅在於，它只能作為一個高懸的永遠不可達到的理念，在與可朽以及其他世俗的有限的脆弱性的對比中襯托或對比出後者的價值和意義。

生命（生活）的所有的價值和意義都是以可朽（必死）為條件的。似乎矛盾的是，在生命科學領域，「一些生物醫學科學家不把死亡、極限看作人類本性的根本，而寧可看作我們在未來可以戰勝的偶然的生物學事件。但是，這樣一來就出現了我們是否能夠徹底消除所有脆弱性的問題，諸如來自我們自身的死亡、極限和心理痛苦等問題，以及這樣一來會產生什麼樣的人的問題。因此，極為重要的是，我們必須認識到各種形式的脆弱性對好生活的貢獻是如此豐富和重要。」脆弱性和有限性使追求完美人生的價值和德性具有了可能性，「道德的美和崇高在於我們能夠捐獻自己的生命，不僅是為了好的理由而犧牲，也是為了把我們自己給予他人。如果沒有脆弱性和可朽，所有德性如勇敢、韌性、偉大的心靈、獻身正義等都是不可能的」。脆弱性不應該僅僅被看作惡，它應該被看作需要尊重的生命禮物和人類種群的福音。生命意義的根基就在於我們是在不斷產生和毀滅的宇宙中生活的世俗存在。脆弱性由此使善和德性具有了可能性。

脆弱性使善具有可能性的本身，就意味著它使惡也具有了可能性。因為如果沒有惡，也就沒有必要（祛惡）求善。惡是善得以可能的必要條件，反之亦然。奧古斯丁在晚年所寫的《教義手冊》中，曾從宗教倫理的角度闡釋

了脆弱性與惡的關係。他把惡分為三類:「物理的惡」、「認識的惡」和「倫理的惡」。「物理的惡」是由於自然萬物(包括人)與上帝相比的不完善性所致,任何自然事物作為被創造物都「缺乏」創造者(上帝)本身所具有的完善性。「認識的惡」是由人的理性有限性(主體性)所決定的,人的理性不可能達到上帝那樣的全知,從而難免會在認識過程中「缺乏」真理和確定性。「倫理的惡」則是由於意志選擇了不應該選擇的東西,放棄了不應該放棄的目標,主動背離崇高永恆者而趨向卑下世俗者。在這三種惡中,前兩者都可以用受造物本身的有限性來解釋,屬於一種必然性的缺憾;但是「倫理的惡」卻與人的自由意志(主體性)有關,它可以恰當地稱為「罪惡」。奧古斯汀說:「事實上我們所謂惡,豈不就是缺乏善嗎?在動物的身體中,所謂疾病和傷害,不過是指缺乏健康而已……同樣,心靈中的罪惡,也無非是缺乏天然之善。」我們認為,如果袪除其上帝的神祕性,這三種惡其實就是人的脆弱性、有限性的(描述性的)較為完整的概括。如果說(對人來說的)「物理的惡」是自然實體即身體的脆弱性的話,「認識的惡」、「倫理的惡」則是主體性的脆弱性。由於脆弱性使人易受侵害,這就使它潛在地具有惡的可能性。奧古斯汀的錯誤在於他把描述性的脆弱性和其價值(惡)簡單地等同起來,因為脆弱性只是具有惡的可能性,其本身並不等於惡,更何況它還同時具有善的可能性,且其本身也並不等於善。

脆弱性之所以潛藏著善惡的可能性,是相對於與之一體的堅韌性而言的,就是說:

(二)堅韌性既潛藏著善的可能性,也潛藏著惡的可能性

1771年,康德對皮特·莫斯卡蒂反對進化論的觀點進行了哲學批判,並肯定了堅韌性(主要是理性)的善的可能性。他說,人的進化固然帶來了諸多問題,「但這其中恐怕恰恰包含著理性之起因,這種狀態發展下去並在社會面前確定下來,藉助於此他便固定地接受了這種與之相應的姿勢——兩條腿的姿勢。這樣一來,一方面,他有無限的勝出動物之處,但另一方面,他也只好暫且將就這些艱辛和麻煩,並因此把他的頭顱驕傲地揚起在他舊日的同伴之上」。我們同意康德的觀點,即人直立行走等帶來的脆弱性的代價賦

予了人類獨特的理性和自由等堅韌性。與脆弱性相應，堅韌性也體現在三個基本層面：非人境遇中的堅韌性、同類境遇中的堅韌性，以及集生理、心理和精神為一體的自我的堅韌性。堅韌性既有可能保障脆弱性（潛藏著善的可能性），也有可能踐踏脆弱性（潛藏著惡的可能性）。

一方面，堅韌性潛藏著善的可能性。如果說「物理的善」的可能性是自然實體即身體的堅韌性，「認識的善」的可能性指理性具有追求無限的可能性，使人具有去除認識不足的可能性，「倫理的善」的可能性則是主體堅強的自由意志使人具有克服脆弱性的可能性。就是說，個體的堅韌性使主體自身具有幫助扶持他者的能力，並構成整體的堅韌性如倫理實體、國家、法律制度等的基礎。因此，個體的堅韌性使他者的幫助扶持和主體保障其自身的脆弱性不受侵害，以便揚棄克服其脆弱性的自我提升得以可能。因為如果主體自身喪失或缺乏足夠的堅韌性，只靠外在的幫助，其脆弱性是難以根本克服的。不過，堅韌性的這三種善只是潛在的而非現實的。比如，生命科學本身就是人類堅韌性的產物，它使人具有有限地去除脆弱性的可能性。不過，只有生命科學實現其作為治病救人、維持健康、保障人權、完善人生的目的和價值時，才具體體現出了堅韌性去除脆弱性的善。

另一方面，堅韌性也潛藏著惡的可能性。堅韌性具有善的可能性，也同時意味著它有能力踐踏和破壞脆弱性，即具有惡的可能性——具有「物理的惡」（利用身體控制他人身體或戕害自己的身體）、「認識的惡」（利用知識限制他者的知識、戕害自己或危害人類）和「倫理的惡」（自由地選擇為惡）的可能性。這在醫學領域特別突出。醫學本身是人類堅韌性的產物，但作為純粹實證科學的醫學把各種器官、結構僅僅根據身體功能看作生理過程和因果性的機械裝置，它把疾病僅僅規定為能夠導致人體器官的生理過程的客觀性錯誤或功能紊亂。這種觀念植根於解剖學對屍體分析的基礎上：解剖學易於把身體作為一個物件和有用的社會資源，「當身體作為科學和技術干預的客體時，它在醫學科學領域中不再被看作一個完美的整體，而是常常被降格為一個僅僅由器官構成的集合體的客體。」實證的醫學生命科學沒有把人的身體看作一個完整的有生命的存在，亦沒有把克服人體的脆弱性以實現人體的完美健康作為目的，從而喪失了人性關懷和哲學思考而陷入片面的物理分

析，背離了其本真的目的和價值。這樣一來，生命科學就會成為踐踏人權的可能途徑之一。

既然人的脆弱性和堅韌性都同時具有善與惡的可能性，那麼：

（三）祛弱權何以具有人權資格？

如上所述，描述性的脆弱性是相對於堅韌性而言的，它本身就潛藏著價值（善惡）的可能性。因此，從包含著價值的脆弱性，推論出作為價值的祛弱權並不存在邏輯問題。真正的問題在於，既然每個人都是堅韌性和脆弱性的矛盾體，他就同時具有侵害堅韌性、提升堅韌性、侵害脆弱性和祛除脆弱性四種（價值）可能性。何者具有普遍人權的資格，必須接受嚴格的倫理法則的檢驗？

檢驗的標準是普遍性，因為人權是普遍性的道德權利，而且道德判斷必須具有普遍的規定性（黑爾）。所謂道德普遍性，就是康德的普遍公式所要求的不自相矛盾。康德認為道德上的「絕對命令」的唯一原則就是實踐理性本身，即理性的實踐運用的邏輯一貫性。因此，「絕對命令」只有一條：「要只按照你同時也能夠願意它成為一條普遍法則的那個準則而行動。」在這裡，「意願」的（主觀）「準則」能夠成為一條（客觀的）「普遍法則」的根據在於，意志是按照邏輯上的「不矛盾律」而維持自身的始終一貫的，違背了它就會陷入完全的自相矛盾和自我取消。我們據此檢驗如下：

（1）侵害堅韌性，必然導致無堅韌性可以侵害的自相矛盾。

（2）提升堅韌性。人類不平等的根源就在於其堅韌性，尤其在後天的環境和個人機遇以及個人努力造就自我的生活世界中，人的堅韌性呈現出千差萬別的多樣性，且使人的差異越來越大。如果把提升堅韌性普遍化，結果就會走向社會達爾文主義，以同時破壞堅韌性和脆弱性為終結，導致自相矛盾和自我取消。

值得重視的是，雖然提升堅韌性不具有普遍性，不可能成為人權，但可以成為（在人權優先條件下的）特殊權利。符合道德性的特殊權利必須以不破壞人權平等為基準，以保障提升人權平等的價值為目的。否則，特殊權利

就會導致而且事實上已經導致了人權平等的破壞。《世界人權宣言》等正是對這種破壞的抗議和抵制的經典表述。

(3) 侵害脆弱性。如果人們提出了侵害脆弱性的要求，這就會危害到每一個人，終將導致人權的全面喪失和人類的滅絕，這是違背人性的自相矛盾和自我取消。

(4) 祛除脆弱性。如前所述，沒有任何一個人始終處在堅韌性狀態，每一個人都不可避免地時刻處在脆弱性狀態，即都是脆弱性的並非全知全能全善的有限的理性存在者。從這個意義上講，祛除普遍的脆弱性的價值訴求在道德實踐中，就轉化為具有規範性意義的作為人權的祛弱權。就是說，描述性的脆弱性自身的價值決定了每個作為個體的人都內在地需要他者，或某一主管對脆弱性的肯定、尊重、幫助和扶持或者透過某種方式得以保障，這種要求或主張為所有的人平等享有，不受當事人的國家歸屬、社會地位、行為能力與努力程度的限制，它就是作為人權的祛弱權。嬰兒、重病傷者等尚沒有或者喪失了行為能力的主體不因無能力表達要求權利而喪失祛弱權。相反，正因為他們處在非同一般的極度脆弱性狀態而無條件地享有祛弱權。對於主體來講，這是一種絕對優先的基本權利。其實質是出自人性並合乎人性的道德法則——因為人性應當是堅韌性揚棄脆弱性的過程。這合乎理性的實踐運用的邏輯一貫性，因此，祛弱權是普遍有效的人權。

這就回應了克奧拓的批評，解決了亞柯比等人的描述性事實到規定性的人權的過渡問題。至此，祛弱權作為生命倫理學的基礎何以可能，或者生命倫理學達成共識是否可能這一問題也就迎刃而解了。在祛弱權這裡，恩格爾哈特所謂的「共識的崩潰」也就徹底崩潰了。這樣一來，祛弱權就為全球生命倫理學的共識奠定了堅固的基礎。

四、結語

由於應用倫理學所面對的各種價值衝突從根本上來說，均體現為人權之間的衝突，因而對人權理論的深入探究，已經成為應用倫理學本身跨越其發展瓶頸的一個重要突破口。這一點在當今的國際學術界早已形成共識。然而，

就具體的各個應用倫理學領域而言,各自應當以何種人權作為其價值基準尚遠未達成共識——恩格爾哈特所謂生命倫理學視閾的「共識的崩潰」正是這種現象的典型體現之一。

生命倫理學探討的話題是以研究人的脆弱性、堅韌性為基點,確定「集脆弱性與堅韌性於一體」的人的地位和權利,最終辨明處於這一地位的人如何被置於治病救人、造福眾生這一崇高的醫療事業的目標之下。這就決定了生命倫理學所面對的各種價值衝突,例如墮胎、安樂死、治療性複製、人獸嵌合體等引發的人權衝突問題,應當具體體現為(人權範疇的)祛弱權之間的衝突。因而,深入探究祛弱權,確立祛弱權在生命倫理學中的基礎地位,從祛弱權的全新視角反思、審視、研究生命倫理學視域中的人權衝突問題,將為生命倫理學的研究提供一種新的嘗試、新的方法,為相關問題如人獸嵌合體、複製人、醫患衝突、醫療改革等方面的立法提供新的哲學論證和法理依據。

祛弱權與生命倫理學「共識的崩潰」

一、引言

自古希臘以來,倫理學領域的普遍主義和相對主義之爭(如蘇格拉底和智者關於德性的爭論)一直綿延不絕。如今,作為道德相對主義的後現代倫理學對現代普遍主義倫理學的斷然否定和全面解構,把道德相對主義和道德普遍主義之爭推進到空前尖銳的地步,其結果必然引發應用倫理學領域的普遍主義和相對主義之爭。生命倫理學就是激烈爭論的主戰場之一。

極為典型的是,當代生命倫理學的重要奠基者恩格爾哈特(H. Tristram Engelhardt)在《生命倫理學基礎》(1986)中,提出了後現代倫理學境遇中的生命倫理學達成共識的基礎原則:形式的允許原則和質料的行善原則。20年之後,他在最近主編出版的《全球生命倫理學:共識的崩潰》(2006)一書中卻明確否定了後現代倫理學境遇中的生命倫理學達成共識的可能性。恩格爾哈特的前後矛盾的轉變,使我們不得不思考如下問題:他何以由肯定

道德哲學理論
第三篇 生命倫理學探究

生命倫理學的共識到宣稱生命倫理學共識的潰敗？生命倫理學是否可以達成共識？如果能，共識的基礎又是什麼？歸結為一個問題，就是生命倫理學的基礎和共識何以可能？

實際上，生命倫理學領域中對脆弱性原則的研究，就對恩格爾哈特否定共識的觀點提出了嚴峻的挑戰。如今，在歐美乃至世界範圍內的生命倫理學和生命法學的研究中，對脆弱性的關注和反思，也已形成了一股強勁的理論思潮。美國生命倫理學專家達尼爾‧卡拉漢（Daniel Callahan）說：「迄今為止，歐洲生命倫理學和生命法學認為其基本任務就是戰勝人類的脆弱性，解除人類的威脅」，現代鬥爭已經成為一場降低人類脆弱性的戰鬥。哥本哈根生命倫理學與法學中心的魯德道弗（Jacob Dahl Rendtorff）教授、凱姆博（Peter Kemp）教授等一批歐洲學者對脆弱性原則的追求和闡釋特別引人注目。他們以自由為線索，把自主原則、脆弱性原則、完整性原則、尊嚴原則作為生命倫理學和生命法學的基本原則，並廣泛深入地探討了其內涵和應用問題。他們不但把脆弱性原則作為一個重要的生命倫理學原則，甚至還明確斷言：「深刻的脆弱性是倫理學的基礎。」這無疑是對恩格爾哈特否定生命倫理學共識的觀點的否定。問題在於，雖然魯德道弗等人把脆弱性原則作為生命倫理學的基礎原則之一，但畢竟是以自律自由原則為基礎的，而且也沒有論證脆弱性的普遍性，更沒有從人權的視閾提出袪弱權的思想。因此。脆弱性原則還不足以成為生命倫理學的共識。

我們認同脆弱性是生命倫理學的基點，主張與脆弱性密切相關的袪弱權應當成為生命倫理學的核心理念和理論基礎。原因在於，儘管每個人都是堅韌性和脆弱性的存在，但是卻沒有任何一個人始終處在堅韌性狀態。相反，每一個人都不可避免地時刻處在脆弱性狀態，脆弱性在人的狀況的有限性或界限的意義上具有普遍一致性。從這個意義上講，袪除普遍的脆弱性的價值訴求，在道德實踐中就轉化為具有規範性意義的作為人權的袪弱權。就是說，每個脆弱性個體都內在地需要他者或某一主管對其脆弱性的肯定、尊重、幫助和扶持。或者透過某種方式得以保障。這種要求或主張為所有的人平等享有，不受當事人的國家歸屬、社會地位、行為能力與努力程度的限制，這就是作為人權的袪弱權。嬰兒、重病傷者等尚沒有或者喪失了行為能力的主體

不因無能力表達要求權利而喪失祛弱權，相反，正因為他們處在非同一般的極度脆弱性狀態而無條件地享有祛弱權。那麼。祛弱權是何種人權呢？

二、祛弱權是何種人權？

要把握祛弱權是何種權利，就涉及人權內容的劃分問題。1895年，德國公法學家耶利內克（Georg Jellinek）在其作為人權史上重要文獻的《人權與公民權利宣言》的論著中，將人權區分為消極權利、主動權利和積極權利，為人權內容的完整劃分奠定了經典性的基礎。我們沿襲這種劃分，從消極意義、積極意義和主動意義三個層面闡釋祛弱權的要義。

其一，消極意義的祛弱權：權利主體要求客體（醫學專家等）不得侵害主體人之所以為人的人格完整性的防禦權利。這項權利對客體的要求是禁止某些行為，如禁止破壞基因庫的完整性，不得把人僅僅看作機器或各種器官的集合，不得破壞人格完整性等。客體相應的責任是：不侵害。

完整性（Integrity）這一術語源自拉丁文 integrare，它由詞根 tegrare（碰，輕觸）和否定性的前綴 in 構成。從字面上講，「integrity」指禁止傷害、損毀或改變。人格的完整是生理和精神的完整的統一體。人格主體的經歷、直覺、動機、理性等形成精神完整性的不可觸動之領域，它不得被看作工具性而受到利用或損害。例如，不得為了控制別人，逼迫或誘導他明確表達出有利於此目的的動機或選擇。與精神區域密切相關的是，由「身體」構成的生理區域，每個人的身體作為被創造的敘述的生命的一致性。作為生命歷程的全體，不得褻瀆；每個人的身體作為體驗、產生和自我決定（自主）的人格領域，不得以會引起痛苦的方式碰觸或侵害。

值得重視的是，生理和精神的完整性密切相關，相互影響。斯多葛派所倡導的不受身體干擾的心靈的寧靜的思想，割裂了精神和生理的辯證關係，過高地估計了人的堅韌性，遮蔽了人的脆弱性。事實上，如果生理完整性遭到褻瀆或者損壞，人就極難具有生存下去的勇氣，其精神完整性也必然受到損害。但這並不意味著對身體絕對不可干涉甚至禁止治病，只是要求以特別小心、謹慎、敬重和綜合的方式對待身體，因為「對生理完整的敬重就是對

人之生命的權利及其自我決定其身體的權利的尊重」。為了保障人之為人的人格完整性免於受到傷害、危險和威脅，2005年聯合國教科文組織成員國全票透過的《世界生物倫理和人權宣言》第11條規定了「不歧視和不詆毀」的倫理原則，要求「不得以任何理由侵犯人的尊嚴、人權和基本自由，歧視和詆毀個人或群體」。就是說，人格的一致性，不應當被控制或遭到破壞。

目前，極為重要的一個現實問題是，在關涉基因控制和保護基因結構的法律規範的明確表述中，保護人性心理和生理完整性的需求日益成為核心的權利訴求，這就是不得任意干涉、控制和改變人類遺傳基因的完整性，反對操縱控制未來人類的基因承傳和基因一致性，保護人類「承傳不受人工干預而改變過的基因結構的權利」。這並非絕對禁止基因干涉，而是禁止那些不適宜於人的生命的完整性的基因干涉。如禁止複製人、嚴格限制人獸嵌合體等，就是因為它有可能破壞人類基因庫的完整性而突破人權底線。

其二，積極意義的祛弱權：權利主體要求客體幫助自我克服其脆弱性的權利，主要指主體的生存保障、健康等方面的權利。該權利要求客體的積極作為，客體相應的責任是：盡職或貢獻。

法國哲學家列維納斯（Emmanue levinas）把他人理解為透過其面孔召喚我去照看他的倫理命令。他在「赤裸」（the nudity）的意義上把脆弱性闡釋為人的主體性的內在特質和生命中的基礎構成性的東西，如「不得殺人」既是脆弱性的強力標誌，也是祛弱權的強力訴求。根據列維納斯的觀點，脆弱性在人與人之間，尤其在強者和弱者之間是不平衡的。它要求強者無條件地保護弱者的倫理承諾，「我從他人的赤裸中接受了他者的訴求，以致我必須幫助他人，且僅僅為了他人之故，而不是為了我，我不應當期望任何（他人）對我的幫助報以感激」。這是對積極意義上祛弱權的有力論證和義務論的道德要求。

由於疾病和健康是每個人的身體的脆弱性和堅韌性的兩個基本方面，我們以此為討論對象。一方面，疾病是對身體本身的平衡及其與環境的關係的毀壞。因為疾病擾亂了我和我的軀體之間的關係，它不但威脅著我的軀體，而且也威脅著人格和自我的平衡。另一方面。健康意味著人之存在的各個尺

度之間的和諧融洽，體現著個體生命的身體、智力、心理和社會諸尺度之間的平衡。治療疾病、恢復健康應當被規定為是作為整體的各部分回到適宜的秩序，恢復人之存在所必需的整體器官的良好功能的各個尺度之間的平衡。因此，積極意義的袪弱權就意味著病人積極要求醫生治癒疾病以便恢復和保障健康的權利，醫生則具有相應的貢獻自己的專業知識技術和人道精神的義務。醫生既應當注重病人的病體又應當尊重病人生活經歷的一致性，以達到病體之健康目的性要求，即生命器官的內在平衡和其環境的良好互動關係。生命也因此成為醫生和病人一起進行的一場反對毀壞軀體的疾病、積極實踐袪弱權的戰鬥。

作為治療藝術的醫學，應當從主觀感知和經驗的視角，把疾病看作對良好生活的威脅。如今，醫學科學已經發展為一門精密高端的自然科學，它不斷深入軀體，大規模運用其功能如器官移植、基因治療、治療複製、人獸嵌合體、再生技術等等，因此，「現代醫學比有史以來任何時候對脆弱的人性都負有更大更多的責任」。醫學的重要職責和任務在於把醫療重新恢復並持續保持為一門治癒（治療）疾病、恢復健康的偉大的袪弱權的藝術。這已經涉及主動意義的袪弱權了。

其三，主動意義的袪弱權：權利主體自覺主動地參與袪除自身脆弱性，並主動要求自我修復、自我完善的權利，如增強體質、保健營養、預防疾病、控制遺傳疾病等的權利。權利客體相應的責任是：尊重與引導。

《世界生物倫理和人權宣言》第 8 條明文規定：「尊重人的脆弱性和人格……在應用和推進科學知識、醫療實踐及相關技術時應當考慮人的脆弱性。對具有特殊脆弱性的個人和群體應當加以保護，對他們的人格應當給予尊重。」在生物醫學對人體的干預範圍內的境遇中，袪弱權要求保護病人權利，並提醒醫生和其他有關人員，醫療不僅意味著盡可能地恢復其器官和心理的完整，而且意味著尊重病人的自主性：在做出決定的過程中，透過告知訊息和徵求其同意允許，尊重其知情同意權。《世界生物倫理和人權宣言》的第 6 條「同意」原則規定：「1. 只有在當事人事先、自願地做出知情同意後才能實施任何預防性、診斷性或治療性的醫學措施。必要時，應徵得特許。

當事人可以在任何時候、以任何理由收回其同意的決定而不會因此給自己帶來任何不利和受到損害。2. 只有事先徵得當事人自願、明確和知情同意後才能進行相關的科學研究。向當事人提供的資訊應當是充分的、易懂的，並應說明如何收回其同意的決定。當事人可以在任何時間、以任何理由收回其同意的決定而不會因此給自己帶來任何不利和受到損害。除非是依據符合本宣言闡述的原則和規定，特別是宣言第 27 條闡述的原則和規定以及符合人權宣言和國際人權法的國內倫理和法律準則，否則這條原則的貫徹不能有例外。3. 如果是以某個群體或某個社群為對象的研究，則尚需徵得所涉群體或社群的合法代表的同意。但是在任何情況下，社群集體同意或社群領導或其他主管部門的同意都不能取代個人的知情同意。」這可以看作是對主動意義的袪弱權的詳盡闡釋。它要求醫生和醫學專家從普遍人權的角度，而不僅僅是從職業規範的角度，充分尊重病人、健康者尤其是專家學者的參與權、知情同意權，並切實履行利用醫學專業知識引導、告知並幫助病人或其他主體積極主動參與醫療活動或醫學商談的神聖職責。就是說，職業規範必須以人權為最高的倫理法則。

要言之，作為普遍人權的袪弱權，就是人人平等享有的主體完整性不受破壞和受到保護的權利，以及主體克服脆弱性的同時，自我修復和自我完善的權利。

三、「共識的崩潰」的崩潰

至此，袪弱權作為生命倫理學的基礎和共識這一問題也就迎刃而解了。現在，我們有必要從袪弱權的角度反思恩格爾哈特關於全球生命倫理學「共識的崩潰」問題，為生命倫理學的共識掃清障礙。恩格爾哈特否定生命倫理學共識的觀點，根源於他欠缺哲學辯證思維和反思批判精神，並因而一貫地堅持直線式的思維方式。這主要體現在如下三個方面：

其一，違背了基本的道德哲學常識：道德的一和多的辯證關係。

所謂道德多樣性不過是道德規範的多樣性，它是相對於普遍性的道德規律或道德基礎而言的。恩格爾哈特主張的作為形式的允許原則，是建立在道

德商談基礎上的相互尊重原則,它要求「己所不欲,勿施於人」,憑相互尊重而簽訂的契約為別人做事;作為資料的行善原則要求在允許原則的基礎上,對別人行善事,屬於福利和社會同情的道德。恩格爾哈特也看到了人權的普遍性,不過他對此持一種懷疑態度。他認為,聯合國教科文組織大會2005年通過的《世界生物倫理和人權宣言》中關於生命倫理和普遍人權原則的闡釋,因其「原則的空洞無物」而如同鏡花水月,乃至對於胚胎、胎兒的地位等激烈爭論的問題視而不見。且不論這種理解是否違背該宣言的基本精神,即使他說的符合事實,也只能說明這是人權衝突問題,並不能否定生命倫理學的普遍性人權基礎。

另外,允許原則和行善原則都是道德規範而不是道德本身。它們既然作為生命倫理學原則的形式和資料,就證明它們必然是同一個原則的形式和資料。當我們進一步追問允許原則和行善原則何以可能的道德根據時,祛弱權就呼之欲出了。遺憾的是,恩格爾哈特並沒有繼續追問這個原則是什麼。而是從二元道德倒退到倫理相對主義的多元論,並最終滑向道德懷疑主義,從而堵塞了通往人權原則的祛弱權的可能途徑,否定生命倫理學的基礎和共識也就順理成章了。

其二,停留在傳統樂觀主義倫理學的水平上。

恩格爾哈特缺乏人權的視角,沒有從生活世界的「應當存在者」(人)的脆弱性和堅韌性這對矛盾做深入內在的研究。允許原則和行善原則的根基依然是人的堅韌性,它們只不過是站在強者(醫生或醫學家)的角度對待弱者(病人)的一種職業規範。當面對各種緊迫的現實生命倫理問題時,以(體現差異性的)堅韌性為基礎的允許原則和行善原則就「合乎邏輯」地展開為各行其是的道德相對主義,致使生命倫理學在他這裡喪失了作為一門科學的可能性。這就是恩格爾哈特從尋求生命倫理學的基礎到否定生命倫理學達成共識的內在邏輯。

在後現代境遇中,道德多元化不但衝擊著傳統樂觀倫理學的統一性,也給尋求當代普世倫理和人權的努力似乎帶來了致命的威脅。恩格爾哈特就是據此斷定生命倫理學在後現代倫理境遇中的「共識崩潰」的。我們認為,後

道德哲學理論
第三篇 生命倫理學探究

現代多元倫理只是對傳統樂觀主義倫理學的統一基礎帶來了衝擊，並沒有否定倫理自身的普遍基礎。實際上，當他的這種樂觀思想在後現代多樣性道德境遇中碰壁之時，是堅韌性（產生的差異性）的張揚導致的自我矛盾，至此應當反思批判堅韌性並轉向脆弱性的思考。但他並沒有意識到這個問題，反而由差異性的堅韌性出發走向否定共識的歧途。不過，令他的直線式思維萬萬沒有想到的是，否定共識本身就意味著「有共識」，否則，就不存在否定的對象，否定共識也就自我取消了。一旦對這種否定共識進行再否定，就會走向「共識」的基礎，即堅韌性的自我否定——脆弱性，進而走向祛弱權。

其實，祛弱權本來就蘊含在生命倫理學的學科本性之中，恩格爾哈特的直線式思維和傳統的樂觀倫理學立場，使他沒有深入生命倫理學的學科本性中去探究其倫理基礎。

其三，沒有深入生命倫理學的學科本性中去探究其倫理基礎。

生命倫理學是純粹的哲學思考與實證的自然科學的醫學生命科學的融合而形成的實踐哲學，它的這種學科本性內在地要求以祛弱權為基礎。

眾所周知，古典理性哲學終結以來，身體的本源意義及其當下命運在哲學與思想領域贏得了廣泛的理論興趣。如尼采、胡塞爾、海德格爾、薩特、梅洛·龐蒂、福柯等哲學家對身體等都有自己的哲學思考。哲學對身體的深刻思考彰顯了身體的價值，為身體權利奠定了思想基礎，但並沒有明確直接地和身體權利聯結，在除魅理性的同時卻復魅了身體。結果，哲學對身體的思考陷入形而上學的空談和崇尚慾望非理性的兩極，遠離了現實最緊迫的身體問題如疾病、健康等，使之失去了現實問題的支撐而減弱了應有的理論力量。如果身體哲學不走向權利，不對法律和倫理發生重要的現實應用，則必然空洞無力，同時也會喪失其真正的實踐生命力。

無獨有偶，當代醫學生命科學卻走向了實證的自然科學的工具化的途徑。胡塞爾批判實證科學，尤其是自然科學的非人性化問題時說：「在 19 世紀後半葉，現代人的整個世界觀唯一受實證科學的支配，並且唯一被科學所造成的『繁榮』所迷惑，這種唯一性意味著人們以冷漠的態度避開了對真正的人性具有決定意義的問題。」這些科學從原則上排除的正是生命攸關的緊迫

問題：「即關於這整個的人的生存有意義與無意義的問題。」這也正是實證化的醫學生命科學的癥結所在。

總的來說，這些問題就是，無生命科學的哲學是空的，無哲學的生命科學是盲的（套用康德的話）。面對自然科學和實證哲學對人的物化和人權的沉淪，哲學不能停留在形而上的思考和抽象的詩意的棲居之類的自我陶醉之中，應當為身體權利提供倫理的論證，尋求合法的保障，為解決身體權利探求一條切實可行的出路。同時，醫學生命科學等維持健康、完善身體功能的使命，以及醫學生命科學面臨的現實問題如墮胎、治療性複製、人獸嵌合體、醫患關係等，也需要哲學的人性化的反思和引導，來提升生命科學的哲學品位和價值視角。一旦哲學和生命科學結合起來，就產生出關於生命科學的哲學和具有哲學精神的生命科學相融合的實踐科學——生命倫理學。它的使命不是停留在抽象的哲學思辨或對身體的工具性的修補、恢復上，而是關注生命和人性，並切實地透過醫學生命科學的手段使之落實到具體的個體，以達到主體性的超越（哲學）和自然實體（醫學）的綜合。

進一步講，生命倫理學的產生，本質上是人性中的脆弱性和堅韌性這對內在矛盾的要求：脆弱性（主要體現為哲學和生命科學的困境）和堅韌性（主要體現為哲學和生命科學的綜合）的內在矛盾的否定（純粹哲學和實證的生命科學的）力量使生命倫理學得以可能。就是說，脆弱性和堅韌性的矛盾是生命倫理學的內在人性根據，生命倫理學是研究堅韌性應當如何揚棄脆弱性的實踐哲學。如前所述，（體現差異性的）堅韌性揚棄（具有普遍性的）脆弱性的達成共識的選擇只能是祛弱權。

可見，恩格爾哈特所謂的「共識的崩潰」本質上只不過是對各種生命倫理規範或倫理命令的多樣性的幻相而已。在祛弱權這裡，這種「共識的崩潰」也就徹底崩潰了。這樣一來，祛弱權就為生命倫理學的共識奠定了堅固的基礎。

四、結語

　　生命倫理學探討的話題是以研究人的脆弱性為基點，確定「集脆弱與堅韌於一體的人」的地位和權利，最終辨明處於這一地位的人如何被置於治病救人、造福眾生這一崇高的醫療事業的目標之下。因此。生命倫理學領域內的矛盾衝突從根本上來講都是人權的衝突，其倫理基礎只有奠定在人權的基礎上，才有可能達成共識。以袪弱權為基礎，生命倫理學也就成了有根的倫理學，避免了後現代倫理學，如恩格爾哈特所主張的多元相對主義的無家可歸的流浪者命運，同時也使生命法學獲得了更強的理論支撐和倫理能力。

對器官移植問題的理性思考

　　器官移植給人類帶來了福音和希望，也引起了諸多學者的關注與思考。問題主要集中在倫理和法律方面。倘若我們深入一步，具體務實地研究一下國際上器官移植的現狀及問題，就會總結出適合實際的器官移植新理念。

一、器官移植面臨的幾個主要問題

（一）技術問題

　　其一，一些移植手術尚未成熟，不能大量地運用於臨床。其二，針對移植組織的免疫抑制劑的特效藥尚未研製成功，接受移植手術者需終身服用免疫抑制藥，但現在使用的免疫抑制藥物可能導致嚴重的併發症。據臟器移植方面頗負盛名的史丹佛大學的統計，臟器移植後大約有 71% 的人患有相當嚴重的感染症，半數以上的死亡原因是因免疫抑制劑而導致的感染症，即是說，是在和愛滋病一樣的狀態下死亡的。此技術問題不解決，器官移植的後果與前景並不樂觀，至少其現狀是令人擔憂，或者說是悲喜參半的。

（二）經濟問題

　　器官移植手術的各項費用高得驚人。僅以美國為例，腎臟移植手術費約 59 萬元人民幣，肝臟移植約 196 萬元人民幣，心臟移植約 207 萬元人民幣。另外，為了防止排斥反應，須終身服用免疫抑制劑。每人每年的免疫抑制劑

費用是：腎臟約 20 萬元人民幣，肝臟約 58 萬人民幣，心臟約 38 萬人民幣。其他各項費用就不值一提了。器官移植手術是一條黃金鋪就的奢侈之路，只有少數富豪才有資本踏上這條金光大道，大多數公民只能望「器」興嘆。高昂的費用，狹小的應用範圍使器官移植的實際價值黯然失色，大打折扣。

（三）器官來源問題

器官移植對所移植的器官有嚴格要求，又涉及人權、倫理、法律、社會等方方面面的因素，以致器官來源渠道極少，供需矛盾十分尖銳。為解決此矛盾，世界各國採取的手段主要有：自願捐獻、推定同意，建立一系列保證器官規範供給的機構和制度，最引人注目的是確立腦死亡標準，以便於器官的移植。儘管如此，身價昂貴的器官仍引發了一系列觸目驚心的社會問題。據《醫學解剖學》一書載，一個腎臟值 4.4 萬美元，平均每克價值約 550 美元，是國際上純金價格（每克約 14 美元）的 40 倍左右。

金錢之無窮魔力誘發了猖獗瘋狂的器官交易。印度、菲律賓、巴西、墨西哥、泰國、日本、歐洲等地都出現了器官交易，有些黑社會組織綁架殺害人質，出賣其器官以牟取暴利，少數醫生也鋌而走險，利用職業之便，從事骯髒交易。更為可怕的是，在南北美洲、美洲之間，形成了龐大祕密的「臟器黑社會網」，從事國際性的臟器交易。日本、美國等國已立法嚴禁器官交易，但屢禁不止。富有的病人用金錢買來自己需要的「器官」，貧窮的健康者賣掉自己的「器官」換取金錢。器官交易商、黑社會組織用別人的血和肉換取黃金和鈔票。為了錢，什麼生命、人權、公道、良心，全都見鬼去吧。金錢吞噬著人的身體和生命。

（四）腦死亡標準與立法問題

1968 年，關於腦死亡的「哈佛標準」確立。1983 年，美國正式頒布「腦死亡」法律，德國、荷蘭、比利時、奧地利、日本等國也相繼效法。核心問題是確立腦死亡標準，以便腎、肝等器官移植的順利進展。腦死亡標準的價值意義到底體現在什麼地方？是否與醫學科學不相上下？其利弊得失需要冷靜的思索和理性的問答。

二、對器官移植問題的思考

（一）器官移植應堅持人道原則

器官移植是一種應用於治療疾病，解除病人痛苦的實用性專門技術，治病救人，尊重生命，維持健康是其根本出發點和最終歸宿，也是其存在的根據和價值所在。任何器官移植手術都必須堅持醫學人道主義原則。技術上的不成熟、手術上的高昂費用、器官交易的猖獗引發了一系列不人道問題。1990年9月的英國醫學雜誌THELANCET載，僅1980年6月，印度孟買就有130人賣腎臟。生命不能因有錢而更珍貴，也不能因無錢而卑賤。每一個人的生命都是最可貴的，人人擁有平等的生命權。器官移植現今是富豪們的奢侈品和專利，稍有不慎，窮人則會成為受害者。為了有病有錢者的生命，犧牲無病無錢者的生命，就是慘無人道。我們既要尊重富人的生命，也同樣要尊重窮人的生命。器官移植絕不能以犧牲一個人的健康或生命為代價去換取另一個人的健康或生命。

（二）路在何方？

器官移植是生命科學的新成果，有著廣闊的前景和巨大的價值。儘管目前出現的各種問題尚不盡如人意，我們也絕不能因噎廢食，同時也不能急躁冒進。要慎之又慎，從人道出發，從實際出發，既要支持推動器官移植，又要避免出現社會問題。其一，政府、國家、其下單位都需要加大投資力度，資助科學研究人員攻克難關，解決技術上的難題，減少感染症，特別是特效免疫抑制劑的問題。技術問題解決了，就會解除人們的重重顧慮，也會逐步降低經濟費用，使之從「皇宮」走向民間。其二，器官移植問題，要對生命、對公民、對科學、對社會高度負責，充分論證，注重實踐，廣泛聽取各種意見，借鑑已有的一些成功經驗並吸取教訓。其三，正確認識器官移植現狀。既要看到器官移植進展較慢的一面，也要看到器官交易等問題。既要看到器官供應緊張的一面，也要看到人民的健康權、生命權免受器官商、黑社會等侵害的一面。全面辯證地認識這一問題，才能冷靜理智地對待它。

對醫學倫理學教育和研究的幾個問題的哲學思考

　　目前，醫學倫理學教育和研究取得了較大成績，同時也存在著一些不容忽視的問題。這些問題表面上主要體現為把醫學倫理學教育降格為醫德說教，以及由此導致的理論和實踐的比重失調，其深層原因則在於醫學倫理學在哲學倫理學和醫學夾縫中的尷尬困境，以及醫學倫理學沒有自己的獨特語言體系所致。

一、醫學倫理學教育降格為醫德教育以及由此導致的理論和實踐的比重失調

　　醫德和醫學倫理學是兩個雖有聯繫但意義甚為不同的概念。醫德是隨著醫業醫者的出現而出現的，醫德重視個人修養，具有經驗的、感性的、不穩定的、不成體系的特點，更突出的是個性和體驗。醫學倫理學則是醫學和哲學倫理學發展到一定階段的產物，是從哲學倫理學的高度，探究醫學倫理中的形而上學問題和基本的醫德問題而形成的一個有機的體系，是遵循歷史和邏輯統一以及由抽象上升到具體原則而構建的理論體系。它必須具有應有的思辨，注重醫德的元倫理的普遍規則而盡量剔出經驗的、感性的、零碎的成分，在更高的理論的基礎上，實現普遍性、共同性和特殊性、單一性的有機結合以及普遍原則和醫德實踐的有機結合。在目前的教學中，存在著把醫德和醫學倫理學相混淆的現象，更嚴重的是重視醫德而忽視醫學倫理學，把醫學倫理學降格為一般的醫德說教和思想品德教育。這就失去了這門課程的嚴肅性、理論性、原則性，從而使醫學倫理學名存實無。這和我們的教育理念相違背，從而直接影響對醫學倫理學本質的把握和理解，導致醫學倫理學教育的理論和實踐比重的嚴重失調。

　　醫學倫理學教育最重要的是基礎理論，尤其是倫理學的基礎理論，以訓練醫學生最基本的思辨能力，因為這是他們的弱點甚至是盲點。有些課堂上的案例分析比理論訓練還多，看似理論和實踐結合培養學生分析問題解決問題的能力，實則不然。在短短的幾十個課程時間內，能把一些基本的倫理理論膚淺地解說清楚，已經難能可貴。如果以大量的案例分析代替理論的訓練，

有時實際上是在用聊天式的討論浪費時間,只能導致理論和實踐的雙重損失。沒有理論,根本不可能有高水平的分析討論。另外,實踐也可延伸到臨床實踐的醫德示範、提示以及醫學生的醫學實習和工作中。所以課堂應該以理論為主,案例分析討論雖然必要,但只有和學習理論、深化理論互相結合才有意義,比例不宜過大。究其根源,這和醫學院校重實用、功利而輕視人文、輕視理論的傳統教育理念有關。實際上,醫學生缺少的主要不是實用的、功利的學科,他們真正缺乏的是非實用的、理論的、人文的「無用」之用的學科,醫學倫理學就是這樣一門學科。只有把有用之用的學科和無用之用的學科有機結合起來,才能夠培養出真正的高素養的生物心理社會醫學模式的複合型醫學人才,否則只能是不斷地複製傳統的生物醫學模式的「醫學人才」。出現這種問題的深層原因在於醫學倫理學學科地位的困境,以及由這種困境產生的缺乏本學科獨有的語言體系,進而沒有自己獨特的語言權利和語言尊嚴。

二、醫學倫理學在哲學倫理學、醫學夾縫中的尷尬困境

在學科地位上,醫學倫理學處在一種雙重尷尬的地位,一方面游離於哲學倫理學之外,一方面又不能擺脫醫學學科的陰影。這實際上是一個迷思。就醫學倫理學和哲學倫理學的關係來看,醫學倫理學必須以哲學倫理學為理論根基,否則只能停留在醫學常識和醫學職業道德說教的水平上,而達不到醫學倫理學的高度。但這並不等於說,醫學倫理學附屬於哲學倫理學。醫學倫理學作為應用倫理學雖然以哲學倫理學為理論根基之一,但它是一門獨立的應用倫理學而不是哲學倫理學理論的簡單套用。這就要求醫學倫理學工作者,一方面要加強哲學倫理學的理論修養,從中吸取必需的基礎理論,一方面在此基礎上讓醫學倫理學獨立地成為一門應用倫理學學科。要做到後一點,首先要做好前一點,否則只能是痴人說夢。

與此相似而又頗為不同的另一個問題是,醫學對醫學倫理學的籠罩而形成的醫學倫理學好像是寄生於醫學之上的可有可無的道德說教的陰影,這是一個更大的誤會。嚴格講來,醫學主要屬於自然科學,是研究「是」的學問,屬於事實判斷的範疇;醫學倫理學屬於哲學倫理學,是研究「應當」的學問,屬於價值判斷的範疇。我們知道,英國著名哲學家休謨早就提出了倫理學或

價值論領域的「休謨問題」，即事實與價值的關係問題。他說，在他遇到的每一個道德命題中，「我卻大吃一驚地發現，我所遇到的不再是命題中通常的『是』與『不是』等聯繫詞，而是沒有一個命題不是由一個『應該』或一個『不應該』聯繫起來的。這個變化雖是不知不覺的，卻是有極其重大的關係的。因為這個應該與不應該既然表示一種新的關係或肯定，那麼就必須加以論述和說明；同時對於這種似乎完全不可思議的事情，即這個新關係如何能由完全不同的另外一些關係推出來的，也應該舉出理由加以說明」。

具體來講，休謨從懷疑論的立場認為理性是情感的奴隸，哲學認識論是理性對真的追求，其命題或判斷形式是以「是」為系詞，屬於事實判斷。善惡不是知性發現的任何事實，是人的感覺的判斷，其命題或判斷形式是以「應該」為系詞，是指導或規範人們行為的，屬於情感判斷。所以，知識不是美德，真不是善，從「是」中推不出「應當」來。就是說，事實科學和價值科學是兩個不可通約的領域，從事實判斷中推不出價值判斷，這就是價值論領域的「休謨問題」。康德把休謨提出的倫理學問題進一步明確化、深入化，把認識和道德截然分開，主張現象和本體的二律背反、理論理性和實踐理性的對立。

摩爾、史蒂文森、艾耶爾等現代後設倫理學家都試圖以直覺、情感或純粹邏輯推理等解決這個問題，塞爾也專門撰文《怎樣從是中推出應當》探討此問題。影響深遠的休謨問題告誡我們，要淨化倫理、成就倫理，不要把它埋沒在事實科學中成為依賴於它的寄生學科。醫學雖然是醫學倫理學的重要基礎之一，但醫學倫理學屬於價值學科，是獨立於醫學的學科，是醫學學科的靈魂所在。如果說醫學學科是軀體，醫學倫理學則是大腦，它們共同構成醫學教育的有機體。大腦固然離不開軀體，但軀體更需要大腦，否則就是一具僵死的軀體或瘋狂的軀體。因此，不是醫學學科為醫學倫理學立法，而是醫學倫理學為醫學學科立法；不是醫學倫理學寄生在醫學學科之中，而是醫學學科企盼著醫學倫理學的指導定位；不是醫學倫理學教育依賴醫學學科教育，而是醫學學科依賴醫學倫理的教育。

在目前的醫學倫理學的教學中，常常傳授的醫學知識多於倫理學，把醫學倫理學變成了醫學常識課，這也是醫學生對此課甚為不滿、醫學倫理學教師對此課缺乏自信的一個內在根源。出現這種現象的原因，主要是醫學院校把人文學科邊緣化的理念的影響，同時也是從事醫學倫理學教育的人士自己認識不足所致。鑒於此，我們必須加重醫學倫理學的倫理學份量，而剔除那些不必要的、煩瑣的醫學常識的教育，讓醫學倫理學堂堂正正地獨立地出現在課堂上，而不是一個令人可憐而又討厭的醫學學科的寄生蟲形象。

三、醫學倫理學要有自己的獨特語言體系

海德格爾說，語言是存在之家。的確，語言是人的思想的載體，任何一個民族要成為一個民族之前，必須有自己的語言，任何一門學科要成為一門學科，都必須有自己的獨特語言。有些業內人士和業外人士之所以輕視醫學倫理學，一個重要原因在於它還沒有真正創立屬於自己的語言體系。任何一個讀懂漢語的人拿起醫學倫理學教材，都可不動腦筋地讀完甚至讀懂。一個從來不知醫學倫理學為何物的人，在課堂上可以一邊讀英語，一邊做醫學倫理學筆記，而且能聽得懂，考出優異成績。試問這門學科的價值和尊嚴何在？這就是人們誤以為醫學倫理學是日常白話的空頭理論，可以不經過任何訓練就能輕易地進入這個領域的原因。眾所周知，康德使倫理學有了自己的語言，他使不經過倫理學訓練的人不能進入倫理領域，不敢妄談倫理，從而淨化提升了倫理學，維護了倫理學的尊嚴和價值。但是，至少目前我們還沒有創立醫學倫理學這門學科的獨有語言體系，甚至這方面的意識也不夠。醫學倫理學要有自己的語言，不能簡單地把日常口語，如愛心、照看病人等，或簡單地翻譯外來語，如不傷害原則、相同的人相同對待、不同的人不同對待等，作為醫學倫理學的語言。鑒於此，必須創立獨立的醫學倫理語言體系，讓沒有經過專門訓練的人不敢隨意張口，信口雌黃。儘管這條道路漫長修遠，但只要我們有這個信心，有這個骨氣，持之以恆，不斷努力，必能達此目的。

要創立醫學倫理學語言體系，最重要的是華人必須要精通母語，嫻熟把握中文，在此基礎上深入研究外文和古代漢語，做到能夠用現代漢語準確把握外國醫學倫理的精神實質，而不是僅僅使用漢語複述複述翻譯，同時能夠

用現代漢語精確表述出古代漢語的中國傳統醫德的精神實質,而不流於表面的望文生義。目前的問題恰恰在於,我們在拚命學習外語的同時,對自己的母語(即現代漢語)以及母語的母語(即古代漢語)不能自如駕馭、深刻理解,由此導致難以用母語準確地思維表達外文,尤其是外文倫理學思想和中國傳統醫學倫理學的思想的現狀,結果外文沒學好,母語也丟了,這就是邯鄲學步的悲劇。著名辯證法大師黑格爾在論述哲學語言時主張:「哲學根本不需要特殊的術語;它固然也須從外國語言裡採用一些字,這些字卻是透過使用,已經在哲學中取得公民權了。」從本質上看,哲學包括醫學倫理學就是從我們日常所說的母語中、從日用而不知的語言習慣中,經過反思和提煉而產生出來的。不經過這一過程而強行從外來文化中移植來的醫學倫理學,不可能真正提煉出自己的語言體系。要真正把握外國醫學倫理學,外語固然重要,更重要的還是精通母語,即對中文的嫻熟把握。真正把握外國醫學倫理學,對於華人來說就是能用漢語思維透徹地理解、表達外國人的醫學倫理學思想,而不是僅僅能夠用外語複述外國醫學倫理學的文本。要做到這一點,又必須能夠用漢語順暢地思維和表達一般的醫學倫理學思想。伽達默爾認為,語言能力並不是一種技術性的模仿能力,「一般說來,語言能力只有在自己的母語中才能達到。這就說明,我們是用母語的眼光學會看世界,反過來則可以說,我們語言能力的第一次擴展是在觀看周圍世界的時候才開始得到表現的。」就是說,語言能力本身在起源和根基上是一種哲學(包括醫學倫理學)能力,一個人的哲學(包括醫學倫理學)思維真正說來只有用母語才能進行。

母語,即以一個人的日常自然語言和全部生活經驗為基礎的本國語言,是哲學思維以及以哲學思維為前提的醫學倫理學學術研究和教學的源頭。鄧曉芒先生曾說,能夠用歐化了的現代漢語詮釋或翻譯的古代詞彙,原則上也就能夠用外文來詮釋或翻譯,這樣一來,中國古代的思想就成了全人類的財富,哲學就不僅能夠說現代漢語,而且能夠透過現代漢語來說古代漢語了。所以,我們要創立真正的醫學倫理學的語言體系,並獲得自己的發言權,一個最基本的原則就是:必須尊重現代漢語的主導地位,以現代漢語去溝通外語和古代漢語,並透過現代漢語將它們與現代醫學學人的醫學人生體驗及日

常醫學工作相結合,從而透過提升現代漢語創立華人獨有的醫學倫理學語言體系。

一旦這幾個問題解決了,醫學倫理學就會真正成為名副其實的當代顯學之一。

生命倫理基本原則的衝突和選擇 ——服務原則的確立和闡釋

一、生命倫理基本原則的衝突和選擇概述

目前有關生命倫理基本原則的觀點主要有單原則說、二原則說、四原則說和五原則說。

(一) 單原則說

「救死扶傷,防病治病,實行社會主義人道主義,全心全意為人民身心健康服務。」,強調了醫學倫理的時代性、職業性並得到公認。有的學者將它概括為:社會主義醫學人道主義。

(二) 二原則說

恩格爾哈特(H.T.Engelhardt)在《生命倫理學的基礎》、《生命倫理學與世俗人文主義》等著作中提出,允諾原則和行善原則是生命倫理學的基本原則。

(三) 四原則說

比徹姆(T.L.Beauchamp)和查爾瑞斯(J.Childress)在他們合著的《生物醫學倫理學原理》中認為,生命倫理學的基本原則是:自主原則、不傷害原則、行善原則、公正原則。

(四) 五原則說

蒂洛（J. P.Dealow）在《倫理學理論與實踐》中提出，生命倫理學的基本原則是：生命價值原則、善良原則、公正原則、誠實原則和個人自由原則。

生命倫理學界的選擇基本是單原則和多原則的組合。比較合理的具有代表性的具體方案有兩種：

①將醫學人道原則作為醫學道德基本原則，把美國「四原則」作為醫學道德具體原則或作為臨床醫德準則。

②以「救死扶傷，防病治病，實行革命的人道主義，全心全意為人民服務」為醫德基本原則，從中概括抽象出人道、公正、服務、優化四大具體原則。

第一種方案的優點在於用簡潔明了的語言概括了醫學基本道德原則，並把「四原則」作為具體原則或準則，形成一個層次分明、中西合璧的準則體系。問題在於，醫學人道原則作為基本原則的根據和資格還有待商榷，同時，將建立在西方宗教文化基礎上的美國「四原則」作為中國以儒家人文文化為基礎的醫德具體原則是否合適，也值得進一步思考和探討。第二種方案的優點在於對醫德基本原則進行了抽象思辨，並在結合職業特點和中國文化、改造西方倫理的基礎上提出了四個中國化的具體原則。其不足在於，沒有用簡明的語言概括抽象出醫學基本道德原則。顯然，這兩種有代表性的方案為我們正確選擇醫德基本倫理原則奠定了理論上、方法論上的良好基礎，提供了寶貴的借鑑資料。我們得到的一個最重要的啟迪是，用簡潔的術語概括出生命倫理基本原則，以適當的方式闡釋醫學基本道德原則的具體內涵和要求。

二、確立生命倫理基本原則的標準和要求

生命倫理基本原則的確立有其內在根據和外在條件。

其一，從地位上看，一般說來，在倫理學的基本理論中，道德原則的核心議題是個人與集體的關係問題。對這個問題的解決方式及解決結果，在很大程度上決定著倫理學的前途和命運。就生命倫理的規範體系來講，生命倫理基本原則在本質上既屬於這一體系中的規範之一，又高於其他的具體規範。

規範和原則都應該是應該怎樣和不應該怎樣的基本行為規則，並無本質上的差異。規範和原則的區別僅僅在於它們在規範體系中所處的位置的高低不同。原則處於規範、範疇的較高層次，基本原則處於最高層次，它是從規範上升為原則，又從原則昇華為基本原則的。這個成為基本原則的規範的內在根據，在於它必須是生命倫理的核心和靈魂，是所有規範、範疇的指導思想和最高要求。正是這個內在的邏輯，決定著目前多原則和單原則的並存局面，這也是生命倫理發展必經的一個為提出生命基本倫理原則作為基礎的重要階段。沒有這個階段的積累和探討，就不可能提出真正的基本倫理原則。但絕不能停留在此，裹足不前。生命倫理學的發展要求我們總結抽象出基本原則，並加以闡釋論證。

其二，從內涵上看，生命倫理基本原則必須涵容以下重大倫理問題：處理好醫務人員和服務對象的關係，即對服務對象的倫理關懷；處理好醫務人員個人和醫療單位集體、社會集體的關係，醫務人員之間的關係等，即對醫務人員的倫理關懷。上述各種生命倫理基本原則大都忽視了對醫務人員的倫理關懷，具有明顯的義務論傾向。

其三，倫理本質上是一種實踐精神。倫理形式影響著倫理內容的傳播和實踐，因而表述生命倫理基本原則的語言，形式上應該簡潔明了，易記易誦——如公認的整體主義、個人主義、利他主義或集體主義等道德原則的表述，應盡量避免拖泥帶水，冷僻拗口，也不宜一、二、三、四、五拼盤並列，以免令人輕重難辨，不知所云。

生命倫理基本原則應同時符合這三個基本要求。前述的各種生命倫理基本原則都不能同時滿足這三個條件，尤其不能滿足第二個條件，這就難以成立。我們認為，服務原則同時滿足了這三個要求，才應作為生命倫理基本原則。

三、確立服務原則為生命倫理基本原則的依據和內涵

作為生命倫理基本原則的服務原則是上升到哲學高度的理念，其抽象程度高於經驗的服務技術、實踐等，也高於具體原則和規範。從服務原則涉及

的倫理範圍看,其核心是醫務人員對患者的倫理關懷,這是生命倫理學界普遍關注的重點,恕不贅述。

二是醫務人員對自身的倫理關懷和社會、醫療單位對醫務人員的倫理關懷。這基本上是生命倫理的一個盲點。醫務人員的自身關懷主要指保障自我身心健康,不斷提高醫療業務水平。同時,社會和各部門要切實保障醫務人員的正當合理的利益和權利不受侵犯,為醫務人員創造良好的工作、學習和生活環境。只有醫務人員自身的健康生命權益得到了保障,才能更好地為人民身心健康服務。否則,所有的生命倫理規範準則都等於一紙空文。肯定了私,也就肯定了公;肯定了權利,也就肯定了義務。權利和義務的統一是生命倫理的一個根本要求,我們不能再重複傳統義務論的錯誤。

三是醫務人員之間的倫理關懷。互助、友愛、平等、公道地處理好同事間和上下級間的各種關係,發揚團隊精神,齊心協力,團結一致,形成強大的凝聚力,共同為人民的生命和健康做貢獻。四是醫務人員對醫療單位、社會和國家的倫理關懷。醫務人員個人是醫療單位集體和國家集體的個人,當自身的利益和集體利益發生衝突時,應堅持集體主義原則。從服務原則蘊含的倫理精神看,它包括人道、公正、友愛、優化、智慧、奉獻、誠信、自主自由直至自我犧牲、大公無私、全心全意為人民身心健康服務等豐富內容。從倫理發生學的角度看,醫業存在的本質和根據就在於為人類的身心健康服務,提高生命質量和生命價值。希波克拉底在《誓言》中說:「我之唯一目的,為病家謀幸福。」北宋醫學家唐慎微堅持治病救人,「於人不認貴賤,有所召必往,寒暑雨雪不避也」。現代醫學站在理性自覺的高度,更應重視服務原則。世界醫學會《國際醫德守則》規定:「一個醫生必須對病人付出全部忠心和全部科學知識。」《護士倫理學國際法》指出:「為人類服務是護士首要的職能,也是護士職業存在的理由。」

一言以蔽之,我們認為,服務原則是生命倫理基本原則的最佳選擇。

試析「複製震撼」的非理性

複製羊「多莉」問世後，複製人行將誕生的預言猶如一顆隨時就要爆炸的原子彈，引起了社會各界的疑慮和不安。報紙、雜誌、電影、電視、網路等大眾媒體紛紛發表言論或拍攝影音作品，對未來複製人的種種不軌言行和負面影響大加渲染、任意誇張，掀起了生命科學領域裡的一場軒然大波，此即所謂「複製震撼」。不幸的是，邪教組織雷爾教派成員、法國女科學家布瓦瑟利耶宣稱全球首名複製嬰兒「夏娃」誕生後，2003年1月4日，她又宣稱第2名複製嬰兒將在歐洲誕生。「原子彈」終於爆炸了！憤怒的人類在強烈的自我保護意識的推動下，致使「複製震撼」在非理性張力的作用下走向極端。鑒於此，我們有責任冷靜思考，科學地對待這一重大的生命科學問題。本文主要對「複製震撼」的非理性進行初步的分析和探討。

一、「複製震撼」的實質

(一)「複製震撼」集中體現在三個方面

有人認為，「科學技術可以創造文明，也可以輕易地毀滅文明。若不看科技是否對人的生存和發展有價值，複製人就會極有可能像核武器那樣，必要時可以銷毀。一旦經引危害，必然覆水難收。基於相同的理由，1997年5月13日，世界衛生組織做出決議，宣布複製人類的行為是「不能接受的」。1999年7月，國際人類基因組倫理委員會也認為人的生殖性複製不能進行。2001年7月，美國眾議院通過禁止複製人的法案。2001年8月8日，世界醫學會主席智利醫生恩里克·阿克爾西聲明複製技術用於人類「有悖於人類價值、倫理和道德的原則。」2001年11月30日，中國衛生部明確表示對研究複製人不支持、不允許，不接受任何複製人實驗。目前，複製人已經問世的消息更激起了人們反對甚至敵視複製人的憤恨怒火。

(二) 複製人本身的宿命感和倫理錯位

有的學者提出，複製人面對支撐著我們的傳統命運觀時，將會疑慮困惑，茫然而無所適從，產生諸如「我的前我為什麼複製我呢？……為什麼我就不

能像別人一樣成為一個獨一無二的我呢？這是命嗎？」之類的宿命感。也有學者從社會和倫理的角度提出，血緣關係和姻親關係是人與人聯繫最密切、最直接的社會倫理關係。這本來是一種自然構成狀態，一旦複製人出現，這種關係將成為一種人為構成狀態，對親子和兄弟姐妹關係帶來不利影響，出現複製人的倫理錯位。

(三) 複製人給人類帶來的巨大災難

一些學者從人的權利的角度提出，可以把政治家、運動員，以及不同來源的基因加以拼接和組合，創造出兼有成吉思汗之勇猛和愛因斯坦之智慧的「優秀人才」，即超人。這種複製可能導致人種優化傾向，造成對「劣質」人群繁殖權利的限制甚至剝奪。有人提出能否利用複製人充當戰爭犧牲品或從事極度危險有害的工作；有人擔憂是否會複製出希特勒之類的戰爭狂人，再度給人類帶來血腥的災難；還有人擔憂，複製人的出現可以使生育和性關係脫節，對傳統的家庭婚姻、生育性愛道德施加致命打擊，還會為縱慾主義和禁慾主義大開方便之門。總之，複製人技術危害甚莫大焉。

二、「複製震撼」的過程和內容已充分顯露了其非理性

(一) 邏輯上的混亂，突出地表現在違背同一律的邏輯錯誤上

(1) 混淆概念：把複製技術和科學技術等同於複製技術的應用和科學技術的應用，以至於把事實判斷混同於價值判斷。科學技術本身並無善惡之別，也無價值可言，對科學技術只能做事實判斷，不能做價值判斷。只有科學技術運用於實踐所產生的結果及其滿足人類需要的程度，才能產生善惡之別和價值大小，也才能對它做出價值判斷。科技與文明的關係本質上是人與人的關係。科學技術是文明的重要組成部分，它既不能創造文明，也不會毀滅文明，唯有人才能主宰包括科學技術在內的文明的命運。對複製人技術的恐懼本質上是對人的恐懼。如果科技的運用毀滅文明，那也是人的自我毀滅，應由人承擔全部責任，因為科學技術本身是人的產品，沒有選擇能力和自由自主性，它毫無作為，也毫無責任。科學技術包括複製人技術無錯無罪，一切功過是非皆在人類。

(2) 偷換概念：先驗假定複製人是人，然後把「人」偷換為「非人」或「異類」，將其放置在社會實踐之中，隨心所欲地把「複製人」（即複製人是人）和「複製非人」或「複製異類」（即複製人不是人）任意偷換。由此演繹出形形色色、聳人聽聞的複製人——徒具人形的異類給人類和社會帶來的無窮災難和惡果。且看倫理錯位問題，其要害和根據僅僅在於複製人的非自然生殖方式。事實上，生殖方式本身並不具有倫理意義，根本不能導致倫理錯位。倫理是協調人與人之間關係的社會規範，是「應然」，生殖方式則是「是然」。倫理定位的唯一主體是人，倫理錯位的主體也只能是人，絕不可能是生殖方式。

所謂複製人引起的倫理錯位，正是一方面認為複製人是人，一方面又不把他當人看（因其生殖方式是無性生殖）的後果，是有性生殖方式的人的偏見和狹隘帶來的問題。內心不把複製人當人看，口頭上又說複製人是人——這正是複製震撼的牛耳所在。是不是人，並不在於生殖方式，而在於人的本質屬性即社會性。把人的生殖方式當作判斷人的標準，認為有性生殖方式者是人，無性生殖方式者不是人，由此斷定複製人不是人——這便是複製震撼的荒謬邏輯。

有性生殖的狼孩、豹孩不是人，因為不具有人的本質屬性。無性生殖的複製人、試管嬰兒等只要具備人的本質屬性，就是人。有性生殖的棄嬰孤兒和無性生殖的複製嬰兒的區別主要在於生殖方式。千千萬萬個棄嬰孤兒在人類的關愛下成為真正的人，並未引起「孤兒震撼」和倫理錯位。複製嬰兒如果得到同樣的人類關愛，具備了人的本質屬性，也同樣能成為真正的人。為什麼就有複製震撼和倫理錯位呢？根源在於傲慢自負的有性生殖的人以自我為中心，認為複製人違背了有性生殖的自然法則，不承認無性生殖的人的「人性」的合法性。

（二）浪漫主義的非科學態度是複製震撼非理性的又一根源

無視基本的科學原理，以極不負責任的態度借用文學特有的浪漫方式在複製技術這塊新穎生命科技領域裡天馬行空、任意馳騁。從小說猴王之類的故事編織複製童話，從上帝和真主處運來起死回生之術捏造名人轉世（複製

名人）的種種謠言，再加上眾多追星族的鼓吹炒作，把複製震撼的泡沫吹得越來越大。事實上，生命科學告訴我們，複製（無性生殖）在一般意義上是指用無性生殖產生個體有機體或細胞的遺傳拷貝。複製技術充其量只能複製出一種類似親本的複製品。親本和複製品絕不可能完全相同，各自都是獨特的「這一個」或「那一個」，絕不可能是同一個。複製出來的只能是與親本相同的基因組，特定的人格是任何先進的生命科學技術都不能複製的。

「克隆是百分之百的複製」的說法是違背科學理性的。我們知道，人是自然和社會的統一體，社會屬性才是人的本質屬性。人的本質並不是單個人所固有的抽象物，在其現實性上，它是一切社會關係的總和。複製出的基因組僅僅是自然屬性，能否成為人或成為什麼樣的人，關鍵在後天的社會實踐。基因決定論只不過是環境決定論或宿命論的新版而已，都是錯誤的。成吉思汗的複製品不可能和他一樣「只識彎弓射大雕」，愛因斯坦的複製品也不可能和他取得同樣的科學成就——即使能，這種重複也毫無意義可言。複製出的當代最優秀的科學家、政治家、運動員或戰爭狂最多只能充當「特型演員」。或許，這一點也做不到，因為好的「特型演員」也需要千錘百煉。

唐代哲學家、大詩人劉禹錫說得灑脫而透徹：「沉舟側畔千帆過，病樹前頭萬木春。」歷史是不斷前進的，社會是不斷發展的，新陳代謝乃宇宙之根本法則。新的時代會以自身的特有方式造就它所需要的新的英雄豪傑和人民大眾，不能也不必乞求於複製「沉舟」、「病樹」般的古人。關於「複製」會導致優生問題，對劣質人的生育權利的限制和剝奪問題，並不是複製優生的必然結果。自古以來，就一直存在對劣質人的生育權利的限制和剝奪。現在，許多國家的法律都有關於對劣質人的生育權利的限制和剝奪的明文規定。遺憾的是，複製不一定導致優生。引起某一疾病的基因可預防另一種疾病，如地中海貧血症的基因可預防惡性瘧疾。宇宙間一切存在都是普遍聯繫、不斷發展的，不是孤立分割、靜止不變的。

（三）正統思想的歷史慣性作用

人們總是習慣以某種既存的主導思想為正統標準，去衡量所出現的事物是否與之相符，合則肯定，離則否定。每當新生事物剛剛出現時，新的正統

道德哲學理論
第三篇 生命倫理學探究

思想尚未確立，舊的正統思想便依其固有的歷史慣性發揮「餘熱」，用其「舊標準」去套新事物，結果必然是不合，於是新事物便被冠以「異端」、「妖孽」、「惡魔」等莫須有之名遭到無情打擊。從家庭關係看，總是以正妻之親生子（甚至是嫡長子）為正統，庶生子、私生子、養子則低人一等。

《紅樓夢》中的探春最忌自己是姨娘所生，說只認太太和老爺，自己的親娘倒成了仇人，就是對正統思想的屈從和嚮往。從社會歷史領域看，宗教罵科學為魔鬼，科學稱宗教為鴉片。資產階級被封建地主階級視為叛逆不道。事實反覆證明，正統思想是相對的、變化的，舊的正統思想必然被新的正統思想所取代。但舊的正統思想未退出歷史舞台之前，對剛剛出現的新生事物總是產生著束縛思想、阻礙進步的負面作用。千百年來的正統生殖觀和倫理思想意識根深蒂固，它頑固地抵制著史無前例的挑戰，極其敏感地在新事物出現之前便主動出擊，憑藉其強大的歷史慣性向弱小得毫無抵抗能力的挑戰者（甚至是理論假設的挑戰者）猛烈開炮。就目前而言，有性生殖、自然狀態的確是正統，藉此舊標準去套用新事物——複製（無性生殖、人為狀態），必然不合標準，複製震撼的軒然大波也就在所難免了。生命科學的發展，將使社會有三種人：自然生殖人、輔助生殖人和無性生殖人（複製人）。

顯然，自然生殖人符合舊標準，無可厚非；而後兩者不符合，因而都引起了較大的爭論。我們面臨的選擇是不然扼殺非正統的生殖方式（輔助生殖和無性生殖）以維護正統生殖觀，就是順應科學和時代潮流，改變傳統生殖觀，確立新的生殖觀——對輔助生殖、無性生殖和有性生殖一視同仁、平等相待。我認為，應選擇後者。形而上學的思維方式也是一個不可忽視的要素。唯物辯證法的重點論明確要求我們要善於抓住主要矛盾和矛盾的主要方面。「複製震撼」正是誤把次要矛盾和矛盾的次要方面作為主要問題和重點對象而偏離理性軌道的結果。邱仁宗曾說過：「對於人的克隆，應將生殖性克隆和治療性克隆加以區別。過多地關注人的生殖性克隆，實際上起了誤導的作用，人的治療性克隆在倫理學上是可以辯護的。」事實上，人的複製的真正價值主要在於治療性複製，引起「複製震撼」的生殖性複製並不是問題的主要方面。當前人們關注的焦點應該是治療性複製，而不是生殖性複製。

三、「複製震撼」的非理性給我們的啟示

（一）人的生殖性複製不可一棒打死，亦不能放任自流，應採取嚴肅而又寬容的態度

在複製人技術過關和安全性問題解決後，在特定條件下（利大於弊時）可以進行人的生殖性複製。但應限於幫助患不育症又不願採取輔助性生殖性技術的夫婦獲得子女。至於同性戀者和單身貴族能否複製後代，這是一個全新的課題——目前大部分人站在以自然生殖為基礎的傳統的道德觀上加以反對。公平地講，同性戀者和單身貴族要複製後代可以得到倫理辯護。這個問題對傳統的生殖道德觀衝擊甚大，應充分論證。

（二）禁止一切以利用複製人為自然生殖的人服務或以犧牲為目的的人的複製

因為這本身就是以自然人為複製人的主人為前提，不把複製人當人看的卑劣行為，是一種新的種族歧視。

（三）辯證認識複製人問題

要適當關注複製人給人類社會帶來的正面積極影響，並與複製人的消極負面影響相比較，看是利大於弊或是弊大於利，然後才能對複製人有個全面客觀的認識。可以斷言，從長遠看，複製人對人類社會的影響必然是利大於弊——這也是科學技術對人類社會影響的普遍特徵。

綜上所述，我們應把關注的重心轉移到治療性複製上來，做出倫理、法律、社會諸方面的有力論證和辯護，為複製技術的理性運用開闢道路。

道德哲學理論
第四篇 中國傳統倫理思想探究

第四篇 中國傳統倫理思想探究

論嚴復的經濟倫理思想

嚴復是近代中國著名的資產階級啟蒙思想家。他的經濟倫理思想架構於近代中國變法圖強的實踐中，奠基在西方進化論和經濟自由主義的理論上，高舉競爭自利的旗幟，追求「公共精神」，首倡近代中國民族資本主義新道德新風氣，給與世無爭、安貧樂道的封建陳腐倫理致命一擊，為死氣沉沉的「鐵屋子」注入了新鮮空氣，在中國倫理史上寫下了具有劃時代意義的光輝一頁。

令人痛惜的是，這一極為寶貴的倫理思想長期得不到重視，甚至被貼上資產階級自由主義標籤而束之高閣。本文力圖從事實出發，撥開迷霧，恢復其歷史真面目，希冀為社會主義市場經濟條件下的經濟倫理建設提供些微啟迪和借鑑。

一

經濟倫理是奠基在一定經濟基礎之上，以善惡為標準，透過社會輿論、傳統習俗和內心信念來維繫的，調整人們在社會經濟領域的活動中各種利益關係的特殊意識形態和行為規範。它的直接目的是將道德轉化為生產力，促進經濟發展，它的最根本的目的在於提高國民素質、完善人生。

產生於自給自足的小農經濟基礎上的中國傳統經濟倫理，培養了具有濃厚小農意識的自私、自足、自大、保守、狹隘的人民性格。在傳統經濟倫理範疇中，「貴義輕利」是鐵的原則，「貧窮自在、富貴多憂」是座右銘，清高赤貧、與世無爭是聖潔美德，「不義而富且貴，於我如浮雲」成為飄逸氣節，阿Q式的精神勝利法成為立於不敗之地的「殺手鐧」。在封建經濟基礎上，這種無意識的經濟倫理思想有其存在的理由。然而，歷史潮流浩浩蕩蕩，鴉片戰爭的狂風惡浪迫使中國的封建經濟在風雨飄搖中向半殖民地半封建經濟

道德哲學理論
第四篇 中國傳統倫理思想探究

變異。傳統經濟倫理的狹隘落後在資本主義經濟倫理的猛烈衝擊下暴露無遺。它再也不能照舊「統治」下去了。

「中國文藝復興」的先鋒嚴復率先向傳統經濟倫理猛烈開火。他認為，以歷史循環論和經濟專制主義為基礎的傳統經濟倫理，鼓吹「大道源於天，天不變，道亦不變」，固守被動性、靜止性，懼怕鬥爭和競爭，禁錮生命力，無視個人利益。這是十足的矇昧主義和禁慾主義，是極不人道的罪惡。它抑制了經濟自由發展，導致了國民劣根性，是中國積貧衰弱、被動挨打的重要根源。因此，要救亡圖存、富國強兵，關鍵在於改造國民性、轉變經濟倫理觀。

與魏源、張之洞、康有為等囿於中學迥異，嚴復另闢蹊徑，從西方引進達爾文社會進化論和亞當斯密經濟自由主義，第一次將中國經濟倫理思想奠基在現代科學理論的基礎之上。他熱情宣揚「世道必進，後勝於今」和經濟自由，極力讚揚競爭、活力、能動性，特別強調自利原則的合理性，認為自利是經濟行為的出發點和目標，是創造巨大社會財富的動力和源泉，沒有自利，經濟行為就失去造血功能。

因此「夫所謂富強者，質而言之，不外利民云爾。然政欲利民，必自民各能自利始」。具體講，就是民各私其田產，官吏各私其百里之地，天子私其國土。他豪邁地說：「國行此制者，野無惰民，國多美俗，亦可謂傾倒之極矣。」這就抓住了資本主義經濟倫理的要害。由此出發，他積極倡導實現人類全部潛能，使進化力量不受限制地發揮作用，把人由社會僕人變為社會主人，從而樹立高度責任感和公德意識並化作推動經濟發展的強勁動力。

正如美國史華茲教授所言，中國傳統經濟倫理「反對將富強作為一個自覺的理想而有系統有目的地追求。而西方則證明，只有隨進化的潮流前進，駕馭潮流，人們才能最終達到『太平』的境界」。嚴復深諳此理，他高舉進化論和經濟自由主義大旗，洞悉封建經濟倫理弊端，研究觀察近代中國景況，提出了一系列富有真知灼見的新的民族資本主義經濟倫理思想。

二

經濟生活是人類生活的主要內容。生產、分配、交換、消費諸領域中的倫理規範是經濟倫理最直接、最現實的道德要求。嚴復認為，要變法圖強，振興經濟，發展民族資本主義，首先要遵循這些方面的經濟倫理。

1. 義利合一、兩利為利的義利觀

義利之爭是傳統經濟倫理思想的主線，它客觀上形成了我國傳統經濟倫理思想的基礎性理論和思考方式。在小生產方式占統治地位的歷史條件下，「安貧樂道」、「為富不仁」、「君子喻於義，小人喻於利」的義利觀根深蒂固。嚴復反對這種忽視物質利益只講空洞道德的清淡虛幻，也不贊同西方資產階級的極端利己主義，認為兩者都割裂了義利關係。他說：「泰東西之舊教，莫不分義利為二塗。此其用意至美，然而於化於道皆淺，幾率天下禍仁義矣。」

他尤其痛心疾首地譴責了以沙石作炮，致使甲午海戰慘敗的罪惡行徑，強調「唯公乃有以存私，唯義乃可以為利」，在生產、分配、流通、消費諸經濟生活領域中要堅持「兩利為利，獨利必不利」的原則。就是說要把義和利、公和私統一起來，既不要空談仁義，也不能見利忘義。他滿懷豪情地預言：「庶幾義利合，民樂從善，而治化之進不遠矣。」

2. 貿易自由，公平為競

在嚴復看來，要富強，必先自民各能自利始；要民各能自利，必自皆得自由始。「求其如是者，莫若使貿易自由。自由貿易非他，盡其國地利民力二者出貨之能，恣賈商之公平為競。」國家要創造自由公平的經濟運行環境，充分發揮個人潛能、活力，推動經濟發展。為此，嚴復還主張：

①國家不要過多干預經濟，否則將「使民舉手觸禁，移足犯科」，導致民生凋敝，財源枯竭。

②反對「壟斷」，因為「壟斷」違背了進化論原則，踐踏了經濟自由主義，「如水方在山，立之限障，暫而得止，去真遠矣！」

但他又主張「不可一概而論」，贊同保護有利於「通國公利」的「壟斷專利」。他說「比如創機著書諸事，家國例許專利，非不知專利不平也。然不專利，則無以獎勸激勵，人莫之為，而國家所失滋多，故寧許之」。這就內在地蘊含了「效率優先、兼顧公平」原則的思想萌芽。

3. 以信為本的商業道德

中國重農輕商，自古「以通商為絕大漏卮，甚至擬之鬼魅憑人，攝吸膏血」。

經商被看作是極不光彩極不道德的欺詐行徑，無商不奸的思想深入骨髓。聖人們根本不屑於提出什麼商業道德規範，商人們也自輕自賤，從來也沒有自覺地樹立什麼堅定的商業道德意識。嚴復卻極為重視商業道德建設，認為經商中的「售欺長偽、叢弊啟奸」是阻滯經濟的罪魁禍首，應力戒之。他主張經商要以信為本，做到童叟無欺、公私兩任。這樣才能促進商品流通和經濟發展。馬克思·韋伯也曾諄諄告誡商人「切記，信用就是金錢」，「影響信用的事哪怕十分瑣屑也得注意」。近代東西兩位偉大思想家的商業道德觀不謀而合，相互印證，具有異曲同工之妙。

4. 鼓勵積極消費，反對揮霍無度

中國的聖人先賢們推崇抽象的仁義，仇視消費，樹立了「一簞食、一瓢飲、在陋巷」卻「不改其樂」的顏回之類的保守狹隘、以貧為榮、不思進取而又自欺欺人的古典阿Q兼清教徒的典範，作為世人楷模，直到達到「存天理、滅人欲」的禁慾主義巔峰。「消費」在傳統經濟倫理中屬於「惡」的範疇。嚴復猛烈抨擊了這種愚昧思想，認為吝嗇守財、拒絕消費的矇昧主義和禁慾主義只能壓抑人性，不僅達不到仁義，反而會帶來亡國滅種之患，只能是「惡」不能是「善」。「致富」本旨在於「享富」，不僅要有「致富之由」，更要有「享富之實」。「享富」能夠改善民主，激發潛力，並能化作「致富」動力推動經濟發展，名正言順，是「善」不是「惡」。他鼓勵積極消費，認為「支費非不可多也，實且以多為貴，而後其國之文物聲明，可以日盛，民生樂而教化行也」。同時，他也反對盲目過度消費，主張消費要適度，要求「顧

事必求其可長，而養必期其無竭」。這無疑體現了「生活中要量入為出」的資本主義經濟倫理觀。更為可貴的是，嚴復還大力倡捐款助學的高尚消費觀。亞當斯密在《原富》中曾對此「若有微詞」，嚴復則襟懷開闊地指出「合通國計之，其事固有利而無害也」。因為「蓋鬻產助學，有二大利焉，一則使幼學者無衣食朝暮之憂，得以聚精會神，深究其學，及其既成，遂為群之公利，舉世之耳目」，「二則使開敏而貧之人，藉此而有所成就，而國無棄材之憂」。他不無欽佩地感嘆道「嗚呼！使中土他日新學，得與泰西方駕齊驅，而由此有富強之效者，其諸鬻產助學者為之一贊與歟！」

三

嚴復經濟倫理思想的深刻性、系統性在於他不僅提出了直接推動經濟前進的「表層」經濟倫理，而且闡述了促進人的協調發展的「深層」經濟倫理，並認為後者是其經濟倫理的靈魂和精髓，也是其經濟倫理的出發點和歸宿。

嚴復認為，人的素養直接決定著國民創造性勞動的自覺性和經濟發展速度，經濟發展的動力源是國民素質，經濟發展的根本目的是提高國民素質，優化國計民生。因為，經濟倫理思想的最終落腳點在於改造國民性，促進人的進步。他說，一個民族的基本素質是民力、民智、民德，「未有三者備而民生不優，亦未有三者備而國威不奮者也」。他由此提出其「深層」經濟倫理思想「一曰鼓民力，二曰開民智，三曰新民德」，核心是新民德。

民力，是民智、民德的物質載體，是富強之基，亦稱體德。嚴復說：「自腦學大明，莫不知形神相資，志氣相助，有最勝之精神而後有最勝之智略。是以君子勞心勞力之事，均非氣體強健者不為功。」從西方柏拉圖到東方孔孟，莫不重視體力之強，但後來的中國禮俗，貽害民力，「令其種日偷」。目前要「鼓民力」，必須做好四件事：

①禁絕鴉片。

②廢止纏足。

③不遺餘力操練形骸。

④注重飲食養生之道。

他甚至提出加強婦女身體鍛鍊，認為母健而後兒肥，培先天之種乃進，以促人種日進。可謂用心良苦、見識高遠。他認為，一個驍猛剛毅、鷙悍長大、耐苦善戰、強健勤勞的民族不但能有力推動經濟發展，更能促進自身的優化。從經濟倫理觀來看，這是道德的。一個軟弱瘦枯、矮小多病、怕苦懼戰、憔悴畏勞的民族必難以國富民強。這是不合乎「體德」的，屬於「惡」的範疇。鼓民力是當務之急，更是長遠之計。

民智，是富強之源，是民德之基。民智即為權力，亦是美德，故又稱智德。嚴復認為：

①「欲國之富，非民智之開，必無由也。」

②「今日之中國，患不知理財而已……今日之謀國者，過在不知事理。」

③「國主之賢不肖，可以旦幕懸，而民群之愚智，國裕之競否，誠未易以百年變也」。

他不禁長嘆道：「不佞常謂世之不仁人少而不智人多。而西儒亦謂愚者必不肖，無不肖非愚。然而，民智之開，固不魚乎。」鑒於此，他說，開民智，就要做到：

①「當以教民知學為第一義。」中國鄉塾「無益費付」，因循守舊，應廢之，教以識字、知書、能算、地理、養生、格物、幾何、化學等。

②廢除錮智慧、壞心術、滋游手的八股、試帖、策論諸制，大講西學，別開用人之途，另立選舉之法。

③打破政府官職為受舊學薰陶的用人壟斷的局面，無能者除職，選賢任能。開民智為富國強兵，改造國民性提供了智慧保證。

「至於新民德之事，尤為三者之最難。」民德是民力、民智的延伸和體現，是富強之靈魂，是國民之精髓。嚴復認為，新民德，就要倡導自由、平等、競爭、創造性，肯定個人自利意識，解放國民，激發、促進個人建設性自利的活力，並駕馭這種活力使之指向國家和集體目標，培養陶治出一種民族同

一性認識，即西方資本主義的「公共精神」意識，又稱公德或愛國心。新民德不是一朝一夕之功，更不是權宜之計，事關國家民族長遠利益和千秋大業，要持之以恆、不懈錘煉。一旦民眾具備了這種公德意識，必能轉化為經濟發展動力，進而提高國民素質，完善人生——這正是其經濟倫理思想的主旨所在。

中國 1860 年代以來的全部經驗證明，沒有這種公德意識，任何外部變法改良只能是無源之水、無本之木。嚴復痛心疾首地指出：「夫今日中國之事，其可為太息流涕者亦多矣。而人心渙散，各顧己私，無護念同種忠君愛國之誠，最可哀痛。」梁啟超後來也看到了這一點，他說：「吾中國道德之發達，不可謂不早，然偏重於私德，而公德殆闕如。」史華茲揭露得更具體：「中國的聖人和統治階級無意去發展人民的身體、道德和理智方面的潛在能力，而且不相信人民有這樣的潛力。因此，民族公共精神的某些成分是根本不具備的。」

到了 1890 年代，社會對自利道德、商人及其冒險精神仍然極端敵視，公德意識更無從談起。嚴復以敏銳的眼光最先洞察到這一點，徹底否定傳統狹隘的封建經濟倫理，大講自利，首倡公德，第一次在中國經濟倫理史上實現了從否定自利和公德的封建經濟倫理向肯定自利和公德的資本主義經濟倫理進行了質量的大幅提升。

嚴復的「淺層」經濟倫理和「深層」經濟倫理渾然一體，構成了較為完整的思想體系。在 19 世紀末葉新學與舊學的鬥爭中，他的這一思想猶如一道閃電，劃破了封建舊經濟倫理統治的沉沉黑夜，帶來了資本主義新倫理的閃閃火花，宣告了中國經濟倫理從此由中世紀真正進入了一個新時代。

斗轉星移，經濟倫理學的研究歷經十數個春秋，由淺入深，由狹到廣，以星火燎原之勢蓬勃發展，學科理論體系逐步形成。包括嚴復經濟倫理思想在內的德性主義、功利主義、理想主義、自然主義等傳統經濟倫理思想無疑是經濟倫理學汲取營養的豐富源泉和重要研究課題。嚴復的義利合一、公平自由、效率優先、獎勵先進、激發動力、合理消費、以信為本、肯定自利、

強調物質利益、鬻產助學、愛國公德、提高體智德基本素質，促進人的協調發展等合理思想仍然是我們可資借鑑的寶貴精神財富。

對「中體西用」文化內涵二重性的思考

「中體西用」是「中學為體，西學為用」的簡稱，是對「師夷長技以制夷」思想的繼承與發展，是洋務派的理論核心和指導思想。鴉片戰爭以來，西方列強憑藉船堅炮利摧毀了中國帝國的陳舊壁壘，年輕的西方文化以波濤洶湧之勢衝擊著古老的中國文化。劣勢虛弱的封建文化與強勢巨大的資產階級文化展開了殊死搏鬥。「中體西用」正是這場交鋒的天然產兒。雖然先天不足的二重性使它僅僅存在了三十多年便英年早逝，但作為在中西文化矛盾衝突中的一種重要的回應方式，這種觀念卻陰魂不散地流行了一百多年，至今仍影響著一些人的思想。因此，分析「中體西用」的二重性，不僅具有認清其在中國現代化進程中所占地位的歷史意義，更具有堅定建設有中國特色社會主義新文化信心的現實意義。

一、「中體西用」命題本身的二重性

「中體西用」的二重性首先就在於此命題本身就是違反邏輯的。眾所周知，「體」、「用」是中國哲學特有的一對範疇。這對範疇的提出，是魏晉玄學的偉大建樹。在中國哲學史上，王弼率先明確提出了這對範疇，他說：「雖貴以無為用，不能捨無以為體也。」自魏晉玄學起，就主張「體用一源」、「體用不二」。朱熹和王夫之是最善言體用的兩位哲學大師。王夫之說：「天下無無用之體，無無體之用。」他進一步舉例論證道：「無車何乘？無器何貯？故曰體以致用。不貯非器，不乘非車，故曰用以備體。」

朱熹也說：「如這身是體，目視、耳聽、手足運動處便是用。如這手是體，指之運動提掇處便是用。」可見，體、用是就一個事物的兩個方面來說的，「體」指主體、本體或實體，「用」指作用、功用或用處，體、用密不可分——這就是體、用傳統的最基本的內涵。

如果將中學、西學各看作一個實體,那麼中學、西學各有其體、用,不存在「中體西用」或「西體中用」之說。後來有人批評「中體西用」是「體用兩撅」可謂擊中了要害。維新派嚴復對此命題的二重性做了辛辣的諷刺和批評,他說:「『體用者,即一物而言之也。有牛之體,則有負重之用;有馬之體,則有致遠之用,未聞以牛為體以馬為用者也。』……,故中學有中學之體用,西學有西學之體用,分之則兩立,合之則兩亡。」也就是說,「中體西用」違背了體、用是一物的兩個方面的中國傳統的體用論的基本原則,將「中體」、「西用」毫不相干的方面生拉硬拽在一起,如同「牛體馬用」一樣,是一個學理不通的荒謬性的二重性命題。

二、「中體西用」思想的二重性

「中體西用」不僅在形式上是個二重性命題,而且在內容上是一種二重性的思想。

在中國近代,「中體西用」者對待中西文化矛盾衝突持一種形而上學的折中調和態度。它代表了在中西文化衝突中力圖保持中國傳統文化的本體或主導地位,並以此為基礎來會通西學,以期中西合璧的一種努力。這就必然表現出其思想上的二重性:一方面要引進「西學」,一方面要固守「中體」。馮桂芬提出「以中國之倫常名教為原本,輔以諸國富強之術。」薛福成1879年在《籌洋芻議》中闡述了「取西人器數之數,以衛吾堯、舜、禹、湯、文、武、周、孔之道」的思想。鄭觀應於1880年代在《盛世危言》中也主張「中學其體也,西學其末也,主以中學,輔以西學」。1898年,「最樂道之」的張之洞撰寫《勸學篇》,進一步從董仲舒的「大道源出於天,天不變,道亦不變」的唯心主義哲學觀出發,把「中體西用」推向神祕化、神聖化、系統化。他強調「三綱為中國神聖相傳之至教」、「講西學必先通中學,乃不忘其祖」,因此「中學為內學,西學為外學,中學治身心,西學應世事」。即是說要以孔孟之道「正人心」,以「西藝」濟時需。《勸學篇》始終以「尊朝廷衛社稷」為第一義,以「保名教」、「杜危言」為己任,強調講西學必「先以中學固其根底」。張之洞的「中體西用」論已完全成了鎮壓資產階級政治改革的反革命思想和輿論工具。

可見，「中體西用」思想的實質是以「西學」為手段，以達固守「中體」的目的。對內用先進槍炮屠殺太平天國農民軍，反對資產階級改良和資產階級革命；對外以對付西方列強的要挾恫嚇。歸根結底是借用西藝、西技去鞏固、強化封建專制制度和封建文化。但是，由於「歐洲輸入之文化，與吾華固有之文化，其根本性質極端相反」，所以，企圖要在老邁昏聵的封建綱常專制的「中體」的根基上，去發展生機勃勃的資本主義，並妄想透過資本主義——「西用」，去加固封建體制——「中體」的堡壘，這就等於在封建文化的「老牛」身上去嫁接資本主義文化「駿馬」的四蹄。結果必然是非牛非馬，「老牛」非但不能搖身一變為「駿馬」，反而會因砍去「牛蹄」換上「馬蹄」而舉步維艱，氣息奄奄。「中體西用」這種思想的二重性便決定了其價值的二重性。

三、「中體西用」價值的二重性

「中體西用」作為一種政治思想和治國方針，其根本意圖是重振大清王朝，捍衛封建專制體制。但事與願違，「西用」的引進卻導致了動搖「中體」的不測後果。正如列寧所說，歷史總喜歡和人們開玩笑，本意是想走進這個房間，結果卻走進了另一個房間。19世紀下半葉是中國被迫打破閉關鎖國的局面開始走向世界的重要時期，也是中國從古代走向近代的重要歷史轉折時期。在古今、中西文化的激烈衝突中，「中體西用」以貌似公允、開放的心態，在適應民族文化心理的承受能力限度內，把仿效西方、變革社會的方案囿於不從根本上突破數千年封建文化本體這樣一種溫和的、不徹底的基本構想的模式之內，頑固地死死抱住所謂孔孟精義。

封建名教不肯後退一步，企圖以新衛舊，以西固中。實際上卻是以消極的保守態度回應世界歷史變化的潮流，阻礙了中國走向世界、走向現代化的歷史進程，束縛了生產力的解放和發展，從而使西藝扭曲變形。當資產階級維新派主張變法而觸動中國封建制度這個「中體」時、當資產階級革命派力圖徹底推翻這個「中體」時，「中體西用」便完全暴露出其封建衛道人士的真面目，將矛頭指向了資產階級維新派和資產階級革命派而走向反動。對於「中體西用」的這一負價值，兩廣總督張樹聲在其遺言中曾做了分析總結，

他說:「夫西人立國,自有未來」、「育才於學堂,議政於議院,君民一體,上下一心,務實而戒虛,謀定而後動,此其體也;大砲、洋槍、水雷、鐵路、電線,此其用也。中國遺其體而求其用,無論竭蹶步趨,常不相及,就令鐵艦成行,鐵路四達,果否恃歟?」

然而,「中體西用」畢竟在一定程度上順應了歷史潮流,具有一定的歷史進步意義。在封建的舊文化瀰漫整個中國,民族意識在愚昧落後和妄自尊大的惡性循環中自我陶醉之時,「中體西用」論以十分勉強、羞羞答答的封建文化的特有方式,表達了對近代資本主義先進生產力的愛慕之情和政治方面進行改革的樸素要求。在「中體西用」遮羞布的庇護之下,先進的西方文化才可能以「木馬計」的方式神不知、鬼不覺地排除頑固的封建舊文化的重重阻撓而插足於封建舊文化這塊世襲領地,給「中學」、「中體」一個強烈的影響和衝擊,為西學在中國的傳播和發展爭得了一定的合法地位,確實在當時起了「開風氣」的進步作用。

從社會發展史看,由於西方技藝的引進,逐漸破壞了中國落後的自然經濟,產生了近代工業的物質基礎和資產階級、無產階級。人們也就更認識到僅僅言藝並不能從根本上解決中國的命運問題,也就有了戊戌維新和辛亥革命的言政。於是,言觀念、言文化、言倫理、言國民素質便應運而生,也就有了「五四」新文化運動,也就有了徬徨後的「救救孩子」以及「倫理的覺悟,為吾人最後覺悟之覺悟」的搖旗吶喊,也就有了阿Q的不朽典型和千千萬萬勇於衝破「鐵屋子」的仁人志士的滾滾洪流,也就有了民族的、科學的、大眾的文化,也就最終有了有中國特色的社會主義的新文化。

四、「中體西用」根源的二重性

要深刻理解「中體西用」文化內涵的二重性,就必須揭示其二重性的根源。「中體西用」二重性的祕密到底在哪裡?我們不應僅從頭腦觀念中去尋求,而應從當時的社會歷史狀況中去探究。毛澤東指出:「一定的文化是一定社會的政治和經濟的反映,又給予偉大影響和作用於一定社會的政治和經濟;而經濟是基礎,政治則是經濟的集中的表現。這是我們對於文化、政治、

經濟的關係以及政治和經濟的關係的基本觀點。」所以「我們討論中國文化問題，不能忘記這個基本觀點」。

考察中國五千年文化史可知，自周秦以來，中國是一個封建社會，其政治是封建的政治，其經濟是封建的經濟，反映此種政治和經濟的占統治地位的文化必然是封建文化。隨著外國資本主義的入侵，中國逐漸生長了資本主義因素。到洋務運動時期，中國已逐漸淪為一個半殖民地半封建的二重性社會。這就決定了洋務派階級屬性的二重性：既有濃厚的封建性，又有一定程度的買辦性；既有對外國資本主義的抵制作用，又有對民族資本主義的促進作用。「中體西用」的二重性正是社會基礎二重性和洋務派階級屬性二重性在文化形態上的深刻反映：既固守封建名教，又想發展資本主義；既促進了民族資本主義的發展，又阻礙了資本主義的充分發展；既順應潮流具有進步性，又逆潮流具有反動性。

這種畸形的二重性使「中體西用」發育不全，決定了其夭折的必然趨勢。在中日甲午戰爭中，經過洋務運動產生的二重性文化「中體西用」和經過明治維新產生的資產階級文化「西體西用」，展開了一場血與火的正面交鋒。甲午戰爭的失敗本質上是「中體西用」二重性文化落後於「西體西用」文化的必然結局和鐵的驗證。然而，在走向現代化的進程中，「中體西用」的觀念卻頑強地影響著一些中國人的思想，迫使我們不得不給以深刻的思考和探究。

五、「中體西用」二重性的啟迪與思考

「甲午之役，軍破國削」，徹底宣告了「中體西用」的破產。但是，由於思想觀念的歷史慣性作用，「中體西用」觀念並未馬上銷聲匿跡，反而以各種方式借屍還魂，在現代化進程中不斷施以阻礙作用。

「五四」以後，梁漱溟的「三路向」文化觀是一種新的中體西用論。1935年，陶希聖等十位教授的本位文化論的理論基礎也是中體西用論。抗日戰爭時期的新儒家理論，提出了「以儒家精神為體，以西洋文化為用」的口號。1950年代後，港臺現代新儒家學者主張「返本開新」，他們認為這是一

種「中體西用」論。到了 1980 年代，又有人提出了「西體中用」的理論，認為「中用」就是結合實際運用於中國，即為馬克思主義的中國化，但籠統地主張以西方的生產方式、意識形態等為體，而不區別是社會主義的還是資本主義的生產方式、意識形態。因此，「西體中用」論有若干混亂和不明晰之處。但其思維方式與「中體西用」論一樣，都囿於中西對立、體用二元的僵固思維模式，都不能正確解決中國的文化現代化問題。

從「中體西用」二重性的分析中，我們可以看出這種思想是當時社會基礎二重性和洋務派階級屬性二重性在文化形態上的反映。即使在當時，其主導思想、歷史作用都具有二重性，既有進步的一面，又有反動的一面。辛亥革命推翻了清王朝的統治，「五四」新文化運動給舊文化予以毀滅性的打擊。「五四」以來「中體西用」的各種變形僅僅是思想觀念的歷史慣性作用的一種無謂嘆息而已。早已失去存在根據的「中體西用」論必定被時代潮流無情地拋棄。

▎誰之功利，何種功利？──反思中國傳統功利思想的根本性質

一般來講，學術界基本上肯定中國傳統的功利論是與道義論相對立的非主流思想。但也有人以邊沁、彌爾的經典功利主義學說為標準，斷然否定中國有功利主義思想。實際上，中國不但有與道義論相對立的功利思想，而且道義論本質上也屬於功利思想。真正的問題在於，中國有如此豐富的功利思想資源，卻為何沒有產生出西方經典的功利主義學說。這就要追問中國傳統功利思想的根本性質問題：它追求誰之功利？它又屬於何種功利？如果以西方經典功利主義為參照，我們就會看到，中國功利思想追求的是「我們」的而非「我」的功利，這也就決定了它是自然的而非自由的功利思想，是「同」的而非「和」的功利思想。

道德哲學理論
第四篇 中國傳統倫理思想探究

一、追求「我們」的而非「我」的功利思想

西方功利主義雖然也試圖把「我」和「我們」結合起來，但其立足點在於從「我們」中解放出「我」來，充分肯定「我」的個性、自由和獨立人格。如果說西方功利主義以「我」為依歸，試圖透過「我們」來確證「我」，以私人功利作為公共利益的根據，那麼中國傳統功利主義則以「我們」為依歸，即使講個人私利也以王霸為重，試圖透過遮蔽「我」來確證「我們」。下面，我們試分別考察具有代表性的儒、墨、法諸家功利思想的這一性質。

首先，儒學功利思想是中國傳統功利思想的一條主線。儒學由孔子出發，出現了兩條線索。一是孟子開出的重義輕利的路徑，其中經董仲舒、二程，到朱熹達到頂峰，它自「罷黜百家、獨尊儒術」以來一直處在中國傳統思想的主導地位。這是中國傳統的主流儒學——通常稱之為儒學道義論。究其思想本質而言，儒學道義論也是功利主義。一般來講，儒學道義論把義與利對立起來，利主要指個人的私利，所謂義（仁、義、道、天理等）表面上指行為必須遵循的道德要求，實際上是天下大公掩蓋下的皇權的大私。因此，它實質上追求的主要是君王的利益（有時也附帶國家的整體利益和公共利益）。

孔子說過：「君子喻於義，小人喻於利。」孟子強調「上下交征利而國危矣」，認為人們各自圖謀私利必然要破壞正常的社會秩序。董仲舒則完全割裂義和利，認為仁者「正其誼不謀其利，明其道不計其功」。宋明理學把義利之辨進一步深化為理欲之辨，提出「存天理，滅人欲」的口號。這種思想的主要目的在於維護統治階級的利益和皇權的合法性，只有在消極意義上，才符合社會整體利益。因為統治階級經常把其利益冒充為社會的公共利益，誠如黃宗羲所言，專制的君主「以我之大私為天下之大公」。重義輕利的實質是否定甚至犧牲個人利益，肯定保證皇權利益的神聖至上的不可侵犯性，把「我」的利益完全掩蓋在「我們」的利益實即皇權利益之中。

另一條是由荀子開出的在肯定利的基礎上的「以義制利」的路徑，中間經王安石、陳亮、葉適，綿延到明清時期的黃宗羲、顧炎武、唐甄、李贄、顏元等思想家那裡，它肯定「事功」之效，具有公開的功利儒學特色。這是中國傳統的非主流儒學——通常稱之為儒學功利論。儒學功利論不像儒學道

義論那樣具有自欺欺人的色彩，它明確肯定追求利益的正當性。荀子主張「以義制利」，開始肯定在義的原則下的利的存在。至宋代，儒學功利論對儒學道義論空談道義天理的思想提出了尖銳的批判，主張功利與道義相統一。李覯明確反對孟子「何必曰利」的思想，他說：「利可言乎？曰：人非利不生，何為不可言？……孟子謂何必曰利，激也，焉有仁義而不利者乎？」葉適也指出，「既無功利，則道義者乃無用之虛語爾」。王安石則明確指出利就是義，他說：「政事所以理財，理財乃所謂義也。」

　　清代顏元則批判董仲舒說：「這不謀不計兩不字，便是老無釋空之根。蓋正誼便謀利，明道便計功，是欲速，是助長，全不謀利計功，是空寂，是腐儒。」因此，他主張「正其誼以謀其利，明其道而計其功」。儒學道義論的實質是重公利而扼殺私利，儒學功利論的實質是把公利和私利結合起來，在追求公利的同時也承認私利的存在。這顯然比儒學道義論割裂公私關係，否定私人利益，只追求「我們」的而完全漠視「我」的思想要進步得多。但也要看到，儒學功利論僅僅停留在肯定利益這一點上，他們沒有看到利益背後人的自由本質和肯定人格的獨立存在，並不主張從法律人權的角度保證個人利益的合法性和個人的財產權，也不可能提出完全否定皇權的民主思想來。因此，從整體上講，儒學功利論和儒學道義論一樣追求的仍然是「我們」的功利而不是「我」的功利。

　　其次，先秦墨家的功利思想。墨家認為義與利不是對立的，而是統一的。表面看，這與儒家道義論相反，而與儒家功利論相一致。實質上，墨家與儒家道義論是一致的，而與儒家功利論相反。而且，墨家比儒家道義論在倡導「我們」抑制「我」的問題上甚至有過之而無不及。《墨子》云：「義，利也。」利是「國家百姓人民之利」，是國家利益、公共利益，而非個人私利，這和儒學道義論的義沒有本質不同。墨家主張的大義就是摩頂放踵以利天下，其根據在於「利人者，人必從而利之，害人者，人必從而害之」。可見，墨家是以利害作為道德標準的。利人實質上是為了利己，不害人實質上是為了不害己。為了這個目的，墨家不惜走向極端，公然否定個人利益，主張毫不利己地以利天下，實質是以救世主自居的最自私自利的行徑，毫無道德價值可言。馬克思曾說：「一切人類生存的第一個前提也就是一切歷史的第一個

道德哲學理論
第四篇 中國傳統倫理思想探究

前提，這個前提就是：人們為了能夠『創造歷史』，必須能夠生活。」墨家根本不考慮人們能夠生活這個前提，堅決反對個人私利，墨子宣稱：「仁人之所以為事者，必興天下之利，除去天下之害，以此為事者也。」

這種極端虛偽的言論，只能暫時矇蔽少數人，不可能長期地矇蔽任何人，誠如王安石所言：「由墨子之道則不仁。」墨學中絕的原因就在這裡。

最後，法家的功利思想。法家認為人的本性自私自利，個人的最高目標就是追求個人私利。為了遏制這種人性之惡，法家主張「開公利而塞私門」，要求統治者透過嚴酷的法律約束利己之心。韓非說：「凡治天下，必因人情。人情者，有好惡，故賞罰可用，賞罰可用，則禁令可立，而治道具矣。」那麼，什麼是「人情」？人情就是關係，主要是血緣關係和類血緣關係（由血緣關係擴展、泛化開來的人際關係）。王法不能違於人情，也就是不違於關係，甚至王法本身就是著眼於關係而建立起來的。如刑法主要不是為了落實責任以達到公平和公正，而是韓非子所說的：「重刑者，非為罪人也」、「重一奸之罪而止境內之邪」、「報一人之功而勸境內之眾」，既不是追究責任，也不是實現權利，只是做出樣子來警儆他人（「殺一儆百」、找「替罪羊」）。這是典型的人治和刑治，而不是以尊重個人權利和人格為基礎的法治和德治。這樣，法家本質上與儒墨是一致的，以「我們」斷然否定了「我」的自由、人格和存在。

儒墨法都反對私利——反對「我」的功利，追求「我們」的功利，這是一致的。儒墨法的區別在於，儒家認為道德原則不僅是公利且高於公利，實質是說為了公利還要適當考慮百姓的利益。墨法則完全否定「我」的存在，認為道德的至高原則就是公利，主張摩頂放踵以利天下或嚴刑酷法以箝制百姓的反人性、非人道的虛偽功利，這必然使其思想得不到上層和下層的支持而遭到所有人的反對。這也是墨法功利思想衰落的真正原因。如果說墨法把「我」完全扼殺了，於是也就扼殺了它自身的話，儒家則把「我」附屬於「我們」之下，給予「我」的存在留有一點點餘地。儒學功利思想興盛的主要原因就在於其理論自身的有條件的符合人道性——肯定「我」的非獨立的、非自由的附屬於「我們」的有條件的存在。需要指出的是，儒學思想的另一合

理之處在於對精神力量的肯定，但精神力量最終要歸結於王霸之業的審判，儒家提倡的大丈夫氣概、「人生自古誰無死，留取丹心照汗青」的根據在於為了自己的皇帝主子而不是為了人性和自由，其實質還是把精神箝制在封建皇權之下。儒學思想追求的依然是「我們」的功利而不是「我」的功利。

問題是，中國傳統的功利主義為什麼不能突破「我們」而達到對「我」的確證和解放？原因在於它既是建立在自然血緣之上的自然的而非自由的功利思想，又是「同」的而非「和」的功利思想。

二、自然的而非自由的功利思想

如果說西方功利思想是以資本主義私有制為經濟基礎，以契約精神、自由精神、理性精神為理論支撐，以肯定個人自由、獨立、權利為核心的自由功利主義，中國傳統的功利主義則以封建公有制的大一統為根基，以欠缺契約精神、自由精神、理性精神的自然人情關係為理論根據，它始終在自然血緣、家國同構的範圍內打轉，未能突破「我們」的限制而解放出「我」，因此屬於自然功利主義——套用康德關於自然社會和自由社會（文明社會）的說法。自然功利主義是以封建公有制為經濟基礎的皇權至上、公私不分的家天下和理論上的一家獨尊幾個環節環環相扣構成的缺乏自我否定的張力的超穩定結構。

中國（和東方）數千年的「成文史」和西方一樣貫穿著父權制和跨氏族的國家，卻不存在西方的氏族血緣紐帶被「炸毀」、而代之以獨立的個體家庭相互以契約締結為國家的情況，而是血緣家庭和氏族的原則從母權制移交給父權制，並最終放大為國家組織原則，這就是倫理上的移孝作忠，政治上的移家作國，於是以孝治天下——倫理政治化、政治倫理化的自然血緣原則成為中國統治者治國的根本方針。關於這一點，馬克思和恩格斯在論及東方亞細亞社會時有過深刻的批判。馬克思在《資本論》中說：「在印度和中國，小農業和家庭工業的統一形成了生產方式的廣闊基礎」，「在這裡，國家就是最高的地主。在這裡，主權就是在全國範圍內集中的土地所有權。但因此那裡也就沒有私有土地的所有權，雖然存在著對土地的私人的共同的佔有權和使用權」。恩格斯在1876年為《反杜林論》所寫的準備材料中也指出，「東

方專制制度是基於公有制」。當然，這種公有制是以自然血緣原則為本位的封建公有制，不同於社會主義公有制。

　　支撐封建公有制大一統的必然是皇權至上和權力本位的專制制度。在這裡，權力才是最可靠的功利和金錢。錢固然可以買權，但皇權只有靠命來換，是錢買不來的。因為皇權高於一切，也高於金錢，它可以換錢，也可以名正言順地奪錢、搶錢甚至任意剝奪人的生命。金錢隨時隨著皇帝的喜好而成為救命之物或引來殺身大禍。皇權至上和權力本位必然要求一人獨尊的父權政府，其實質是公私不分的家天下。康德說，父權政府「是所有政府中最專制的，它對待公民僅僅就像對待孩子一樣」。中國的皇帝皇后是國父、國母，官吏是百姓的父母官，君主要牧民有術，官吏要為民請命，他們以百姓的權威和父母自居，視百姓如無知的孩童，絲毫不把百姓當作一個個獨立的、自由的個體，不尊重百姓的人格尊嚴，他們可以率性而為，隨心所欲地任意處置百姓。實際上，掌權者自己由於缺乏自我意識和自我反思能力和符合人性的法律制度的保障，也沒有自由的思想和獨立的人格尊嚴，乃至一部幾千年封建王朝史無非是一部分人和另一部分人喋血爭奪皇權和權力、爭當國父皇帝或父母官的歷史鬧劇的一幕幕重演，個人始終淹沒在皇權和權力之下。

　　一人獨尊的父權政府反過來又要求並強化了理論上的一家獨尊。中國先秦時代百家爭鳴的局面確實從表面上開創了中國學術思想對話的黃金時代，可惜他們實質上都是為了王霸之術，一旦王霸之業成，百家爭鳴也就變為一枝獨秀，如漢初的黃老之學，漢武帝時代的「罷黜百家，獨尊儒術」。獨尊則高傲自負、孤僻狹隘、霸道自私，為達到自己的目的，特別容易要求別人去掉私利而利他。這樣，別人就成為自己玩於股掌的工具，自己就可以草菅人命、蔑視規則。更為可悲的是，中國傳統功利思想在被禁錮於自然血緣、家國同構的範圍內的同時，自覺自願地透過自己對這種禁錮的神聖性的論證而進一步加強了這種禁錮。主流思想的儒家的「仁學」實際上也就是「關係學」，它不過是自然家族內部的親情孝道：「仁者人也，親親為大」，

　　並透過「老吾老以及人之老，幼吾幼以及人之幼」而「治天下可運於掌」。從根本上說，「治天下可運於掌」並不是「人情大於王法」，而是王法本身

就是建立在宗法等級制的「人情」之上，並表達這種「人情」關係的。這就把自然血緣看作最高的倫理「仁」的根基。後來的儒家思想並沒有從根本上超越「仁」的自然性質。自然功利思想和封建專制制度下的父權政府互為表裡，形成一種超穩定結構，自由、理性和個性要突破它真是難於上青天。

透過這種超穩定結構，我們可以從三個層面把握中國自然功利思想的內涵和要義。其一，在這裡，國家君主的利益成為名正言順的大義，個人私利則成為和整個專制制度不相容的大惡。在皇帝看來，普天之下，莫非王土；率土之濱，莫非王臣。因此，皇帝懲治貪官汙吏只是為了把天下之利盡數收歸己有罷了。這裡唯有權、錢能通神甚至可以買命，真正的私人財產權和生命權卻得不到任何法律制度的保障，人民生活在朝令夕改、隨心所欲的人治之下。官僚、尤其是百姓的身家性命賤如草芥，毫無保障，隨時隨地可能被王權剝奪。可是，人是社會的存在，人要生活，要有自己私人的生活資料。這雖然是「不義」，但其實質又是合乎人性的，人們不可能不追求這種「不義」。這就導致在實際生活中，由於個人私利得不到道義輿論和法律制度的合法支持，人們不得不在滿口仁義道德的掩蓋下追逐私利，甚至急功近利、不擇手段地瘋狂斂財，哪怕被誅滅九族也在所不惜。這就是儒學道義論披著仁義的外衣而占據主導思想地位的祕密所在。中國傳統主流功利思想在理論上一貫強調天下為公、以公滅私，而實際上卻唯利是圖的深層原因就在於此。

不過，一旦王權專制統治稍有鬆動，肯定利益正當性的合乎人性的思想就會破土而出。這就是儒學功利論長期佔有一席之地的人性根據。其二，從公利和私利的內涵來講，中國傳統的功利主義以私代公，公利也是私利——統治者的私利，私利也是私利——被統治者的私利，實質是公私不分。所以，中國傳統的功利主義不過是私利主義罷了。私利和私利的鬥爭只能是非理性的極端利己主義、經驗實用的勢利主義。因此，有錢有勢、光宗耀祖、忠臣孝子、堯舜明君成為中國人追求的理想人格，自由、個性、私有財產權卻得不到合法的保證，反而成為「不義」和罪惡。其三，從公利和私利的辯證關係來講，一個沒有真正私利的地方，何來公利？只能有冒充的虛假的公利，其本質上還是私利；反之，一個只有虛假公利的地方，何來私利？只能有虛假的私利，即沒有任何法律制度保障的隨時可以被暴力剝奪的沒有私有權甚

至生命權的私利。所謂「正其誼不謀其利,明其道不計其功」的實質不過是「父叫子亡,子不得不亡;君讓臣死,臣不得不死」罷了。這是一個沒有真正的私利、沒有真正的公利和人格尊嚴而只有皇權為所欲為的(如魯迅先生所說的)「吃人」的社會所奉行的功利主義。因此,中國傳統的功利主義只能稱之為自然的功利主義。

三、「同」的而非「和」的功利思想

中國的自然功利主義是以封建公有制為經濟基礎的皇權至上、公私不分的家天下和理論上的一家獨尊幾個環環相扣的環節構成的超穩定結構,因此它缺乏自我否定的張力,這決定著它是一種「同」的而非「和」的功利主義(這裡是指「和而不同」意義上的「同」、「和」)。這主要體現在以下幾個方面。

首先,墨法兵農諸家均以自然的封建王權為利益之根本,只能提供智者式的治國平天下的技術和人生的機巧,如兵家之道、農家之道等。它們本質上和儒家思想一樣都是建立在「我們」的自然血緣的根基上的,因此不可能給儒家功利思想提供有力的批判和反省,不可能促使它走向尊重人格生命和私有財產的自由功利主義。

其次,道禪兩家對義與利的態度與儒家有所不同,既不重利,也不崇義。道家的「聖人」、「至人」既「忘年忘義」,又「不就利、不違害」,禪門則鼓吹跳出三界外,不在五行中。道禪兩家追求的是完全擺脫義利羈絆的境界。實際上,這是一種自我陶醉的幻想。首先,之所以要忘利害,恰好證明自己在念念不忘利害,否則,就無須忘利害。其次,如果利害忘不了,又自以為忘了利害,則是自欺欺人的功利思想,這和儒家道義論本質上是一致的。最後,如果真的把利害摒除乾淨,完全超脫於義利之外,就不是人了。不是人了,當然可以和利害無關,這就是動物般的逍遙或虛無的寂滅。由於完全擺脫利義是不可能的,道禪思想不但起不到真正的批判作用,反而會把儒家思想推向更為虛偽的功利的深淵。實際上也是如此,這可以從實際生活中的大隱隱於市甚至隱於朝、放下屠刀立地成佛等現象以及理論上達到的以儒學為主的儒道禪三教合流的宋明理學兩個方面得到雙重確證。可見,道禪思想

不能像康德義務論那樣用超驗的道德形而上學的自由律對功利論的經驗論造成一種批判的糾正作用。

再次，中國封建社會中流行的宗教是以祖先崇拜與天神崇拜兩種形式並存為特徵的功利宗教。這種宗教的功利性質，一方面表現在按照宗廟之制確立大小宗，使祖先崇拜的宗教為鞏固現實政治的等級制服務，同時也透過加強祖先祭祀制度和共同血緣觀念，將作為封建國家體制的宗法制度抬高到不容懷疑的神聖地位，即所謂「祖宗之法不可違」。另一方面表現在它將鬼神當作現實政治和道德的立法者，使封建君主上升到天神代理人的位置，即所謂「君權神授」。這實質上和儒家思想是一致的，難怪馬克斯·韋伯稱之為儒教。民間流行的迷信觀念也普遍相信鬼神貪圖功利，此所謂「有錢能使鬼推磨」、「錢可通神」。人們崇信鬼神或佞佛學仙，實是學勢利、求功利。至今，中國民間敬神依然是為了讓神上天言好事，下界保平安，保佑自己升官發財、子孫滿堂，若稍不如意，就把神罵個狗血噴頭，因為神受了他的供奉卻沒有為他辦事。這樣，神就完全成了人們玩弄於股掌中的工具。這種宗教的功利性質本質上是儒家思想在信仰領域的伸展，不但不能對儒家思想起否定作用，反而會和儒家思想合流共同把自然的「我們」的功利滲透到信仰領域。

最後，最為關鍵的是，占據中國主導思想地位的儒家道義論和儒家功利論的實質都是功利思想，不具備自我否定的因素。儒家道義論強調義與利的對立，以義（公利）的名義壓制並反對私利，要求以公滅私。孔子、孟子、董仲舒等反對的主要是個人的私利。二程、朱、陸也都嚴格區分了義與利。程顥強調說：「大凡出義則入利，出利則入義，天下之事唯義利而已。」程頤更進一步，明確提出義利之辨即是公私之別，他說：「義與利只是個公與私也。才出義，便以利言也。」宋明理學尤其是二程認為義利（公私）是不相容的，乃至主張「存天理，滅人欲」，其實質依然是先秦的以公滅私，以義統利，只不過理論水平更高些、論證更為精緻些。

與孟子不言利的虛偽面目不同，荀子肯定個人利益存在的事實，他說：「義與利者，人之所兩有也。」他主張先義後利。但荀子比孟子更加露骨地

把孔子的仁改造為禮，而禮服從並來源於君王，因為荀子認為君王是萬物之源，是人道之極。荀子的先義後利的實質是個人（利益）服從君王（利益），真正的個人就這樣被他自己所設置的禮窒息了。至宋代，儒學功利論者把私人功利和公利都看作功利，在追求公利的同時也承認私利的重要性。明清時期，黃宗羲、顧炎武、唐甄、李贄等功利思想家，進一步主張廢除君主集權，提倡自由，各盡所能，維護私利。這裡具有接近邊沁、彌爾功利前身的合理利己主義者（如愛爾維修）的某種傾向。如果再往前跨一步的話，就有可能達到自由功利主義。但是，中國的功利思想卻到此止步了，再也沒能跨進以自由和個性為特色的功利主義。根本原因還在於儒家功利思想缺乏理性的自我反思、自我批判能力，他們雖然肯定「利慾可言」，卻從根本上主張「循公滅私」，以「我們」遮蔽「我」。可見，儒家功利論的根本價值取向是公利高於私利，其實質和儒家道義論一樣，仍然是為了王霸之道，根本沒有意識到平等獨立的人格、自由的思想和私有財產權的神聖性，也不可能主張從法治的角度解決這些問題，骨子裡依然主張人治和刑治。

歷史的事實是，宋明理學作為儒道禪三教合流的國家哲學，非但沒有產生出自由精神和契約精神，反而更進一步把儒家建立在自然血緣根基上的理論推向極端。「存天理、滅人欲」、「餓死事小，失節事大」的觀念成為主流意識，女性裹腳等違背人性的封建禮教成為絕對命令，而日益要求發展商業的浪潮卻被扼殺在搖籃之中。在明清王朝走向腐敗和閉關鎖國的同時，西方開始了文藝復興、宗教改革、啟蒙運動、資產階級革命的歷史進步。鴉片戰爭的炮聲宣告古老中國已被世界文明遠遠拋在了時代的後面。「五四」啟蒙運動又因救亡而中斷。近代中國政府成立後，外受西方帝國主義的封鎖，內有極「左」思想泛濫，特別是「文革」十年浩劫，結果「我們」又把「我」重重遮蔽起來。

近二十多年來，中國的功利思想才從以往的羞羞答答逐步走向公開化，功利主義和實用經驗主義在當今已成為一股強大思潮。儘管這種功利思想一定程度上擺脫了傳統功利思想的虛偽性和自欺性，但並沒有真正擺脫傳統功利思想的自然性和「同」的性質，它和傳統功利思想還有著千絲萬縷的聯繫。因此，一方面我們既要防止急功近利和無節制的慾望與享樂對於人類自己的

損害,即功利主義的自然方面,又要反對團體功利剝奪否定個人功利即「我們」的功利。因為它們同時又是「同」的功利思想的體現,所以,另一方面,我們要大膽吸取西方的自由精神、理性精神和超越精神,以改造傳統經驗的功利思想,構建具有自我調節能力、自我否定因素的新功利思想。這種新功利思想應該追求「我」和「我們」有機統一的功利,它應該既是自由的而非自然的功利思想,又是「和」而不「同」的功利思想。

補貧弱之弊,求富強之道——嚴復論近代中國之命運

面對近代中國「天崩地解」的嚴峻局勢,諸多有志之士為富國強兵、救亡圖存進行了可貴的探索和不懈的努力。其中,嚴復是第一個真正瞭解西方的近代思想家,他用資產階級的觀點看當時的中國,認為「夷之長技」是「形下之粗跡」,非「命脈之所在」,西方的根本在於學術和政治,其學術的精神是「黜偽而崇真」,政治的精神是「屈私以為公」,進而影響歸結到優秀的國民素質,「自由」則是貫穿於三者之間的靈魂。近代中國只有學習西方的這些根本精髓,才能真正補貧弱之弊、求富強之道。

一

嚴復在《論世變之亟》一文中深刻地指出,西方富強的根本「不外於學術則黜偽而崇真,於刑政則屈私以為公而已。斯二者,與中國理道初無異也。顧彼行之而常通,吾行之而常病者,則自由不自由異耳」。綱常名教是中國言論自由的桎梏,它「使林總之眾,勞筋力、出賦稅,俯首聽命於一二人之繩軛。而後是一二人者,乃得恣其無等之欲,以刻薄天下,屈至多之數以從其少,是則舊者所謂禮,所謂秩序與紀綱也,則吾儕小人,又安用其禮經為!且吾子向謂富強者,富強此一二人至少之數也;而西國所謂富強者,舉通國言之,至多之數也」。這是近代中國落後貧弱的一個根本原因。欲富國強兵,必先自提倡自由民主,反對封建專制始。

道德哲學理論
第四篇 中國傳統倫理思想探究

　　自由的基本內涵是人人平等相處，人人張揚個性，君民一體，上下齊心，恪盡職守，互不侵擾。「自由者，各盡其天賦之能事，而自承之功過者也。」具體講，自由是無法之自由和有法之自由的有機統一。「捐忌諱，去煩苛，決壅敝，人人得以行其意，伸其言，上下之勢不相懸，君不甚尊，民不甚賤，而聯若一體者」是無法之自由。其精髓在於言行以理真事實為標準，不隨聲附和、人云亦云，也不屈從於任何權勢和名利。「須知言論自繇，只是平實地說實話真理，一不為古人所欺，二不為權勢所欺而已，使理真事實，雖出之仇敵，不可廢也；使理謬事誣，雖以君父，不可從也，此之謂自繇。」嚴復以理真事實為標準，不以聖賢君父為準則，似乎古希臘哲人亞里斯多德的「我愛我師，我更愛真理」的吶喊在古老的東方再次響起，這是針對當時禁錮近代中國思想的宋明理學的大膽否定，也是對封建禮教的猛烈攻擊。有法之自由則是「自其官工商章程明備觀之，則人知其職，不督而辦，事至纖悉，莫不備舉，進退作息，未或失節，無間遠邇，朝令夕改，而人不以為煩」。就是說，真正的自由不是絕對自由，不是隨心所欲、為所欲為，而是有限度的自由。

　　其一，從實踐來講，一方自由以不侵害其他方自由為度。就倫理的基本問題而言，「為善為惡，一切皆自本身起義，誰復禁之？但自入群而後，我自繇者人亦自繇，使無限制約束，便入強權世界，而相衝突。故曰人得自繇而必以他人之自繇為界，此則大學絜矩之道，君子所以平天下者矣」。從天賦人權論的角度看，「彼西人之演曰：唯天生民各具賦稟，得自由者乃為全受。故人人各得自由，國國各得自由，第務令毋相侵損而已。侵人自由者，斯為逆天理，賊人道」。

　　其二，從價值目標講，自由是為善的自由，絕不是行惡的自由。「自繇云者，乃自繇與為善，非自繇於為惡。」嚴復吸取了西方的自由思想，摒棄了西方人性惡的觀點，融入了儒家「己所不欲，勿施於人」、「己欲立而立人，己欲達而達人」的忠恕之道和人性善的思想，獨立闡述了頗具儒家特點的有法之自由。這是對明清以來啟蒙思潮的進一步發展，是針對「人治」導致的隨心所欲、專制黑暗所放的一枝響箭，它企圖限制封建王權的無限的惡性膨脹給中國帶來的深重災難，為重重封建枷鎖所捆綁的中國人爭取人的

尊嚴和價值，進而實現國民的強大。嚴復的自由是具有啟蒙性質的自由觀，他不是絕對自由論者，主張有限度的相對的自由，並結合近代中國實際對自由做了層次上的考察論證，成為近代中國爭取自由的理論先驅和啟蒙者。

嚴復深知，封建宗法專制是中國貧弱不興的政治根源，更是自由民主的死敵。故欲求自由民主，必先剷除專制毒瘤，倡導民主政治。

專制是中國貧弱的政治根源，民主是西方富強的政治基本。「乃至立憲民主，非貴族非君上。貴族君上，與此之時，同束於法制之中，固無從以肆虐。故所與爭者乃在社會，乃在國群乃在流俗。」嚴復認為，近代中國與西方列強歷次戰爭屢戰屢敗、喪師辱國的政治根源在於中國的封建專制落後於西方的資產階級民主法制。他比較中西政治制度的根本價值取向之優劣說：「西洋之言治者曰：『國者，斯民之公產者也，王侯將相者，通國之公僕隸也。』而中國之尊王者曰：『天子富有四海，臣妾億兆。』臣妾者，其文之故訓猶奴虜也。夫如是則西洋之民，其尊且貴也，過於王侯將相，而我國之民，其卑且賤，皆奴產子也。設有戰鬥之事，彼其民為公產公利自為鬥也，而中國則奴為其主鬥耳，夫驅奴虜以鬥貴人，固何所往而不敗？」最為可怕的是，封建專制直接導致精神的頹廢奴化，以致私心奴性、叛國害民，「夫今日中國之事，其可為太息流涕者，亦已多矣。」

而人心渙散，各顧己私，無護念同種忠君愛國之誠，最可哀痛」。而「真實民主之國，其兵所以最強者，蓋其事雖曰公戰，實同私事。所保者公共之產業國土，所伐者通國之蟊賊仇讎。勝則皆樂而榮，敗則皆憂而辱，此所以臨陣爭先，雖挫而不潰也」。自由民主能培養公心公德、愛國愛民之民族大義和國家精神，使其「先國而後身，先群而後己，則一身雖不利，猶可以及其子孫。況夫富強之國，其身之未必不利也哉，特一轉移之間耳！」嚴復比較民主法制對富國強兵的有力促進作用和專制愚昧帶來的貧國弱兵的嚴重後果，認為西方資本主義民主政治優於中國封建宗法政治，有力地得出了廢除封建專制，建立立憲民主的革命性結論，具有較強的戰鬥性。

美國學者施活茨曾就此指出，嚴復「渴望中國富強，渴望中國人能有普羅米修斯的精神。在這一方面，他求救於西方」。的確，「先國而後身，先

群而後己」、「護念同種忠君愛國之誠」正是嚴復所渴求的中國人的普羅米修斯精神，這種民族精神也正是使中國富強起來的強大動力和不竭源泉。由於長期的落後挨打，近代中國逐步喪失以至缺乏這種強烈的民族精神。這種缺失反過來成為阻礙近代中國發展的精神枷鎖。嚴復這一思想如一聲驚雷，在當時起著解放思想的重大作用。不過，嚴復如同康德一樣，雖然提出了反封建的思想和理論，卻忽略了歷史進步的決定力量——人民百姓，只能停留在思想造反的階段。這是近代中國資產階級力量弱小的歷史狀況在思想領域裡的表現。

二

嚴復在《救亡決論》中提出，與務實事、重功用的西方文化相比，中國文化高於西學而無實、繁於西學而無用，這是中國貧困落後的又一根本所在。

嚴復痛批舊文化之弊說：「華風之弊，八字盡之，始於作偽，終於無恥。……贏李以小人而陵轢倉生，六經五子以君子而束縛天下，後世其用意雖有公私之分，而崇尚我法，劫持天下，使天下必從己，而無或敢為異同者則均也。以其劫持，遂生作偽；以其作偽，而是非淆，廉恥喪，天下之弊乃至不可復振也。」在批評舊文化之弊的基礎上，嚴復還批評了當時兩種主要的文化思想。他首先運用進化論哲學思想批評了「天不變，道亦不變」的形而上學的歷史靜止論。他認為天地無時不變，「所不變者，獨道而已。雖然，道固有其不變者，又非俗儒之所謂道也」。為善而變才是不變之道，其精義在於為我自由、兼愛克己、和群利安、厚生進化，這個「不變之道」本質上是改造過的進化論的道。這就從哲學基礎上否定了守舊好古、反對更新的理論基礎。他進一步分析說：「世變日亟，一事之來，不特為祖宗所不及知，且為聖智所不及料。」應追祖宗的靈活精神，不拘古制，與時進化，反對守祖宗之死法制，「不法祖宗，正所以深法祖宗」。嚴復還從中國哲學的古老範疇「體、用」關係的角度，批評了當時洋務派的中體西用、政本藝末的學習西方文化的理論思想：「體用者，即一物而言之也。有牛之體，則有負重之用；有馬之體，則有致遠之用。未聞以牛為體，以馬為用者也。……故中學有中學之體用，西學有西學之體用，分之則並立，合之則兩亡。……其曰

政本而藝末也,愈所謂倒錯亂者矣。」他又多角度地比較中西文化的優劣說:「嘗謂中西事理,其最不同而斷乎不可合者,莫大於中之人好古而忽今,西之人力今以勝古;⋯⋯中國最重三綱,而西人首倡平等;中國親親,而西人尚賢;中國以孝治天下,而西人以公之治天下;中國尊主,而西人隆民;中國貴一道而通同風,西人喜黨居而洲處;中國多忌諱,而西人眾譏評。

其與財用也,中國重節流,而西人重開源;中國追淳樸,而西人求歡虞。其接物也,中國美謙屈,而西人務發舒;中國尚節文,而西人樂簡易。其與為學也,中國誇多識,而西人尊新知。其與禍災也,中國委天數,而西人恃人力。」文化的改變是最根本的,危亡救存之際必須借用學習貴進重公的西方文化,以改造主舊好私的中國文化。

嚴復認為,學習西方文化的基本原則是務求其真、融會貫通、以為我用。他主張西體西用、藝本政末,重科學技術、倡科學精神,學習西方文化之真精神。「且其所謂藝者,非指科學乎?名、數、質、力,四者皆科學也。⋯⋯而西政之善者,即本斯而立。⋯⋯中國之政,所以日行其絀,不足爭存者,亦坐不本科學,而與通理公例違行故耳。是故以科學為藝,而西藝實西政之本。⋯⋯且西藝又何可末乎?⋯⋯一一皆富強之實資,邇者中國亦嘗儀襲而取之矣,而其所以無效者,正坐為之政者,於其藝學一無所通,不通而欲執其本,此國財之所以糜,而民主之所以病也。」必須重視經濟金融和交通運輸等富強之基本。嚴復總結說,西學之道在於「一理之明,一法之立,必驗之物物事事而皆然,而後定之為不易。其所驗也貴多,故博大;其收效也必恆,故悠久;其究極也,必道通為一,左右逢源,故高明。方其治之也,成見必不可居,飾詞必不可用,不敢絲毫主張,不得稍行武斷,必勤必耐,必公必虛,而後有以造其至精之域,踐其至實之途」。簡而言之,重實驗,貴效用,究真極,以勤耐公虛之精神,求至精至實之目的。

無獨有偶,馬克斯・韋伯在《儒教與道教》中指出,「貿易自由主義」的道家只能培養出隱士、道士;世俗實用主義的儒家,培養出來的是書呆子。他們都是進行著不從事創造財富的生產活動,完全沒有「天職倫理」的敬業精神。因此,同西方相比,雖然「中國有大量十分有利於資本主義產生的條

件，……可是，中國沒有造就這樣的資本主義」。阻礙近代中國走向資本主義的「心態」就是儒道文化固有的消極成分，而西方正是靠清教倫理的天職觀培養了資本主義精神，走向了資本主義。嚴復和韋伯都主要是站在西方文化的角度，以比較的方法，著重揭示了中國文化的消極方面及其在轉向商品經濟的近代化過程中的阻礙作用。不同的是，嚴復的文化觀的直接目的是為啟蒙國民、救亡圖存的現實吶喊論證；韋伯的文化觀主要是透過否定中國文化的消極因素，論證清教倫理的資本主義精神，為西方發展資本主義服務的。可見，為誰服務是文化觀的根本問題。

在中國思想史上，嚴復首次站在西方文化的角度，分析了中國文化的弱點，批判了當時守舊和改良的文化思想，並對中西文化進行了詳盡深刻的比較論證，以西方文化的優點和先進，痛斥了中國文化的落後和缺失，試圖借用西方文化改造中國文化，以求富強之道。但他並沒有闡釋西方文化的不足和劣勢，也很少論述中國文化的精華和優勢。一方面，是因為嚴復的文化基點是西方文化，其文化觀的指導思想是西方進化論哲學思想，而不是也不可能是唯物辯證法，這就決定了他不可能對中西文化有全面辯證的分析理解。另一個更重要的現實根據是近代中國落後挨打、積貧積弱，面臨著亡國滅種的危險，保種強國、救亡圖存成為嚴復文化思想的直接任務。嚴復為了確立自己的文化思想，必須批判夜郎自大的頑固守舊勢力和進退兩難的改良力量，大力宣傳西方文化的先進以對比中國文化的落後。事實上，任何文化觀都是為現實需要服務的，沒有脫離歷史的純粹的文化思想。嚴復文化思想強烈關注現實的突出問題，透出濃厚的愛國主義情懷，這正是其文化思想的重要價值。中西文化的衝突和交融自近代以來一直是我們關注的焦點。嚴復的文化思想給我們的最重要的啟迪是，文化首先是為現實服務的。我們的文化思想必然建立在為當前全面建設小康社會這個核心的現實任務的根本上。依據這個根本，對中西文化各自的優劣進行辯證的分析，決定取捨並創新發展。中西文化的劣勢和不足當然要拋棄，但對中西文化的長處和優勢也不能完全繼承或肯定。應根據現實的根本任務鑑別選擇，不能為中國社會現實服務的中西文化的長處和優勢部分同樣要拋棄。要吸收的是能為中國現實服務的中西文化的長處和優勢部分，並在此基礎上與時俱進，不斷創新。

三

　　嚴復痛感當時國民素質低下是中國貧弱的又一根源。「今夫民智已下矣，民德已衰矣，民力已困矣。有一二人焉，謂能旦暮為之，無是理也。何則？有一倡而無群和了。是故雖有善政，莫之能行。」他以進化論哲學為理論武器，指出「人欲圖存，必用其才力心思，以與是妨生者為鬥。負者日退，而勝者日昌。勝者非他，智德力三者皆大是耳」。欲富國強兵、救亡圖存，必須反對愚昧落後，開民智、新民德、鼓民力，全面提高國民素質，才能使西方「屈私以為公而已」的政治精神、「黜偽而崇真」的文化精神真正在中國確實實施。

　　其中，又以民智治愚為最急。「何則？所以使吾日有貧弱之道而不自知者，徒以愚耳。」欲免民智卑下之禍患，「為今之計，唯急從教育上著手，庶幾逐漸更新也」。這就是嚴復著名的教育救國論。「繼今日，凡可以愈愚者，將竭力盡氣皸手繭足以求之。唯求之能得，不暇問其中若西也，不必計其新若故也。有一道於此，致吾於愚矣，且由愚而得貧弱，雖出於父祖之親，君師之嚴，猶將棄之，等而下者無論已。有一道於此，足以愈愚矣，且由是而療貧起弱焉，雖出於夷狄禽獸，猶將師之，等而上焉者無論已。」國家強弱的根本不在物質技術，在於國民素質的優劣。先進的科學經濟文明都是人的產物，國民素質才是根本之根本。此論點精闢深刻，發人深省。

　　針對中國民品之劣，嚴復主要強調培養公德。首先要明損人利己之害，行兩利為利之道。他痛心地指出：「今夫中國人與人相與之際，至難言矣。知損彼之為己利，而不知彼此之兩無損而共利焉，然後為大利也。故其弊也，至於上下舉不能自由，皆無以自利；而富強之政，亦無以行與其中。」嚴復特別從社會學的角度強調國家、集體、個人之間的重要關係說：「積人而成群，合群而成國，國之興也，必其一群之人，上自君相，下至齊民，人人皆求所以強，而不自甘於弱；人人皆求所以智，而不自安於愚。……泰西各國所以富且強者，豈其君臣一二人之才之力有以致此哉？亦其群之各自為謀也。」因而，要群智群謀，求智圖強，不甘愚弱。嚴復敏銳地把握了中西人民品格的根本差異，在於西方重公德、中方重私德。中國人民品德的弱點在於公德，

並影響私德。真正的優良人民品德應是公德私德兼備，且公德優於私德。公德的核心是愛國敬業，是決定國家強弱的精神力量。培養公德的確是富國強兵的重要道路和當務之急。

解放婦女，進種優民是更根本意義上的富國強兵、全面提高民智民德民力之舉。「夫天下之事，莫大於進種。」嚴復認為，學問是人所以異於禽獸之處，中國女子多為文盲，累及男子及子孫後代，實是亡國滅種之又一禍端。他痛心疾首地指出，中國「婦女居其半；婦女不識字者，又居十之九。……一家數口，恃男子以為養，女子無由分任。遷流即極，男子亦不能自養，而又仰不他人。展轉無窮，相煦以沫，蓋皆分利之人也。……國弱民貧，實皆於是」。更可怕的是「積數十人或數百人以累一人，……而有志者必先死，因而劣者反傳，而優者反滅。然若優者盡死，則劣者亦必不能自存，滅種是矣。……退之不已，可以自滅，況加以白人之逼迫哉！」但造成如此慘痛局面的根源並不是女子天生愚笨，而是罪惡的封建禮教所致。他痛斥中國的夫妻關係的實質是男對女的奴役關係，「至於夫婦，僅可謂之男女，而不能謂之夫婦。

其始也，拈鬮探籌以得之，無學問性情之素也；其既也，愛則飾之以花鳥，怨則踐之以牛馬，法則防之以盜賊，禮則責之以聖賢。……觀《大清律例》中，死刑由於男女者，幾及十之六七焉」。欲改變此慘痛局面，須學習借鑑西方較為進步的「擇種留良之說」，賦予女子自強之權，尤其是教育權。廢除買妾之制和買賣婚姻，倡導一夫一妻、婚姻自主、尊重女性、男女平等、進種強國。「使中國之婦女強，為國政至深之根本。」嚴復第一次從進化論的高度，把男女平等和進種優民、國富民強的重大現實問題聯繫起來，對封建禮教重男輕女、夫為妻綱的男權思想給予了毀滅性的重創。這是自明末李贄倡導男女平等以來發出的最強聲音，它開啟了近代解放婦女、提高國民素質的先河，為「五四」時期的思想解放運動尤其是婦女解放思潮奠定了理論基礎。

補貧弱之弊、求富強之道是嚴復思想的主題和命脈所在，也是嚴復思想的光輝和貢獻所在。與同時代的康有為、譚嗣同等進步思想家站在中學立場

看西學所不同的是，嚴復第一次站在西學的立場上，以西學之優比中學之劣，反對封建專制、提倡民主自由；反對愚昧落後、提倡科學進步。

因此，其見解更為獨到，其洞察更為深刻，其意義更為深遠，其地位也更為顯赫。

論荀子與黑格爾倫理思想的根本差異——與吾淳先生商榷

吾淳先生在《荀子與黑格爾倫理思想共同點之比較》一文（以下簡稱「吾文」）中認為荀子與黑格爾倫理思想有諸多共同點：都給倫理學以人性惡的生物學證明和社會學證明，都主張社會整體對於個體的決定意義，都主張透過教育和法律的途徑作為倫理實現的條件。讀後頗受教益，但仔細推敲，卻發現實際情況並非如此。本文主要就吾文提出的上述幾個方面進行分析，指出荀子與黑格爾倫理思想的這些表面的共同點背後潛藏著根本性的差異，並以此文求教於吾先生和學界諸同仁。

一、黑格爾與荀子關於倫理學說的人性論證明的根本差異

吾文認為：「荀子與黑格爾都認為人性是惡的」，他們都以人性惡為出發點，給倫理學以生物學證明。此說表面上似乎很有道理，實際上卻不然。

人性論有三個層面：人性是什麼？這屬於事實判斷；人性應當如何？這屬於價值判斷；如何從人性的「是」推出人性的「應當」並把二者統一起來？這是人性論的真正完成。

我們先來看荀子的人性論。

①人性是什麼？荀子認為「凡性者天之就也，……不可學不可事而在人者謂之性」（《荀子·性惡》，以下僅注篇名）。性者，「生之所以然者」（《正名》），「本始材樸也」（《禮論》）。可見，荀子是以生而共有、不學而能的自然本能為人性的。

②人性應當如何？荀子認為人性（人的自然本能）是惡的，「今人之性，生而離其樸，離其質，必失而喪之。用此觀之，然則性惡明矣」（《性惡》）。同時，荀子也明確肯定人有向善的可能性，不過這在他看來卻是惡。他說：「人之欲為善者，為性惡也。」（《性惡》）「欲為善」就是有向善的要求，有向善的要求似乎可以證明性善，荀子卻用它證明性惡，在邏輯上不能自圓其說。

③如何從人性的「是」推出人性的「應當」？荀子根本沒有也不可能意識到休謨所提出的從事實判斷推不出價值判斷的「休謨問題」，他當然也不可能意識到人性論的這個層面問題，更談不上次答。他是直接把人性的自然事實等同於人性的價值判斷（惡）的。如果他的理論能夠成立的話，試問如何從惡中培育出善來？如何「化性起偽」？如果能的話，則恰好證明人性不是本惡的，而是包含有善的。這是荀子的人性論不可克服的矛盾。這就決定了荀子與黑格爾在人性論的證明方式和思想實質上都存在著天壤之別。

首先，黑格爾與荀子的人性論的批評對象不同。荀子的性惡論是在和它處在同一知性思維水平上的（主要是孟子的）性善論的爭論中提出的。黑格爾的人性論，是在批判人性善、人性惡的知性思維方式的靜態人性論基礎上進行的。我在《關於黑格爾的善的思想》一文中認為，黑格爾批判人性本善的錯誤在於僅僅停留在肯定的純善上，它無法回應意志何以也可能是惡的這一致命問題的挑戰。性惡論認為人性純惡，它同樣也難以回應「意志何以可能也是善的」這一致命問題的挑戰。

這兩種人性論的根本失足在於形而上學的機械的思維方式，它們從外在的概念或事物中去尋求內在的矛盾或對立面，卻從來不認為意志自身就包含有差別和矛盾，其結果必然走向善和惡的外在對立。雖然黑格爾並不是有意針對荀子的，但荀子的性惡論及他所反對的性善論都屬於黑格爾所批判的人性論模式。

其次，黑格爾正是在揚棄性善論和性惡論的基礎上，提出了與荀子靜態人性論不同的動態人性論來證明其倫理思想的。在回答關於人性是什麼的問題上，和荀子簡單狹隘地把自然本能看作人性不同，黑格爾揚棄康德的思想，

把人性看作一個自然和精神相統一的過程。人性不是純善或純惡，而是有內在差別的動態變化著的過程。黑格爾明確地說：「孩子天生既不惡也不善，因為他開始既沒有關於善的知識，也沒有關於惡的知識。這種無知的天真也許會可笑地被認作理想並渴望回到這種狀態去；這種天真是無價值的和短命的。很快在孩子那裡就出現了固執和惡行。這種固執和惡行的萌芽必須透過管教來打破和消滅。」在人性的精神事實不斷揚棄人性的自然事實時，也就展開了善惡的鬥爭。這就涉及人性應當如何的問題。和荀子獨斷地認為人性惡不同，黑格爾認為，分析善惡和人性應該從意志的概念的觀點出發。意志的本質規定是自由，自由本身具有差別的規定即自然。因此，意志是自由意志和自然意志的統一體。自然意志自在地是一種矛盾，它要進行自我區分，由潛在的而成為現實的，由事實領域進入價值領域，它就含有不自由的規定，如私慾、激情、慾望等，和意志的普遍性即善相對立，從而是惡的。正是這種作為惡對善的否定性，構成意志的內在矛盾，推動著意志透過自我否定而設定或揚棄自己，使自我揚棄特殊性、自然性，不斷向普遍性、精神性提升。這就從邏輯的角度回答了人性應當是趨善避惡的自由存在。在黑格爾這裡，人性的邏輯和歷史的統一就是對人性是什麼和人性應當如何的統一。黑格爾認為，從歷史的角度看，善惡不是原始的天然觀念，而是歷史發展到精神階段的產物。在人類社會和國家出現之前，人們處在一種無善無惡的自然生活狀態。黑格爾說：「罪惡生於自覺，這是一個深刻的真理：因為禽獸是無所謂善或惡的；單純的自然人也是無所謂善或者惡的。」善惡正是自覺和認識從感官性裡分別出來的，和感官性互相為正反兩面的，發展它自己的思想的活動而被發現。荀子根本沒有也不可能意識到人性論的這個環節，更不可能從邏輯和歷史相統一的角度回答這個問題。

最後，需要特別說明的是，在黑格爾時代，休謨問題已經提出，康德做出了消極的回應，他把理論理性（事實領域）和實踐理性（價值領域）嚴格區分開來，進一步把休謨問題明朗化。經過了康德批判哲學洗禮的黑格爾不滿意這種回應，他揚棄傳統的形式邏輯和康德的先驗邏輯，創立辯證邏輯，獨創性地運用邏輯和歷史相統一的方法解決人性的事實判斷、價值判斷及其關係問題。可以說，這是對休謨問題的較好回應。荀子的人性論在黑格爾的

體系中只不過是靜態的感性人性論。可見，他們的人性論的歷史地位和理論價值也具有本質的不同。這也就決定了他們關於倫理學的社會學證明的根本差異。

二、黑格爾與荀子關於倫理學說的社會學證明的根本差異

　　吾文認為，關於人的社會屬性問題，「與荀子一樣，黑格爾也從人的社會屬性出發，強調社會整體對於個體的決定意義」、「荀子與黑格爾都指出了人的社會屬性，這實際是給予人性以社會學證明」，這也就是「荀子與黑格爾倫理學說的社會學證明」。實際上，荀子和黑格爾關於人的社會屬性的觀點是有巨大差異的。

　　首先，在社會屬性是否是人性的問題上，荀子只把人的自然本能作為人性，而沒有把人的社會屬性看作人性。在黑格爾這裡，人性是一個自然性和精神性相鬥爭的過程，其中人的社會屬性屬於精神性，它不但是人性而且還是人性的高級層面。

　　其次，倫理學的社會學證明方式的根本差異。表面上看，誠如吾文所言，荀子似乎認為禮源於「群」和「分」。但是，荀子的真正目的是透過「群」和「分」來論證禮的必要性，進而論證先王聖君制定禮的神聖性和崇高性。荀子說：「人之生不能無群，群而無分則爭，爭則亂，亂則窮矣。故無分者，人之大害也；有分者，天下之本利也；而人君者，所以管分之樞要也。」（《富國》）顯然，「群」、「分」只是禮起源的可能性、必要性，如果沒有聖君先王出於對百姓的「高尚」關懷和神聖地位而制定出禮的話，禮還是不能產生的。荀子毫不掩飾自己的這一觀點，他說：「君子者，禮義之始也。」（《王制》）只有君子才是金口玉言的立法者，普通百姓只有俯首聽命，否則，就是禍亂不祥之根源。可見，荀子的社會學論證是非邏輯的經驗的敘述，並不是真的論證。整個敘事過程缺乏嚴密的邏輯性不說，其根本目的是裝神弄鬼地企圖把聖人君子的所謂禮法提升為絕對不可懷疑、不可動搖的天經地義。這與其說是社會學論證，不如說是社會學布道。

黑格爾的社會學論證，嚴格說來是邏輯學（辯證邏輯）的論證。他用普遍性、特殊性和個別性三個環節來論證倫理實體（同時也是倫理主體）的三個環節：家庭、市民社會、國家。黑格爾認為，倫理實體就是倫理主體，它們構成一個倫理有機體思想體系。但他缺少感性實踐的本體論的證明，這是馬克思完成的。關於這一點，拙文《簡析黑格爾的倫理有機體思想》有較詳細的論證，茲不贅述。

再次，在社會整體和個體的關係上，黑格爾與荀子的觀點也是對立的。

荀子表面上好像強調社會整體對於個體的決定意義，實際上強調的是聖君先王這個個體對於普通百姓這個整體的決定意義。荀子自己說得明白：「天地者，生之始也；禮儀者，治之始也；君子者，禮儀之始也。為之，貫之，積重之，致好之者，君子之始也。故天地生君子，君子理天地；君子者，天地之參也，萬物之始也，民之父母也。」（《王制》）因此，作為個體的聖人君子是凌駕於社會整體之上、不受社會整體約束的神聖立法者。其實，荀子拚命攻擊孟子的性善論的根本用意就在於為了用性惡論論證萬民必須服從聖王、禮義的絕對必要性，誠如所言：「性善則去聖王，息禮義矣；性惡則與聖王，貴禮義矣。」（《性惡》）社會整體對於個體的決定意義僅僅在於禮刑對於普通民眾的決定意義，其決定權在君子聖人手中。這一思想的實質是君子聖人對普通百姓具有決定意義，是個體對整體具有決定意義。它是典型的反人道的專制理論、吃人理論。這是黑格爾所批判的只有一個人有權力的東方世界的經典理論表述之一。

在個體和整體的關係上，黑格爾表面上似乎主張整體對個體的決定意義，實質上強調二者的統一。黑格爾既反對古代社會只有「我們」沒有「我」的思想，也反對近代社會只有「我」沒有「我們」的思想，主張「我」和「我們」相統一的倫理有機體的觀點。一方面，黑格爾認為，作為國家的公民，個人的尊嚴和特殊目的的全部穩定性都以國家為根本。在這個意義上，黑格爾甚至強調「單個人是次要的，他必須獻身於倫理整體。所以國家要求個人獻出生命的時候，他就得獻出生命」。

另一方面，黑格爾認為，作為整體的國家包含著特殊的個體，如果個人的特殊目的不與國家的普遍目的相同一，國家就等於空中樓閣。因此，「特殊利益不應該被擱置一邊，或竟受到壓制，而應同普遍物符合一致，使它本身和普遍物都被保存著」。黑格爾還特別指出，君主作為私人也必須服從國家，不能凌駕於國家和法律之上。而且，這種整體和個體的關係還必須在精神哲學中經受考驗和提升，最終要經受人類絕對精神的審判。在黑格爾這裡，只有不斷運動、不斷自我否定的絕對精神才是最高標準。這和荀子片面強調聖君個體的僵死的禮刑對百姓整體的決定力量和絕對權威的思想是根本不同的。

最後，需要提及的是，除了吾文認為的兩種證明外，荀子和黑格爾還都對倫理學進行了本體論證明，但證明方式也是截然不同的。荀子認為聖人君子是萬物之本體，也是禮之本源。他說：「君子者，天地之參也，萬物之總也，民之父母也。」（《王制》）「聖人者，人道之極也。」（《禮論》）如果說荀子堅持的是自然的個體本體論證明，黑格爾堅持的則是邏輯學、認識論、本體論相統一的精神本體論證明，他從邏輯學推出自然，由此進入精神哲學的主觀精神，從主觀精神推出客觀精神（由抽象法、道德和倫理三個環節構成的倫理有機體），並把客觀精神提升到絕對精神的領域。當然，他們都沒有達到馬克思的實踐本體論的高度，但黑格爾已經非常接近它了，而荀子還相去甚遠。

荀子和黑格爾關於倫理學論證方式上的不同，更具體地體現為他們關於倫理問題的基本認識的差異。

三、黑格爾與荀子關於倫理問題的基本認識的根本差異

吾文認為，荀子的「禮」所側重的主要不是內在的德性，而是外在的社會秩序與規範，「與荀子相比，黑格爾對於倫理的認識主要是透過與道德的比較而展開的，……但若仔細推敲，黑格爾所闡述的倫理諸特徵即普遍性、現實性和具體性，其實也都是蘊含於荀子的思考之中的」。是這樣的嗎？

首先，黑格爾的倫理與荀子的禮的內涵根本不同。

荀子關於倫理問題的根本範疇是「禮」。如前所述，荀子的「禮」所關心的社會秩序與規範只是一個很表層的方面，其要害在於「禮」從根本上來自並決定於聖王君子。具體來講，荀子的「禮」有如下兩個層面的涵義：

（1）從內容上講，禮是指倫理道德、政治、刑罰的最高原則和根本大法，「禮者，人道之極也」。（《禮論》）「禮者，貴賤有等；長幼有差，貧富輕重皆有稱者也。」（《富國》）禮是由先王聖君標示出的治或亂的界限，是確定上下貴賤的等級差別並確定人類生活方式的文理或法式，是維護封建制度的等級規範制度，所謂「禮者，其表也，先王以禮表天下之亂，今廢禮者，是去表也」。（《大略》）

（2）從功能上講，禮是維護聖君王者的專制霸權的最高統治工具。荀子說：「人無禮則不生，事無禮則不成，國家無禮則不寧。」（《修身》）「禮之所以正國也。」（《富國》）一方面，荀子主張禮法（實即刑）並舉，但認為禮是高於刑的統治術，刑要以禮為根據。另一方面，荀子倡導普通人要以禮養情，值得注意的是，儘管禮的地位如此之高，但「禮莫大於聖王。」（《非相》）因為聖王是禮的來源、根據和服務目的，禮只不過是聖王制定的統治萬民的工具而已。以禮養情的目的就在於希望萬民能夠自覺地成為「禮」（實即聖君）的奴才和順民。顯然，荀子的禮法的實質是蔑視人權、以人為工具的禮刑，他根本沒有以權利義務為基礎的現代法治思想，更不可能有以人為本的德治思想。荀子的禮刑並舉是真切真實的刑治和人治。

總之，荀子的禮是靜態的、平面的，是與政治、刑罰、自然混淆在一起的經驗的統治技巧和駕馭社會的秩序大法。黑格爾的倫理則是一個自由意志貫穿始終，由抽象法（包括風俗習慣）、道德、倫理三個環節構成的倫理有機體。與荀子把道德和自然、政治、刑罰混為一談不同，黑格爾在把道德和自然、政治、刑罰嚴格區分開來的基礎上，把道德、政治、法律都歸結為倫理。黑格爾的倫理把層次的區分和各層次間的內在聯繫有機統一起來，是一個有生命力的動態過程，它既符合個體的發展歷程，也符合人類整體的發展歷程。這是荀子的抽象的獨斷的倫理思想所無法比擬的。和荀子把禮看作道德之極不同，黑格爾把自由看作倫理的根本；和荀子把禮看作聖人的統治工具不同，

黑格爾把自由看作倫理的本質和目的，他甚至把拿破崙式的人物也看作馬背上的世界精神，看作自由精神的工具。因此，「倫理就是成為現存世界和自我意識本性的那種自由的概念」。如果說黑格爾的倫理是自由，荀子的禮則是對自由的箝制。

其次，黑格爾與荀子在倫理內涵方面的差異決定了二者倫理地位的根本不同。我曾把黑格爾的倫理概括為三個基本層次：客觀倫理（風俗禮教、抽象法）、主觀倫理（道德）和絕對倫理。黑格爾的倫理是由抽象到具體的不斷展開的發展過程：客觀倫理、主觀倫理和絕對倫理是一個肯定、否定、否定之否定的邏輯進程。絕對倫理揚棄了客觀倫理和主觀倫理並把二者包含於自身之內，達到了形式與內容的和解、邏輯與歷史的統一。在這個意義上，絕對倫理就是倫理有機體，就是真正的倫理。這就是黑格爾構建的倫理有機體，也就是黑格爾所闡述的倫理的諸特徵即普遍性、現實性和具體性的有機統一。荀子的倫理思想只能屬於客觀倫理的層次，還不能和黑格爾的倫理有機體思想相提並論，更不可能把黑格爾的這一思想蘊含於自己的思考之中。

四、黑格爾與荀子關於倫理實現的條件的根本差異

吾文認為，在倫理的實現途徑上，黑格爾與荀子看法相似，他們都把教育和法律作為倫理實現的條件。實際上，他們的教育和法律的內涵是根本不同的。

首先，黑格爾的教育與荀子的教育的內涵根本不同。

荀子的教育即「化性起偽」。他認為，教化百姓要靠聖人君王。原因在於，禮源自聖人君王，「君者，民之原也；原清則流清，原濁則流濁。」（《王霸》）這樣看來，民的善惡道德完全取決於君的善惡。既然如此，就不需要教化百姓了，只需要教化君王即可。可是，君王是不需要教化的聖人和教化者。而且，人性既然是惡的，君王憑什麼能夠制定禮儀、引導善的道路呢？答案只能是，君王不是人。可是，荀子顯然認為君王是人，且承認「塗之人皆可為禹」（《性惡》）。如果君王是人，其人性也是惡的，他就沒有資格制定禮儀並成為萬民之原。這樣，荀子的道德教育根本不能進行。荀子的這種教育方式

本身缺少黑格爾的動態的歷史的分析和辯證的思考，連最起碼的自我反思意識都沒有，它是一種獨斷的填鴨式的強制措施。究其實質而言，荀子的教育主要是統治者造就順民的奴化訓練，是一種扼殺人性和道德的統治術。

和荀子的抽象的王霸之術的教育方式完全不同，黑格爾講的教育（Erziehung）主要指人類精神的自我訓練、自我磨礪，特別是歷史的訓練和磨礪，其次才指作為歷史環節之一的社會的倫理教育。黑格爾主要從個體成長、倫理有機體和人類發展三個角度展開教育的論述：

①人類個體的教育。黑格爾認為，人類個體經過了童年、青年、成年、老年的自然年齡進程，「透過這樣一個過程，就使靈魂的直接個別性成為與普遍東西相適應的，就使這個普遍東西在那個個別性中實現了出來，而這樣一來靈魂與自身的那個最初簡單的統一就被提高為由對立仲介了的統一，靈魂的起初抽象的普遍性就被發展成為具體的普遍性。這個發展過程就是教育（Erziehung）」。

②倫理有機體的教育。黑格爾認為，倫理有機體包括家庭、市民社會和國家三個倫理環節。個人在倫理有機體中接受訓練並改造著倫理有機體，使之充滿生命力。這種訓練和教化的過程就是善惡發展鬥爭的歷史，就是人類爭取至善自由的歷史。當人類脫離自然狀態進入社會狀態後，就進入了相對自由階段，但它是不斷朝著至善即自由發展的，即人類經過了一個人自由、一部分人自由和所有人自由的階段後又返回到自由的歷史訓練過程。

③歷史的訓練。

與個體的四個發展階段相對應，黑格爾認為人類歷史也經過了四個階段：東方世界、古希臘世界、羅馬世界、日耳曼世界。黑格爾說：「雖然世界在本質上必須承認是完成了的，可是它並不是一個僵死的東西，一個絕對靜止的東西，而是——如生命過程一樣——一個永遠重新創造著自己的東西，一個在只保持自己之際就同時前進著的東西。」人類的老年日耳曼世界和個體的老年狀態不同，它是自由的絕對精神的成熟狀態。當然，黑格爾的日耳曼世界老年論是應該加以批判的典型的歐洲中心論。

其次，黑格爾的法律與荀子的法律作為實現倫理途徑的內涵是根本不同的。荀子禮法並舉的實質是刑治和人治並舉的統治工具。在荀子這裡，一方面，禮法（刑）相通，二者都是對不同等級的規範規定。另一方面，禮高於法（刑），因為法以禮為大本，禮是法律條文的根據。刑治不過是「暴察之威」，靠它治國最多為霸；禮治則是「道德之威」，如果以禮治為本，就可以王天下。問題的關鍵是，禮法（刑）最終決定於聖王君子。荀子非常露骨地說：「有亂君，無亂國；有治人，無治法，……故法不能獨立，類不能自行；得其人則存，失其人則亡。法者、治之端也；君子者、法之原也。故有君子，則法雖省，足以遍矣；無君子，則法雖具，失先後之施，不能應事之變，足以亂矣。」（《君霸》）聖王君子比法重要，禮法統一於聖王君子，其實質是人治和刑治。

與荀子相反，黑格爾痛恨封建法律的封閉、濫用和神祕。黑格爾則強調公正和權利，強調權利和義務的統一，強調法律的自由本質，主張法律的公開性、正義性和可變性。黑格爾認為，自由是法的定準，法律是自在的是法的東西被設定在其客觀定準中。實定的法律即各種法律條文是黑格爾要揚棄的對象，卻是荀子要探求的根本問題。可見，黑格爾講的法律主張法治，反對人治，這和荀子把聖王看作禮刑的根據完全相反。荀子的刑治和人治的所謂禮法統一正是黑格爾深惡痛絕、大加批判的對象。

要言之：

①荀子的倫理思想是隨著所謂聖人的變化而變化的偶然性的個人的隨意規定，不過是實現政治統治的工具罷了，因此，它是靜態的封閉的。黑格爾的整個倫理思想只不過是其精神哲學的一個環節即客觀精神，它前納主觀精神之源流，後經絕對精神之洗禮，在哲學中才能達到真正的自由。因此，黑格爾的倫理思想整個來說是動態的、開放的。

②荀子的禮為諸德之綱，強調的是外在的社會規範，屬於康德批判的他律。黑格爾強調自律和他律相統一的自由倫理。如果根據黑格爾倫理的三個環節即抽象法、道德、倫理來看，荀子屬於抽象法的環節，康德屬於第二個

環節,黑格爾則屬於二者的合題。第三個環節(黑格爾)和第一個環節(荀子)雖然表面相似,卻有著本質的不同。

③無論從歷史背景、理論地位、思維方式、精神實質、影響價值上看,荀子與黑格爾的差異都是根本性的。甚至可以說,他們的倫理思想的可比性微乎其微,他們倫理思想的本質差異卻是一道極難踰越的鴻溝。

是為管見,不當之處,敬請吾先生和學界諸同仁批評指正。

道德哲學理論
第五篇 德國古典道德哲學探究

第五篇 德國古典道德哲學探究

康德的義務論辯正——兼論馬克思主義倫理學的自由本質

康德的義務論道德哲學，歷來是一個充滿歧見的話題。至今仍有不少人認為康德的義務論是和目的論絕對對立的形式主義的唯動機論，其實不然。要澄清這個問題，就必須從康德哲學思想的高度深入完整地研究康德的義務論，而不能停留於他的個別道德命題和說法。在我們看來，康德的義務論可歸結為對如下三個核心問題的回答：為什麼選擇義務論？什麼是義務論的義務？義務論是如何對待它自身和目的論的關係的？這其實是對同一個問題即「義務論如何可能？」的三個不同層面的回答。回答了這些問題，也就為探尋倫理學的本質奠定了基礎，進而為我們深刻理解馬克思的倫理思想、反思馬克思主義倫理學的自由本質提供了頗有價值的理論借鑑。

一

康德選擇義務論有其深厚的哲學倫理學背景。自泰勒斯以來，自然哲學或理論哲學就一直是西方哲學的主流。蘇格拉底試圖扭轉這種偏向，但沒有獲得根本性的成就。西方哲學在亞里斯多德那裡又走向了科學主義的途徑。尤其是近代以來，以培根的「知識就是力量」的口號為標誌的理論哲學，主要重視探討自然規律的認識論，它和近代自然科學一起更深層地淹沒了實踐哲學。在康德看來，這就是自然因果性對自由因果性的遮蔽，由此導致感性的自然的道德主體對理性的自由的道德主體的遮蔽和道德認識、道德規範對道德行為、道德實踐的遮蔽。康德哲學面臨的主要任務就是祛除這三重幕布，基於此建構起道德形而上學即義務論的道德哲學，以高揚德性之力量。下面我們具體來看康德是如何完成這個任務的。

第一，理論哲學對實踐哲學的遮蔽，主要體現為自然的因果性對自由的因果性的遮蔽。

道德哲學理論
第五篇 德國古典道德哲學探究

在西方哲學史和科學史上，人們通常認為任何現實事物都有其原因，要把握一件事物的本質就必須找出它的原因。可以說，將全部自然科學主要建立於因果性之上正是西方科學精神的根本特色。這一科學傳統自亞里斯多德一直延續至康德以前。休謨的懷疑論集中攻擊的科學認識原理正是因果性原理。他從徹底的經驗論出發，認為因果律不過是一種主觀心理的習慣性聯想，這就否定了作為一種必然規律的「因果律」。休謨的這一論證驚醒了康德所言及的「獨斷論的迷夢」，它引導康德洞悉到了作為理論哲學的根本規律的因果律的實質是一種遮蔽了自由的自然因果性。因此，康德把因果性明確區分為自然因果性和自由因果性。他把嚴格意義上的因果性侷限於自然界的致動因，但也為目的因或「自由因」（自由的原因性）留下一定的餘地，因為在某種意義上，自由意志本身也是一種「致動因」。這樣，在因果性概念上就集中了康德整個先驗哲學所要探討和解決的總問題，即自由和必然（自然）的關係問題。康德是如何解決這個問題的呢？他透過對包括因果性在內的純粹知性範疇的「先驗演繹」，追溯到這些範疇之上的最高的先天根據，即先驗自我意識的「本源的統覺的綜合統一」，發動了把「我們的一切知識都必須依照對象」顛倒為「對象必須依照我們的知識」這一「哥白尼式的革命」。這就把傳統的自然和自由的地位顛倒了過來，彰顯了自由對自然的主導地位，但這只是這場革命的一個序曲，因為因果律的重建根本上還在於解決自由因果性何以可能的問題。要解決這個問題，康德時代面臨的困境在於：自然因果律越出自己的領地盲目地闖入自由的領地即道德的領地並試圖取而代之，同時自由因果律也盲目地闖入自然因果律的領地去尋求道德規律。結果，一方面，它體現為感性道德主體對理性道德主體的遮蔽；另一方面，它體現為道德認識、道德規範對道德選擇、道德實踐的遮蔽。康德解決這兩個問題的途徑是：為自由因果律和自然因果律明確劃界，掃除自然因果律對道德領域的遮蔽。

第二，感性的自然的道德主體對理性的自由的道德主體的遮蔽。

自由因果律和自然因果律在康德之前的哲學家那裡是混淆在一起的。在他們看來，只有一個因果律而沒有自然因果律和自由因果律的區分。18世紀有些哲學家如拉梅特里、笛卡兒、愛爾維修等把人看成機器或自然環境的產

物，看成是完全服從於自然的必然性的東西——這是自然因果律侵入倫理學領域試圖取代自由因果律的最突出的體現。而休謨、亞當斯密等主張的道德情感論以及霍布斯、葛德文、邊沁等主張的功利主義則把人的道德行為歸之於某種天生的道德感或功利苦樂等外在目的——這是自由因果律闖進自然因果律的結果。他們的共同之處在於，都把道德建立在物質、身體、環境、苦樂、情感等自然因果性的基礎上，使人的意志帶上了物質自然的枷鎖而被納入自然因果律的軌道。這就把人降為沒有自由意志的自然物，取消了自由因果律和意志自由，也取消了道德義務或道德責任。

　　康德對此特別不滿，他在《純粹理性批判》中把自由的因果性與自然的因果性嚴格區分開來，為自然因果性劃定疆界，不允許它侵犯自由因果律的領地。相應地，他在《道德形而上學原理》中劃定了自由因果律或實踐理性的界限。康德既禁止自然因果律闖入自由因果律，又禁止自由因果律闖入自然因果律的領地去尋求道德規律。在劃定自然因果律和自由因果律各自領地的基礎上，康德認為作為道德主體的人和只服從自然因果律的其他事物不同：人既是自然的一部分，從屬於經驗世界的自然因果律，同時又由於具有理性和意志能夠超越於自然因果律之上而從屬於超驗世界的自由因果律。康德之前的倫理學只看到前一方面；康德則更重視後一方面，並試圖尋求自由規律作為道德根據來調和二者的矛盾。為此，康德在《判斷力批判》中嚴格區分了道德規範和道德規律即自由律。康德認為，以前的道德理論所包含的只是一些熟巧規則，為的是產生按照因果的自然概念所可能有的結果。由於自然概念只屬於理論哲學，這些東西所服從的只是作為出自理論哲學（自然科學）的補充的那些規範，它體現為各種道德規範如勇敢、智慧、節制、公正、信仰、希望、同情等實踐規則。在康德看來，「這樣一類實踐規則並不稱之為規律（例如像物理學規律一樣），而只能叫做規範。這是因為，意志不僅僅從屬於自然概念，而且也從屬於自由概念，它的諸原則在與自由概念相關時就叫做規律」。規範是外在的他律的要求，是與自然概念相關時的意志的諸原則。規律是與自由概念相關時的意志的諸原則。雖然規律也是規範，但它是規範的規範或者是規範的超驗根據，是內在的自律的自由或絕對命令。因此，「那些完全建立在自由概念之上，同時完全排除意志由自然而來的規定根據的道

德上實踐的規範，則構成了規範的一種完全特殊的方式：它們也像自然所服從的那些規則一樣，不折不扣地叫做規律，但不是像後者那樣基於感性的條件，而是基於某種超感性的原則」。自由的道德主體是遵循道德規律的，而自然的感性的道德主體遵循的則只是各種道德規範而不涉及道德規律。前者優越於後者，後者有待於提升到前者，這就把二者的位置顛倒過來了。

第三，道德認識對道德行為或道德選擇的遮蔽。

認識論侵入本體論或自然因果律侵犯自由因果律的另一重要問題是，認為道德認識、道德規範是倫理學的核心問題，由此遮蔽了道德選擇、道德行為的重要性。在西方倫理學的發展中，人們不是一開始就認識到自由在道德活動中的重要作用的。蘇格拉底等人的倫理學說就認為，人們只要認識到什麼是善，就會自覺地按照善去行動，為惡完全是由於對善的無知。因此無人有意作惡，美德即知識（實踐智慧）。中世紀的奧古斯丁、阿奎那等主張的宗教倫理學和近代萊布尼茨、史賓諾莎為代表的理性派倫理學，則把上帝或理論理性當作頒布道德法則的道德權威，這就把作為道德認識對象的道德法則歸之於外在的道德權威，進而遮蔽了自由意志。問題在於，首先，知和行之間是有距離的。人們在選擇和決定行為準則時要受到情感和慾望的影響，有可能知善不行、知惡反行或知善而行。因此即使認識到善，要選擇善並把它變成行動卻不是必然的。知善行善是意志在克服了種種誘惑和障礙之後才做出的決定，是意志自由選擇的結果。其次，如果作惡都是由於道德認識不足所致，那麼作惡也就不應該承擔任何義務。實際上，這種情況下的作惡只是一種無知的動物行為，根本無所謂善惡。最後，作為道德認識對象的道德法則如果來自外在的道德權威，它就和來自自然因果性的法則一樣只能是規範而不是規律，因為它剝奪了人們的選擇和自由。這就否定了自由意志選擇善惡的可能性，取消了義務和道德，堵塞了倫理學之路。

針對這些問題，康德強調，指導人的行為的道德法則就存在於人的理性之中，人們無需多大的智慧就可達到對道德行為和道德法則的自覺意識，自由選擇才是要害問題。只有有了可供選擇的行為準則的多樣性，選擇了善才是有道德價值的，因為這種選擇不僅是意志戰勝情感和慾望的結果，而且它

帶來責任或義務。康德特別指出，自由和無條件的實踐法則是互相蘊含的，自由是道德法則的存在基礎，而道德法則是自由的認識基礎。因此，道德律是自立法自守法的自律，而不是服從外在的權威和規則的他律。自由是使人成其為人的根本，只有當人具有自由時，他才能進行選擇，才會提出遵循何種行為準則的問題，才有行為的道德法則存在的可能性；反過來，只有在意志為遵循道德法則進行決斷時，我們才能清晰地看到意志的自由，才能為自己的自由選擇承擔起責任或義務。

因此，自然因果性、道德規範、道德認識都不是道德規律，只有出自善良意志的自由因果律才是道德規律，而義務就是作為善良意志的體現的出於尊重規律而產生的行為必要性。這就是康德在掃除以上三重遮蔽的基礎上，出於探求自由規律的縝密思考而選擇義務論的根據所在。

接下來的任務就是解決什麼是義務了。康德認為，作為善良意志的體現的義務「就是出於尊重規律而產生的行為必要性」。

這就是定言命令，且只有一條，即「要只按照你同時認為也能成為普遍規律的準則去行動」。出於對義務的這種理解，康德從自由意志出發提出的義務有三個基本層次：其一，法的義務和德性義務。法的義務是一種和權利緊密相連的外在強迫，一個人盡義務的同時就享有權利；德性義務是一種和權利並非緊密相連的內在強迫，你對別人盡了義務，但你並不能因此而向別人要求享有某些權利──它是狹義的德性義務。

其二，狹義的德性義務，包括完全義務和不完全義務。「完全的義務」就是絕對沒有例外的義務，如：不要自殺、不要騙人等。違背了完全的義務就會陷入完全的自相矛盾和自我取消，如自殺一旦普遍化就沒有人再可以自殺了。「不完全的義務」則允許有例外，如：要發展自己的才能、要幫助別人等。違背不完全的義務則不一定是自我取消，不遵守義務者只不過是希望自己一個人「例外」而已。所以，違背了它只會導致自己意願中（而非客觀上）的自相矛盾。

其三，廣義的德性義務，包括間接義務和直接義務即狹義的德性義務。康德試圖把目的論的追求也包括進來，為此，他對目的論做出了有條件的讓

道德哲學理論
第五篇 德國古典道德哲學探究

步：提出並區分了直接義務和間接義務，把德性義務的領域擴大為間接義務和直接義務。間接義務是假言命令，是為了抵制並避免使人趨向邪惡的極大誘惑的痛苦、貧困、不幸等而追求健康、福祉或財富等外在目的。不過康德對目的論的讓步是有條件的：他認為這個外在目的之所以是義務，是為了道德這個內在目的。只有直接義務才是絕對命令，沒有直接義務，間接義務就不具有道德價值。在這裡，康德實際上已經把目的論追求幸福、利益、快樂等方面的內容包含在其義務論之中了。

二

顯然，康德在批判目的論的同時，也看到了義務論對目的論的需要。因此，他沒有把兩者完全對立起來，也沒有完全否定目的論，而是對兩者之間的關係做出了深刻的思考和回答。這對於我們澄清並深刻理解如下四個問題提供了理論根據。

第一，人們一般僅僅根據康德的個別論述，尤其是關於絕對命令的形式的論述，就認為它是空洞的形式主義，卻沒有注意到，他只是為了使倫理學超越目的論進而提升到道德形而上學和純粹實踐理性的高度而提出的絕對命令。康德在《實踐理性批判》的序言中談到當時人們對絕對命令的公式的誤解時強調說：「誰要是知道一個極其嚴格地規定依照題目應該做什麼而不許出錯的公式對於數學家意味著什麼，他就不會把一個對所有的一般義務而言都做著同一件事的公式看作某種無意義的和多餘的了。」而且，他一直強調，和法學分析不同，倫理學是綜合的，他要把超驗世界的絕對命令應用於經驗世界，建立道德形而上學。他在《道德形而上學原理》中提出絕對命令的最高法則之後，就用這個最高法則對一般實踐理性進行批判——這是《實踐理性批判》的任務。在《道德形而上學》中，康德把建立在實踐理性批判基礎上的義務按照從經驗到純粹理性的秩序重新組合成一個義務體系——如前所述，他已把目的論所追求的外在目的也包含在自己的義務論即內在目的之內了。可見，真正的絕對命令並不是完全空洞的形式，康德的義務論並非是和目的論絕對對立的。

第二，康德的義務論雖然明確反對目的論，但是並不否認道德行為具有目的性，而且深入到了二者之間的內在邏輯聯繫。康德把目的分為兩種：一是由感性衝動所決定的技術的（主觀的）目的——它是目的論所追求的外在目的；一是依據自身法則所確立的客觀的目的——它「同時也是義務的目的」即義務論所追求的內在目的。它既是義務也是目的，這個目的就是人本身。可見，義務論和目的論都有目的，只是所追求的目的的層次不同。義務論是以道德自身的目的即內在目的為目的，目的論是以道德之外的經驗世界的物質利益或感官快樂即外在目的為目的。在區分兩種目的的基礎上，康德義務論的目的試圖包含目的論的目的，追求德福一致的完滿的善。但康德並沒有停留在這個結論上，而是試圖進一步挖掘出二者之間的內在邏輯聯繫。他認為：「目的概念這一要素不是我們本來就有的，而是我們應該有的，因此是純粹實踐理性本身所具有的。其最高的、無條件的目的（然而仍是一項義務）在於：德性就是它自身的目的，弘揚人性就是它自身的回報……

和有其障礙待克服的人類諸目的相比，作為德性自身目的的它自身的尊貴，的確遠遠超出了所有的實際功利、所有的經驗目的及其所能帶來的好處。」康德在這裡已經非常明確地表達了三個重要思想：

①義務必須有目的，但超驗的德性目的即內在目的高於功利苦樂等經驗目的。

②最高義務和絕對目的是一致的。

③二者一致的基礎就在於自由。

康德關於目的論和義務論在最高層次上相一致的思想是非常明確的，只是到了馬克思的歷史唯物主義的實踐的倫理思想那裡，才把這一思想的積極涵義真正揭示出來。

第三，康德的義務論常常被有些人譏笑為與目的論的效果論相反的唯動機論，這實質上是以經驗的眼光或效果論的眼光得出的片面的獨斷結論。康德的實踐哲學的先天立法即道德律本身誠然是只從其「原因性」來考慮而不顧它在經驗世界中的效果的，但作為一種實踐的目的行為，道德律的「應當」

畢竟是著眼於自己在現實的經驗世界中所負的責任的，其終極目的肯定要考慮自己在現實中德福一致的完滿實現，這也是康德為什麼必定要假定一個來世和一個上帝的根據。康德要建立的是德福一致的綜合的倫理學。所以，他不像斯多亞學派式的德性即幸福的分析的倫理學所主張的唯動機論那樣完全不考慮效果，也不像伊比鳩魯式的幸福即德性的分析倫理學所主張的唯效果論那樣，只看行為是否符合義務而不問行為本身是否出於義務的事實的效果——這在邊沁、彌爾那裡發展為唯效果論的功利主義，而是試圖綜合兩者。康德認為只有道德的動機或事實的效果還不夠，他站在自由律的高度把出於並符合自由律的善無善報、甚至善得惡報而依然出於義務而為的動機和效果也考慮進來，試圖以此吸納動機論和效果論於義務論之中。在康德這裡，動機論和效果論、目的論和義務論的藩籬就被自由因果性撤除了，倫理學也就衝破重重迷霧顯現出自由的本真面目。

第四，倫理學的基礎是人的自由意志，其本質是自由之學，它必須探求道德規律和道德規範之間的辯證關係，而不能僅僅停留在對經驗的規範的分析的層次上。

目前，中國國內的倫理學著作一般把道德規範和道德原則區別開來，用道德原則作為道德規範的根本大法。而現實中，人們對個人主義和整體主義道德原則以及各種道德規範的解釋和理解頗有差異，根本原因就在於個人主義和整體主義都屬於規範的範疇，還沒有提升到道德規律的高度。這就必然把道德規範的總和作為道德或倫理的本質。追根溯源，在於一些馬克思主義哲學的解釋者把自由概念置於認識論的語境中，即倒退到史賓諾莎的「自由是對必然的認識」的前康德時代。其經典的自由觀是在蘇聯哲學家羅森塔爾和尤金主編的《簡明哲學辭典》中論述的：「自由並不在於想像中的脫離自然規律，而在於認識這些規律，並能夠把它們用到實踐活動中去……自然界的必然性、規律性是第一性的，而人的意志和意識是第二性的。在人沒有認識必然性以前，他是盲目地、不自覺地行動的。一旦人認識到必然性，他就能學會掌握它，利用它為社會謀福利。因此，只有在認識必然性的基礎上才能有自由的活動。自由是被認識了的必然性。」這種認識論的自由理論，直接影響了馬克思主義哲學和馬克思主義倫理學。它對倫理學的影響明顯地表

現在,把倫理或道德僅僅規定為各種可認識的道德規範、道德原則而蔑視自由規律。這種影響在蘇聯和我國的某些有代表性的倫理學著作或教科書中體現得尤其明顯。一方面,是把道德界定為各種道德規範的總和。1960年代蘇聯哲學教授施什金在《馬克思主義倫理學原理》中認為:「所謂道德,通常是指人們行為的原則或規範的總和。」施什金把道德看作原則或規範的總和的思想,對中國倫理學的影響幾乎是決定性的。至今我們依然沒有完全擺脫這個巨大的陰影,它仍然作為權威性的道德定義覆蓋於各種思想品德教育和倫理學教材之中。這就必然導致:另一方面,通行的馬克思主義倫理學著作或教材很少談論自由問題,即使談自由問題也一般是從認識論的角度談的。這既無視康德的義務論,又割裂了馬克思的自由觀和康德自由觀的內在聯繫。

如果自由只是對必然的認識,它就否定了自由意志和道德責任,倫理學也就根本無法真正建立起來,因為倫理學的基礎是人的自由意志。這就是康德批判的自然因果性對自由因果性的遮蔽所帶來的問題。雖然馬克思不贊成康德把此岸世界(現象界)與彼岸世界(本體界)割裂開來——他把這兩者統一在他所創立的歷史唯物主義學說中,但他又繼承了康德關於實踐哲學(自由因果性)優先於理論哲學(自然因果性)的基本思想。正是出於對人的自由本質的深刻把握,馬克思恩格斯在《共產黨宣言》中說:「代替那存在著階級和階級對立的資產階級舊社會的,將是這樣一個聯合體,在那裡,每個人的自由發展是一切人的自由發展的條件。」顯然,具體的實踐的自由是馬克思的倫理思想的核心,也是馬克思揚棄康德的超驗自由而取得的理論成果。無論從倫理學的本質來看,還是從馬克思本人的倫理思想來看,馬克思主義倫理學的核心都應該是自由規律,所有的道德規範、道德原則都應該在自由規律的批判中接受檢驗。

鄭昕先生曾說:「超過康德,可能有新哲學,掠過康德,只能有壞哲學。」這尤其適用於康德倫理學,因為它是康德哲學的核心所在。康德義務論的貢獻就在於他明確地揭示了意志自由在道德活動中的重要作用,揭示了沒有自由就沒有真正意義上的道德行為,這就抓住了倫理學的根本——人的自由。另外,康德把自由限制在「自在之物」上而禁止其在經驗中做認識上的理解,至今仍然有其重要意義:日常理性和科學主義尤其是摩爾開創的後設倫理學

力圖把自由還原為自然、必然或可由認識和邏輯規則固定下來並具有可操作性的對象，這種傾向最終將導致人成為非人。顯然，凡成為已知的，就有成為自由的束縛的可能。自由正在於努力突破這種禁錮而向未知的領域超升。自由就是不斷揚棄過去認為是自由的、而今已成為自由的「異化」的東西而做新的創造，這就是人性或人的本質，它在歷史中不斷地得到實現和完善。人的自由本質決定了倫理或道德的本質是自由規律而不僅僅是道德規範，倫理學是綜合的自由之學而不僅僅是各種道德規範的分析說明。

康德論道德教育方法

目前，康德道德哲學的研究已經深入各個具體的理論層面，但人們卻不太注意研究康德的道德教育方法——純粹實踐理性的方法。其實，這是康德道德哲學落到實處的關鍵。研究這個問題，不僅有助於深入理解康德道德哲學的精髓，而且對於我們加強道德教育也具有非常重要的現實意義和指導價值。

一、純粹實踐理性的方法如何可能？

康德認為，純粹實踐理性的方法是關於「一種道德的教養和訓練的最普遍的方法論準則」。它研究的是：「我們如何能夠做到使純粹實踐理性的法則進入人的內心和影響內心準則的那種方式，也就是能夠使客觀的實踐理性也在主觀上成為實踐的那種方式。」它的任務就是把純粹道德的動因帶進內心。解決這個問題首先要避免道德教育方法的獨斷論，即首先要回答「純粹實踐理性的方法論如何可能？」的問題。康德從以下四個方面做出了回答。

（一）純粹德性是人類的本性

康德認為，純粹德性就是對純粹實踐理性的法則的純粹敬重。他說：「對純粹德行的那種描述甚至在主觀上，也比由娛樂的哄騙和一般我們可以歸入到幸福裡面去的一切東西所可能造成的所有那些引誘，或者甚至比由痛苦和災難在某個時候所可能造成的所有那些威脅，都能夠使人的內心擁有更多威力，並能夠充當一個願為強烈的動機去自己促成行動的那種合法性，產生一

些更有力的、出於對法則的純粹敬重寧要法則而不要任何其他考慮的決斷。」假如人的本性不具有純粹德性，就不會有法則的任何表象方式在某些時候以勸說的手段產生出意向的道德性，一切都將成為純然的偽善。人們將厭惡乃至輕視道德法則，只是為了自己的好處才會遵守它。如此一來，雖然我們的行動可能具有合法性，但道德法則的精神在我們的意向中（道德性）則會蕩然無存。實際上，即使我們竭盡所能，也不可能在我們的判斷中完全擺脫純粹實踐理性。偽善並非出自對道德法則的純粹敬重，它必然會使我們在心中的道德立場面前把自己看作毫無價值的卑鄙小人，即使我們試圖用種種娛樂方式使自己輕鬆愉快也無濟於事。由此可以看出，對純粹實踐理性的法則的純粹敬重，即純粹德性是人的本性和存在。這是純粹實踐理性的方法何以可能的直接根據。

（二）作為人的本性的純粹德性要求出於義務而不是出於偏愛來遵守

康德從普通的人類理性出發，透過設想把純粹德性的檢驗標準提交給一個十歲男孩去評判，看他不經過老師的指導，自己是否必然會做出符合純粹德性的檢驗標準的判斷。康德設想有人給這個小男孩講述一個正派人士的故事。某人想鼓動這個正派人士參與對一個無辜而又無權勢的人進行誹謗。人家首先許以好處（送以重禮或封以高位），他拒絕接受。這在男孩的心裡所引起的只是讚許，因為拒絕的不過是好處。接著，人家開始威脅這個正派人士：中止友情、親情，剝奪繼承權；權貴們可以隨時隨地迫害和侮辱他；君王要剝奪他的自由甚至生命；他的極度貧苦的家庭懇求他讓步；他自己雖然為人正直，但並不具有對於同情困苦都麻木不仁的感官等等。在如此巨大的重重壓力之下，在這個正派人士希望永遠不願意過那種苦不堪言的日子的這一刻，他依然毫不動搖地忠於其正直的決心。這樣，這個男孩就會一步步從單純的贊同上升到欽佩，從欽佩上升到驚奇，從驚奇上升到崇敬，直到激起一種強烈願望：要求自己能夠成為一個出於義務而不是出於偏愛來遵守道德法則的純粹德性的人。在這裡，「德行之所以具有這麼多的價值，仍然只是由於它付出了這麼多，而不是由於它帶來了什麼。整個欽佩、甚至與這種品格相似的努力，在這裡都完全是基於道德原理的純粹性，這種純粹性只有透

過我們把一切只要是人類能夠歸入幸福之中的東西都從行動的動機中去掉，才能夠相當引人注目地表現出來。所以，德性越是純粹地表現出來，它對於人心就必定越是有更多的力量。」德性之所以能夠施加這種影響，只是因為它以純粹義務為動機而不摻雜對自己的福利的意圖，它在苦難中才最莊嚴地表現出來。正是對法則的敬重、對自己的義務的尊重，才會對目擊者的內心產生最大的力量。就是說，人們根本不可能也不應當把偏愛作為前提，純粹德性要求出於義務而不是出於偏愛來遵守道德律。因此，它才會對內心具有最確定的、最透徹的影響，才可能成為趨向於善的最有力的唯一的動機。

（三）純粹德性是趨向於善的最有力的唯一的動機

純粹德性是唯一規定意志的根據，只有它才把道德價值賦予各種準則，使其成為道德。所以，道德行動的真正動機必須是純粹德性。如果行動的真正動機不是出自純粹德性，這有可能導致行動的合法性，但絕不會導致意向的道德性。康德說：「我們願意透過任何一個人都能夠進行的觀察，而把我們內心的這種屬性，這種對一個純粹道德興趣的感受性，因而對純粹德性表象的這種動力，當它被理直氣壯地帶到人心中來時，證明為趨向於善的最有力的動機，並且如果在遵守道德準則時關鍵在於持久性和嚴格性，則證明為唯一的動機。」如果注意社交聚會中的交談，我們就會發現，除了講故事和戲謔之外，還有說閒話的一席之地。在一切閒話中，唯有關於某個人的品格或某個行動的道德價值的閒話，最能夠激起人們的參與。我們往往可以在這些評判中看到判斷者自己的品格，他們中的有些人，似乎主要傾向於為有關行為的善辯護，最終為個人的全部道德價值辯護。相反，另外一些人則主要傾向於譴責，不承認這種道德價值。但人們畢竟不能總是允許後面這種人完全否定德行的企圖。我們常常還可以看到，為已有榜樣的意圖的純潔性做辯護的人喜歡為這些榜樣擦去最微小的汙點，其動因是為了當一切榜樣都被懷疑其真實性、一切人類德行都被否認其純潔性時，德行不會最終被看作只是一個幻影，以致趨向德行的一切努力都遭到蔑視。這些動機的感受性的證據鏈確證了純粹德性是趨向於善的最有力的唯一的動機。

(四) 德性可教是純粹實踐理性的方法論的前提

在德性是否可教的問題上，除了少數人認為德性不可教外，大都認為德性可教，如智者普羅達哥拉斯、蘇格拉底、德謨克利特、亞里斯多德等。康德認為，既然德性是人的本性，也必然是可教的。但德性和知識不同，理論理性是人為自然立法（知識），實踐理性則是人為自己立法（自由）。知識可以也應該透過灌輸和訓練進行。德性是人的本性，它指向內在的善良意志，因此，道德教育不能像自然知識那樣以灌輸為主，應該引導受教育者自己認識到德性的本性，並把它實現出來，即把自在德性揚棄為自為的德性。這也決定了道德教育的任務不是造就合乎道德法則的行為，應是培養出於義務的德性。因為道德自律最終要靠個人的內在的實踐理性的力量，否則，一切道德教育等於白費。因此，純粹實踐理性的方法應該是批判的，不是獨斷的；應該是自由的，不是強制的。

二、純粹實踐理性的方法

基於對實踐理性的方法何以可能的上述論證，康德認為，培訓道德主體的主體性是關鍵，純粹實踐理性的方法的目的就在於如何循循善誘地使道德法則進入每個普通人（哪怕是一個10歲兒童）的內心，啟發人們意識到自由意志的純粹性和道德人格的尊嚴，並在倫理共同體中使道德法則成為人的內在品格。這正是康德的純粹實踐理性的方法的兩個不可分割的層面。為此，康德提出了純粹實踐理性的四個層面的方法。

(一) 道德判斷力的訓練

康德認為，首先，教育者要善於引導並運用理性樂於對實踐問題做出最精細的鑒定的傾向。教育者在把某種單純的道德上的教義作為基礎之後，就要為此搜遍古今人物傳記，以便把握所提出的義務的憑據。運用這些憑據，透過對各種不同情況下的類似行動加以比較，使受教育者自己評判這些行動的道德內涵。在這裡，甚至思辨還不成熟的少年也能夠馬上變得非常敏銳，並由於感到自己判斷力的進步而產生很大的興趣。最重要的是，他們可以有把握地指望，一方面，經常練習認識和稱讚具有全部純潔性的良好行為；另

道德哲學理論
第五篇 德國古典道德哲學探究

一方面,惋惜和輕蔑地去發現哪怕最小的對純潔性的偏離。即使這種做法只是被當作一種判斷力遊戲,但會對推崇純潔性的良好行為而憎惡不純潔性的行為留下持久的印象。受教育者透過這些練習,就會為以後正直不阿的生活方式奠定一個良好的基礎。其次,教導受教育者運用判斷力區別在一個行動中的不同的義務:(人類的需要要求的法則頒布的)非本質性的義務和(人類的權利要求的法則頒布的)本質性的義務。第三,必須注意的是:這個行動是否主觀上也是為了道德律而發生的,它是否不僅擁有作為行為的道德正確性,而且也擁有作為按照行為準則的意向的道德價值。我們透過這種練習培養起來的單純對實踐上的事下判斷的理性意識,必定會對理性的法則、因而對道德上善的行動也逐漸產生出某種興趣。

這還不是對行動及其道德性本身的興趣,它只是使人們樂意以這樣一種評判來自娛,並賦予德行和按照道德律的思維方式以一種美的形式。雖然這種形式令人讚嘆,但並不因此被人尋求。因為這時客體的真實存在只被看作引起我們心中覺察到德性素質的一個誘因,它對德性來說仍然是無所謂的。這就需要開始第二種訓練,即透過榜樣來生動地描述道德意向,使人注意到意志的純潔性。

(二) 利用榜樣的工具性作用訓練對義務的敬重

康德時代盛行著運用情感尤其是單純依靠道德榜樣培養兒童的道德教育方式。康德批判說:「為兒童樹立一些行動作為高尚、慷慨和值得讚揚的模範,以為透過灌輸某種熱忱就會獲得他們對這些行動的好感,這完全是適得其反。因為既然兒童在遵守最普通的義務上,甚至在正確評判這種義務上還如此遠遠滯後,那麼這就等於說要使他們及時地成為幻想家。但甚至在人類的更有學問更有經驗的那一部分中,這種臆想的動機對人心如果不是更有害的話,也至少是沒有什麼真正的道德作用的,但人們本來卻正是想藉此促成這種道德作用。」在他看來,榜樣只能作為培養意志的完善性的一種橋梁,絕不可作為道德教育的目的。道德教育的目的是透過榜樣的橋梁作用,來訓練對義務的敬重,達到意志的完善性。首先,達到意志的消極的完善性。這要求,在一個作為義務的行動中,初學者放棄愛好的動機,把注意力保持在對自己

的自由的意識上。雖然這會產生痛苦的感覺，但初學者由此擺脫了需求的影響，同時從各種不滿足中解放出來，並使其內心對來自另外源泉的滿足感易於接受。當相關實例中的純粹道德決定，揭示出一種內部的、平時甚至完全不為人自己所知的能力，即內心的自由（也就是掙脫愛好的劇烈糾纏，以至於沒有任何愛好對我們應當用我們的理性做出的決定發生影響）時，意志就擺脫身上暗中時刻壓在其上的愛好的重負而獲得了解放。其次，達到意志的積極的完善性。由於我們已經達到了意志的消極的完善性，儘管我們遇到如此巨大的矛盾——我侵犯了某人的權利，只有我一個人知道錯在我方，而且受到我的虛榮心、自私，甚至我平時對那個人很有道理的反感等等的阻礙，我仍然坦率地承認錯誤並提議向對方賠禮道歉。這就包含有不依賴於愛好和巧合的獨立性意識，以及自滿自足的可能性意識，也就是積極的行動自由。現在，義務法則憑藉在遵守它時讓我們感到的積極價值，透過在我們的自由意識中對我們自己的敬重找到了入門的捷徑。如果這種敬重被完全建立起來了，如果人們最懼怕的是他透過內部的自我審查而自我判定自己是可鄙下流的，那麼任何善良的道德意向就都能夠嫁接到這種敬重上來。因為這是防止我們內心的不高尚和腐敗衝動入侵的最好的、甚至是唯一的守衛者。當然，意志的完善性僅僅靠榜樣的工具性作用是很難達到的，它更需要合道德性的道德教育程序和倫理共同體的訓練做保證。

（三）合道德性的道德教育程序——精神接生術和引導問答法

康德批判獨斷的道德教育方法（教師一個人講，學生聽的填鴨式教育）違背了道德教育自身的規律，因為它不懂得德性是人自身的本性，企圖從外在的方面灌輸內在的德性。他主張運用合道德性的道德教育程序——根據教養對象的不同分別運用精神接生術或引導問答法。首先，對於對道德有了一定的認識的成年人，應該採取蘇格拉底式的精神接生術的方法（互相問答），透過辯論和自我反省達到對德性的認知和踐行。其次，由於青少年對道德的基本內涵還不清楚，只能透過老師的逐步引導達到對德性的認知和踐行。康德在《道德形而上學》中把《道德形而上學原理》中探討道德規律的方法或程序運用到道德教育之上，專門詳細地探討了在《實踐理性批判》中提出卻

未及展開的引導問答法——教師透過提問啟發，引導學生思考回答，以此一步步達到對德性和義務的敬重的道德訓練方法。他精心設計了如何把普通的道德理性經過哲學的道德理性而提升為純粹實踐理性的道德訓練的程序——從對生活的渴望開始，經過幸福、配享幸福的橋梁，引導到自由意志對它們的克服和剔除，引出道德命令、道德規律，使學生認識到德性的力量和純粹性。康德提出的這一循循善誘的道德教育程序，對於青少年的道德教育具有極大的道德價值和指導意義，因為它抓住了道德教育的根本，否定了把道德教育的工具作為道德目的的填鴨式教育方法，否定了扼殺道德主體性和道德純粹性的陳舊程序。康德把道德教育內容的道德性和道德教育程序的道德性結合起來，這是一個獨創性的思想。儘管在現實中不可能像他這樣去做，但他為我們提供了一個可資借鑑的比較正確的合道德性的道德教育的模式和程序。

（四）擺脫倫理自然狀態，實現倫理共同體的聯合

康德在論述了道德教育者應遵循的德性訓練方法的同時，把眼光投向了社會領域。在康德看來，即使透過道德教育對一個人進行了德性訓練，使他確立了向善的意念和對純粹德性的尊重，這也僅僅是邁出了善戰勝惡的第一步，此人依然總是受到惡的原則的侵襲。這種侵襲並不是在他離群索居的情況下，來自其粗野本性，而是來自他身處其中的社會。只要他生活在人群之中，甚至無須假定人們都已經墮落為惡，充當了教唆他為惡的榜樣，單是妒忌心、統治欲、佔有欲等等，就會馬上衝擊著他那本來易於知足的本性，迫使他或者必須防範別人，或者產生要壓倒別人的慾望，這就足以使他變惡。康德把這種現象稱作倫理的自然狀態，它是「對德性法則的一種公共的、相互的損害，是一種內在的無道德的狀態；自然的人應該勉勵自己盡可能快地走出這種狀態」。

所有想要改惡向善的人們都應該聯合起來，形成一個「倫理共同體」——倫理的自由狀態，以此來促進每一個人的道德修養。康德說：「由於道德上的至善並不能僅僅透過單個的人追求他自己在道德上的完善來實現的，而是要求單個的人，為了這同一個目的，聯合成為一個整體，成為一個具有善良

意念的人們的體系；只有在這個體系中，並且憑藉這個體系的統一，道德上的至善才能實現。」人們應該透過倫理共同體的力量加強、穩固道德訓練，由倫理的自然狀態進入倫理的自由狀態。康德的這一思想和盧梭在《愛彌兒》中主張的自然教育方法是不同的，但和黑格爾後來提出的倫理有機體對人的德行的訓練是相通的。在一定的意義上，馬恩提出的自由人聯合體的思想在康德這裡已經萌芽了。

康德透過各種具體的實踐理性訓練的方法和倫理共同體的薰陶，才似乎有可能把德性和道德規律落到實處。

三、純粹實踐理性的方法的啟示

可惜，我們對於康德的道德教育方法研究得不夠。一個明顯的事實是，目前盛行的道德教育方法基本上缺乏論證和自我批判，往往不確證方法的可能性就獨斷地提出各種各樣的方法。這就必然導致道德教育過於重視普遍性而忽視特殊性，同時也使普遍性本身流於空談。批判吸取康德的純粹實踐理性的方法，至少可以給我們以下幾個方面的啟示。

（一）注重道德教育方式本身的道德性，反對獨斷的道德教育方法

康德認為，教育方法的可能性在於德性的本質是自由，是人的本性。馬克思恩格斯繼承了康德的這一基本思想，主張具體的實踐的自由，他們在《共產黨宣言》中說：「代替那存在著階級和階級對立的資產階級舊社會的，將是這樣一個聯合體，在那裡，每個人的自由發展是一切人的自由發展的條件。」無論從倫理學的本質來看，還是從馬克思本人的倫理思想來看，馬克思主義倫理學的核心都應該是自由規律。道德不是限制扼殺自由，恰好相反，它本身就是自由規律。因此，道德教育的方法應該出自自由而不是出自強制，道德教育方式本身應該是道德的。高尚空泛的道德教育和強行灌輸的道德教育方式本身就是不道德的，因為它把受教育者看作道德灌輸的工具（客體）而不是目的（主體），敗壞了教育者和受教育者的最根本的德性。這和道德教育的真正目的恰好相反。道德教育必須尊重受教育者的主體性，把階段性和連續性、特殊性和普遍性結合起來，把區別對待和德性本質的一致結合起

來。對兒童、青少年、成年的道德教育方法、內容等必須區別對待，而且要以德性本身為目的，而不是以德性之外的其他東西為目的。當前，尤其應該把道德和政治區別開來，二者雖有聯繫，卻有著層次的區別，不可混為一談。道德教育要打破倫理政治化和政治倫理化的千年傳統，絕不可用政治標準、政治判斷取代道德標準、道德判斷；反之亦然。

（二）榜樣教育應該以德性為目的，而不是以學習榜樣為目的

康德在《實踐理性批判》中談到道德判斷力的訓練時說：「只是我希望不要用我們那些感傷文字中被如此大量濫用的所謂高尚的（過譽了的）行動的榜樣來打擾這種練習，而是把一切都僅僅轉移到義務以及一個人在他自己眼裡透過沒有違犯義務的意識而能夠和必須給予自己的那種價值之上。」康德在《道德形而上學》中還提出被學習者會對榜樣產生仇恨。

這就啟迪我們，首先，雖然我們一直認為榜樣的力量是無窮的，其實榜樣的力量非常有限，且有其不可避免的負面影響。樹立榜樣對榜樣者本人及其親屬都會造成一定的精神壓力。他們有時為了榜樣的虛名，違心地做一些本不願做的事情時，就導致了偽善和不道德，甚至是一種惡。同時，樹立榜樣也對榜樣學習者造成一定的精神壓力。這就要求榜樣教育的方法應該具體化，不能停留在抽象的樹立榜樣、學習榜樣的表面功夫上。我們應該學習榜樣的精神和德性，而不是學習模仿其具體的做法，後者只能是橋梁、工具，德性才是目的。

其次，注意防止青少年不顧實際情況模仿道德英雄的嚴重危害性，以及榜樣導致的對青少年產生嫉妒、仇恨心理的負面影響。道德教育不是要求他們模仿榜樣的行為，而是應當引導他們認識到榜樣行為所體現的德性實質；不是僅僅要求其言行的合法性，更要求其言行的合道德性乃至對道德自身的敬重。應該尊重其人格，肯定其點滴進步，絕不可用英雄人物或其他榜樣作為衡量他們的道德標準。否則，只能導致他們走向虛偽或叛逆，給其人生帶來不必要的甚至嚴重的負面影響。

第三，榜樣對於成人，更要注意實事求是，力戒誇大其詞。一般來講，成人有自己的道德判斷能力和價值觀念，而且有著廣泛的社會聯繫和巨大的訊息量。如果榜樣脫離實際，只能導致他們對榜樣的蔑視而適得其反。德性的力量在於其純粹性，只有真正純粹的德性，才能淨化心靈，提升道德水平。過分誇大的榜樣必然失去純粹性而成了虛偽的、誇張的、功利性的東西，也就不會產生道德力量的震撼。

（三）注重感性實踐的重要作用，揚棄道德教育中的主觀形式主義和技術實用主義

康德承認，利害誘導或恐嚇對於道德教育有時是必要的準備性工具措施，但絕不是根本方法。一旦產生了一些效果，就必須把純粹的道德動因完全帶進受教育者的心靈。這種動因教人感到他自己的尊嚴，給其內心提供了掙脫其感性依賴性，獲得其理知本性的獨立性的德性的力量。康德突出了精神、德性的力量對於物質、利益的超越性，但他關注的道德教育具有濃厚的形式特色和較強的主觀性，忽視了感性實踐的重要性。與康德不同，目前流行的觀念卻是，物質決定意識，利益是道德的基礎，因此道德教育成了一種實用技術主義。我們應該揚棄這兩種偏向，自覺地以馬克思的感性實踐原理為指導，注重感性實踐對加強道德教育方法的重要作用。

在馬克思看來，實踐是具體生動的感性活動、「自由自覺的活動」，是人的本質力量的對象化和對象的人化。一切物質和整個自然界都潛在地具有思維的可能性，但只有人是自然界一切潛在屬性的全面實現。所以，從外延上（抽象自然科學上）看，人是自然界的一部分；但由於他是最高本質的部分，所以從內涵上（哲學上）看，全部自然都成了人的一部分，成了人的實踐的一部分。因此，共產主義「作為完成了的自然主義，等於人本主義，而作為完成了的人本主義，等於自然主義；它是人和自然界之間、人和人之間的矛盾的真正解決，是存在和本質、對象化和自我確立、自由和必然、個體和類之間的抗爭的真正解決」。人的本質是整個自然界的本質，是在人與人、人與社會、人與自然、人與自身的自由自覺的感性實踐。可見，目前流行的物質決定意識、利益是道德的基礎的觀念只是從外延的角度上（抽象的自然科

學)說的。從內涵(哲學)的角度看,意識是物質的本質,道德是利益的本質;物質、利益只是意識、道德的一個低層次的基礎部分,只有提升為意識、道德的利益和物質才真正實現了自己的本質。

因此,我們在進行道德教育的時候,一定要認清物質利益和精神、道德的辯證關係,不可片面強調外延關係的一面而忽視了內涵的一面,否則,就會陷入經驗實用主義的泥沼,現實道德教育中的技術實用主義、政治實用主義就是如此。另一方面,也不可片面強調內涵關係的一面而忽視了外延關係的一面,康德的道德教育方法的問題就在這裡。道德教育是為了實現人的本質,它本身也是一種感性實踐活動。認識善和德性只是道德教育的開始,真正的道德教育是在感性實踐中自我教育、自我磨礪。只有經受住各種誘惑和磨難,依然履行道德義務才能真正實現人的本質。如果只停留在道德認識和道德引導上,還只是道德教育的形式,而不是道德教育的實質。道德教育應該把形式程序和實質內容結合起來,在感性實踐中實現人本主義和自然主義、自由和自然的貫通。

(四)以自由和諧豐富集體主義道德原則的內涵,構建和諧倫理實體,培育自由的道德人

倫理實體這一概念是康德在《純然理性界限內的宗教》中提出的,他認為倫理實體「也就是按照彼此之間權利平等和共享道德上善的成果的原則的那種聯合」。

可惜的是,康德關注的是道德上的上帝統治的倫理共同體對道德教育的作用。他把倫理實體遮蔽在宗教的彼岸世界中,沒有真正揭示出其現實的內涵和作用。黑格爾發揮這一思想,主張倫理實體即倫理主體,並把倫理實體提升為倫理有機體。馬克思恩格斯超越了黑格爾的倫理有機體思想,提出了自由人聯合體的思想。這些思想之間有著內在的邏輯聯繫,都體現著倫理實體對倫理主體的道德教育的重要作用。倫理主體是獨立之人格、自由之思想、自主之角色的有機統一。倫理實體是由倫理主體構成的和諧有序的合理的自由的道德秩序,倫理實體的力量就在於對倫理主體的薰陶和培育。構建和諧

社會的本質是建立一個真正的倫理實體。這就要求我們認真反思集體主義的道德原則和自由和諧之間的關係。

我個人認為，自由和諧可以作為集體主義道德原則的新內涵。原因在於：首先，自由是倫理的本質，和諧是自由在倫理實體中的倫理主體間的合理關係的具體體現；其次，和諧自由是人的存在和本質，也是道德的目的和本質：倫理主體的個體的自我和諧就是個體自由，倫理主體之間的和諧以及倫理實體的和諧就是合理自由的倫理秩序。可見，以自由和諧豐富集體主義道德原則，建構和諧倫理實體，是培育自由的道德人的重要方式之一。

義務論還是德性論——走出「康德倫理學是義務論」的迷思

德性是倫理學的根本，也是康德倫理學的核心所在。遺憾的是，長期以來，人們對這個問題重視不夠，乃至把倫理學分為德性論、規範論（包括目的論、義務論兩大形態）、後設倫理學，並把康德倫理學判定為義務論，這是一個迷思。走出這個迷思，不但是深入研究康德倫理學的突破口，而且涉及對倫理學根本問題的重新認識。

一、必要的考察：康德的交代

準確地講，康德倫理學是批判的德性論。由於康德著作中的「Sitten」、「Rechtslehre」、「Tugendlehre」等德文用語的本義和相應的中文譯文的內涵頗有不同，對我們理解康德的道德、法權和德性之間的關係造成一定的困難，有必要做一個簡單的考察。一般來講，康德用語中的「Sitten」一詞翻譯為道德，「Rechtslehre」翻譯為法學或權利科學，「Tu-gendlehre」翻譯為德性論或倫理學。誠然，這並沒有大的問題，關鍵是對它們內涵的理解。

實際上，我們很少深究康德的「Sitten」一詞的涵義，一般把「Sitten」等同於「Metaphysik der Sitten」或「Grundlegung zur Metaphysik der

道德哲學理論

第五篇 德國古典道德哲學探究

Sitten」或「Tugend」。這是一種不經意的疏忽。其實，康德對「Sitten」、「Rechtslehre」、「Tugendlehre」等德文用語的涵義有明確的交代。

首先，康德曾在《道德形而上學》的總導言中對道德（Sitten）的涵義做了說明：「Obgleich das deusche Wort Sitten, ebenso wie daslateinische mores, nur Manieren und lebensart bedeutet.」其中，「Manieren und lebensart」就是倫理生活，包括個體的德性和個體間的生活秩序或倫常，大致相當於後來黑格爾講的客觀精神。此句可翻譯為：「『Sitten』在德文中和拉丁文的『mores』意義一樣，只指禮節習俗和生活方式。」康德說，雖然德語「Sitten」同拉丁語「mores」一樣，僅指行為方式和生活方式，但真正的道德學說的法則是一種理性的命令，它命令人應該如何行事，根本不管每個人的偏好、利益等靠經驗獲得的東西和是否有這樣的先例，而只是由於他具有（而且只要他具有）實踐理性並且是自由的。這是康德賦予德語「Sitten」一詞的新涵義。

其次，康德在《道德形而上學・德性論導言》中對「Ethik」、「Sittenlehre」、「Rechtslehre」、「Tugendlehre」之間的關係做了明確的解釋。他說：「『Ethik』一詞在古代一般指道德哲學（Sittenlehre），一般地，亦稱之為義務論。人們逐漸發現，更為可取的是，把『Ethik』這一名稱限制為道德哲學的一個部分，即並非源自外在法則的那些義務的學說（在德文中，最恰當的稱之為德性論 Tugendlehre）。因此，現在義務論的體系一般分為兩部分：法權論（Rechtslehre），主要涉及來自外在法則的義務；以及德性論（Tugendlehre），其義務並非來自外在法則。我們也延用這種劃分。」

康德把研究 Sitten 之學稱為 Sittenlehre（道德哲學），即 Metaphysik der Sitten（道德形而上學），把研究 Ethik 之學規定為 Tugendlehre（德性論）。因此，康德的 Metaphysik der Sitten 包括 Metaphysische Anfangsgründe der Rechtslehre（法權論的形而上學原理）和 Metaphysische Anfangsgründe der Tugendlehre（德性論的形而上學原理）兩個部分。相應地，康德的 Sitten（道德）包括 Recht（法權）

和 Tugend（德性）兩個部分；Sittenlehre（道德哲學即義務論）包括 Rechtslehre（法權論）和 Tugendlehre（德性論）即 Ethik（倫理學）兩個部分。這和我們通常講的道德哲學（也稱為倫理學）以及道德的涵義（各種道德規範的總和）有很大差異。

可以這樣說，康德的道德哲學（Sittenlehre）即義務論相當於（黑格爾意義上的）客觀精神哲學，它主要研究與人的自由相關的法權問題和德性問題。在康德看來，自由是道德的形而上的基礎，它包括外在自由和內在自由兩個層面：外在自由強調倫理主體的權利，它是法的外在強制；內在自由強調道德主體的目的，它是德性的內在強制。康德根據外在自由和內在自由把 Sittenlehre 劃分為以「合法性」為目標的法權學說（Rechtslehre）和以「合道德性」為目標的德性學說（Tugendlehre），並在其《道德形而上學》中專門探討了這兩種學說的形而上的根據。人在權利（Recht）關係中作為主體的主體性問題，亦即人的外在自由問題，是道德哲學（Sittenlehre）的第一個層面——法權論（Rechtslehre）。人的德性（Tugend）指與人的內在自由相關的領域和問題，著眼的是純粹的「德性」，是道德哲學（Sittenlehre）的第二個層面——德性論（Tugendlehr）即倫理學（Ethik），德性（Tugend）是康德倫理學的核心概念。與其他德性論不同的是，康德的德性論是具有批判精神的德性論。他首先批判了傳統的德性論，從消極的意義上次答德性不是什麼，然後從積極的意義上肯定德性是一種偉大的力量。

二、德性不是什麼？

康德首先批判了三條舊的有關德性的倫理學格言，以便為自己的德性論打下地基。

（一）德性並非僅僅是「一」或「多」

荷馬史詩之後，哲學成為古希臘人的精神追求。這意味著一種審視自然和人生的新思維方式的產生，它使人們對道德進行反思成為可能。哲學的從「多」求「一」的精神開拓了對德性統一性論證的新視角。在蘇格拉底的對

話中,始終存在一種對德性的一的尋求。當回答者認為德性就是男子的德性、女子的德性、孩子的德性、老年人的德性、自由人的德性、奴隸的德性等等時,蘇格拉底責難道:「本來只尋一個德性,結果卻從那裡發現潛藏著的蝴蝶般的一群德性。」後來的斯多葛學派也主張只有一種德性。柏拉圖、亞里斯多德開始反對只有一種德性的看法,試圖尋求德性的多。那麼,德性到底是一還是多呢?

康德試圖綜合古希臘的觀點,他認為,從形式講,德性只能有一種形式——意志的形式即法則,因為德性就其作為理性意志的力量,像一切形式的東西一樣,只能是唯一的。德性論的最高原則或絕對命令式是,「要按照這樣一個目的準則行動:擁有這些目的對任何人而言都可以是一個普遍法則」。但從質料即意志的目的講,即考慮人應該當作目的的東西,則德性可以是多種。德性的多樣性只能理解為理性意志在單一的德性原則的指引下達到的多種不同的道德目標。根據絕對命令這一原則,一個人不僅對他自己而言是目的,而且對他人而言也是目的,絕不允許他把他自己或別人僅僅當作手段。不僅如此,每個人還都應該把全人類作為他自己的目的。作為一個絕對命令,它總是純粹實踐理性的目的,因為純粹實踐理性是支配目的的一般能力。這樣,在純粹實踐理性的基礎上,康德把德性的形式(絕對命令)和德性的資料(意志目的)結合起來,解決了德性的一和多的問題:德性的形式是一,這種一和其質料的結合形成一的多。

德性一和多的實質體現的是純粹實踐理性對自由任意的鬥爭和淨化。這樣,德性必然和惡習水火不容,而不可能是兩種惡的中道。

(二)德性並非兩種對立的惡之間的中道

德性是兩種惡的中道是一種古希臘盛行的德性觀。德性論體系的創始者亞里斯多德就認為,德性是一種選擇中道的品質,「德性是兩種惡即過度與不及的中間」。但他也看到,「從其本質或概念來說德性是適度,從最高善的角度來說,它是一個極端」。並非每項實踐與感情都有適度,有些行為本身就是惡,如嫉妒、謀殺、偷竊等,有些行為本身就是善,如公正、勇敢、節制等,「一般地說,既不存在適度的過度與適度的不及,也不存在過度的

適度或不及的適度」。這裡出現了兩個矛盾：其一，過度和不及有中道，但又沒有中道；其二，適度是過度和不及的中道，但適度又是一種極端，沒有過度和不及。亞里斯多德敏銳地意識到了這個困境，但他只是從經驗的角度指出了它，卻沒有從形而上的角度解決這種邏輯和實踐的矛盾。

康德認為，德性是過或不及的中道的看法是同義反覆，毫無意義。從邏輯上講，這是把反對項混淆為矛盾項。矛盾項（比如真理和謬誤）之間的關係是不能同真或同假，它們之間沒有折中的中道；反對項（比如直率和矜持）之間的關係是兩者可以同假，但只能有一個為真，它們之間可以有折中的中道。就德性而論，「德性的欠缺（道德貧乏）=0」是作為「德性 =+a」的邏輯上的反對命題與之相對立的，而「邪惡 =-a」才是「德性 =+a」的矛盾命題。德性和邪惡之間沒有中道可言，德性只能是一種極端，邪惡也只能是一種極端。

康德進一步指出，把德性看作是過或不及的中道的邏輯混淆的實質在於，亞里斯多德等人僅僅停留在準則的量的區分，看不到德性和惡的區別在於各自的準則與法則關係的不同。康德說：「德性與惡習的區別絕不能在遵循某些準則的程度中去尋找，而是必須僅僅在這些準則的質（與法則的關係）中去尋找。」德性和惡各自都有自己的準則，這些準則必然是互相矛盾的。德性和惡都是極端，不可透過量的變化而相互過渡：惡的中道還是惡，而絕不是德性。換句話說，德性絕不是兩種惡習的第一種的逐漸減少或相對的第二種的逐漸增加而達到的中道，因為這種中道實質上還是惡的某種程度。如貪婪和吝嗇的中道依然是某種程度的貪婪或吝嗇，而絕不是慷慨。而慷慨也不是透過自身的程度的增減而成為貪婪或吝嗇的。另外，「德性的欠缺（道德貧乏）=0」也不是「德性 =+a」和「邪惡 =-a」的中道，它是價值領域之外的事實領域的問題。

因此，康德主張，區別德性與邪惡之間的差別不能用精確的量的標準，只能用特殊的質的標準即它們與法則的關係。

(三) 德性並非是來自經驗的習性或習俗

中道德性的根源在於從經驗的角度思考問題，它必然導致德性是一種習性或習俗的看法。阿奎那在《神學大全》中就認為，「人類的德性乃是習慣」，有些功利主義者也認為德性是一種達到目的的手段或者是生活中的行為習慣。比如，愛爾維修把德性看成是一種利己的行為習慣，伏爾泰則主張德性就是那些使人高興的習慣等等。

康德認為，德性不應被定義和解釋為僅僅是一種習性，或一種長期實踐的道德上的良好行動的習慣，「因為如果這種習慣不是那種深思熟慮的、牢固的、一再提純的原理的一種結果，那麼，它就像出自技術實踐理性的任何其他機械作用一樣，既不曾對任何情況都做好準備，在新的誘惑可能引起的變化面前也沒有保障」。習性是一種行動能力，是任意的主觀方面的完善，但並非任何一種這樣的能力都是自由的習性。因為，如果某種習性只是出於習慣，即只是由於不斷重複而成為一種必不可少的行為一貫性的話，那麼它就不是出於自覺自願，因而就不是道德習性。因此德性也就不能定義為「自由守法的行為習性」，除非我們再給它加上「依照法則的觀念而決定其行為」的條件。這樣的習性就不是任意所具有的，而是理性意志（它是確立一條規則並宣布其為普遍法則的一種能力）所具有的。這就進入了德性是什麼的領域。

三、德性是什麼？

康德認為，倫理學中的德性不應依據人履行法則的能力來衡量，而必須根據作為絕對命令的法則來衡量。因此，德性的道德力量不是根據經驗知識，即不應根據我們認為「人現在是怎樣的」來衡量，而應按照理性知識，即按照人性的理念，按照「人應當成為怎樣的人」來衡量。因此，德性是人的意志基於自由法則，在履行德性義務的過程中所體現的道德力量。它具有三個層面的涵義。

其一，德性是不為情所動的尊重德性法則的力量。

康德說，德性必須以「無情」（它應被視為力量的代名詞）為前提，因為情感不管是由什麼激起的，終歸是感性的東西，即便是出於好意，它也只不過是曇花一現。「無情」常常被當作一種缺點，因為它聽起來好像就是缺乏感情並對任意的對象無動於衷。但這裡所說的無情專門指「道德上的無情」，區別於一般所說的冷漠、無動於衷等等。在這種情況下，不是說沒有種種情感產生，而是說所有這些來自感性印象的情感彙集起來的力量也比不上尊重法則的力量對道德情感的影響。換言之，不是無動於衷，而是不為情感所動。德性的真正力量就在於克服情感的阻礙，把道德法則果斷而又審慎地貫徹到道德行為中去。當然，這絕不是說我們要在任何事情上都根除情感，不為所動。如果有人一言一行，甚至連吃魚還是食肉，喝酒還是飲茶都要盤算是否合乎道德法則，這種人我們只好稱之為「德性狂」。這種現象真是「德性」肆虐──其實質是對德性過於鍾情，乃至於喪失了德性而成為感情的工具，這恰好違背了德性的「道德上的無情」。後來，羅爾斯在《正義論》中設定無知之幕中的人們之間相互冷淡的動機就是由此發展而來的。

其二，德性是理性積極地執行德性法則的力量。

人要做到「無情」，就不應該聽任自己臣服於情感和偏好，因為理性若不把駕馭的韁繩操縱在自己的手中，情感和偏好這群烈馬就會反過來成為人的主宰。德性具有一種使人成為他自己心中「抵制普遍法則的那種傾向」的主宰的力量，這種力量是從道德絕對命令中推斷出來的。以德性是基於人的內在自由這一點而言，它含有積極地對自己加以控制的力量，即：人應該把自己的全部力量和偏好都置於自己理性的支配之下。這種支配不僅是消極地制止做某事，而且是積極地督促做某事。一切力量都是在克服障礙時才顯現出來，就德性而言，這些障礙是人自身具有的與其道德意圖相衝突的種種自然傾向。正是因為人自己在施行準則的路上設置了這些障礙，所以德性不僅僅是一種自制（因為那有可能是一種傾向阻抑另一種傾向的結果），而且是依據內在自由的原則，即完全由德性義務觀念根據其形式法則而施加的一種強制。就德性本身具有執行法則的能力而言，它是由其自身的立法理性施加的一種道德強迫。

其三，德性是不斷進展和重新開始的力量。

德性的「無情」和執行法則的能力具體體現為，它是不斷進展和重新開始的力量。從客觀方面看，德性是一個不可達到而又必須努力企及的目的，因此德性總是不斷發展的。從主觀方面看，德性同時又總是從頭開始的，因為人的天性總是受到性情偏好的影響。在這種情況下，德性的準則雖然已徹底確立，但始終受其騷擾，不是一勞永逸的，相反倒是不進則退的。德性的準則不能像生活技巧方面的準則那樣以習慣為基礎（因為習慣只是意志的決斷力中的形而下的因素），甚至可以說，如果履行德性義務的實踐成了一種習慣，那麼行動者就失去了選擇行動準則的自由，這恰好是德性的缺失。

德性的最高的、無條件的目的在於，德性就是它自身的目的，弘揚人性就是它自身的回報。與各有其障礙待克服的人類諸目的相比，作為德性自身目的的它自身的尊貴，遠遠超出了所有的實際功利、所有的經驗目的及其所能帶來的好處。就德性與人的關係而言，它時常被稱作有功德的、可嘉的。就德性與法則的關係而言，它自身便是目的，因而自身就是回報。鑒於德性的十全十美，我們應這樣來看待它：不是人擁有德性，而是德性擁有人。因為若是人擁有德性的話，人似乎仍然做了選擇，如果那樣的話，他還得另外再有一種德性，來把德性從施予他的種種福惠中挑揀出來。就是說，德性概念（德性的一或形式）自身是德性的多或質料的理想，是人這個有限的理性存在者不斷完善人性卻又永遠達不到的最高目的，它的力量就在於擁有使人類不斷克服人性的自然阻礙而不斷地完善人性目的的強大無比的絕對命令。這個力量的實現就在純粹實踐理性透過任意（一般的實踐理性）不斷地克服經驗感性的過程之中，就在人類不斷地克服自身的自然性而完善人性的過程之中。

四、走出迷思

康德在批判前人德性觀的基礎上，把德性的靜態的分析和動態的過程結合起來，提出了批判的德性論倫理學體系。這是對德性研究的重大突破，它將引導我們走出把康德倫理學判定為義務論的迷思。

義務論還是德性論——走出「康德倫理學是義務論」的迷思

如上所述，康德深知倫理學（Ethik）的傳統意義是義務論，他把這個倫理學傳統進行了修改：以道德哲學（Sittenlehre）代替傳統的義務論即倫理學（Ethik），把他的倫理學（Ethik）限定在德性領域，建構了批判的德性論倫理學體系。也就是說，康德的倫理學是批判的德性論。

現在的問題是，為什麼會把康德倫理學誤判為義務論？主要原因有：

①人們往往想當然爾地把康德的道德哲學（Sittenlehre）等同於康德的倫理學（Ethik 或 Tugendlehre），而沒有深究《道德形而上學》對 Sittenlehre、Tugendlehre 的區分以及對倫理學的德性論的內涵的限定，僅僅根據《道德形而上學原理》就判定康德倫理學是義務論，這是一種較為普遍的誤解。

②不過，最根本的原因還在於，一些倫理學研究者用倫理學表面的理論現象去附會倫理學的根本，而沒有從倫理學的根本出發去研究倫理學。可見，要真正走出迷思，就要探究倫理學的根本是什麼。

這裡直覺的觀念是，德性是倫理學的根本。這就要求我們回答：德性是什麼？它何以成為倫理學的根本？德性（arete）的本義是指任何事物的內在的卓越或優秀。在古希臘，蘇格拉底開始扭轉古希臘自然哲學的方向，使哲學從追問自然的本體轉向追尋德性本身。柏拉圖、尤其是亞里斯多德把德性主要歸結為人的內在的卓越或優秀，使德性主要限定在理智德性和道德德性上。古希臘以後，德性主要指道德德性。但是古希臘以來，理論理性始終高踞於實踐理性之上，知識就是力量（培根所言）的觀念大行其道。康德顛倒了這個傳統觀念，認為實踐理性高於理論理性，主張人為自然和自由立法，他基於此把知識就是力量提升為德性就是力量。

康德認為，德性本身不是義務，擁有德性也不成其為義務，但它命令人有義務，伴隨著其命令的是一種只可能由內在自由的法則所施加的道德強制。這種命令是不可抗拒的，因而執行這種命令的力量是必須的，其強弱只能由其克服人自身由於各種偏好而造成的障礙的大小來衡量。這種堅毅的道德力量包含了人最偉大的赫赫戰功，也是人唯一的、真正的榮耀。它也叫做真正的智慧即實踐的智慧，因為它把人在世界上的存在這一終極目的（最終

動因）作為它自己的目的。有德性（的力量和智慧）的人不會失去其德性（的力量和智慧），因為人擁有的是其固有的德性，無論是宿命還是運氣都不可能奪走它。德性就成為人這個有限的理性存在者的本體或存在本身。由於康德把人看作自然的目的，德性就成為其哲學的本體，實際上也就是自然和人的本體。馬克思正是在揚棄康德這一思想及其他思想的基礎上建立其實踐本體論的。由於康德的德性論排除了感性、功利、情感、習俗、社會制度、法規等因素，一方面使德性更加純潔，另一方面使德性缺失了感性實踐的維度，沒有把德性力量的實踐過程揭示出來。這樣，其德性也就減弱了自我回歸的實踐力量。馬克思的實踐本體論正是對康德這一問題的一個重大突破。在馬克思看來，實踐是具體生動的感性活動、「自由自覺的活動」，是人的本質力量的對象化和對象的人化。一切物質和整個自然界都潛在地具有思維的可能性，但只有人是自然界一切潛在屬性的全面實現。所以，從外延上（抽象自然科學上）看，人是自然界的一部分；但由於他是最高本質的部分，所以從內涵上（哲學上）看，全部自然都成了人的一部分，成了人的實踐的一部分。有了人，整個自然史就可以視為替人的產生所預先準備好的材料（Materie）。馬克思說：「全部歷史、發展史都是為了使『人』成為感性意識的對象和使『作為人的人』的需要成為（自然的、感性的）需要所做的準備。歷史本身是自然史的一個現實的部分，是自然界生成為人這一過程的一個現實的部分。」①只有在人身上才體現出完整的自然界，整個自然只有透過人才意識到了自身，才能支配自身，才成為了自由的、獨立的自然，人（包括他的「無機身體」的人）也具有了本質的自然豐富性和完整性。因此，人的本質是整個自然界的本質，是人與人、人與社會、人與自然、人與其自身的自由自覺的感性實踐。換句話說，全面的自然就是人，全面的人就是自然本身。可見，感性實踐的目的體現的恰好就是整個自然界的卓越或好（arete）即自然的德性。

　　從實踐本體論的角度看，德性是自然界一切潛在屬性實現的力量和過程，道德德性是人的一切潛在屬性實現的力量和過程。感性自然界的德性（如刀之鋒利、馬之善跑等）是人的德性的預備，是自然德性的低級階段，它體現的是感性自然的外在必然性，但它潛藏著趨向德性的高級階段的可能性。由

於人本身就是自然界的自在自為的德性的體現者，在人這裡，理性意志與慾望和自然本身的鬥爭體現著自然的自為的德性——自由。人的身體的德性、理智德性、道德德性的發展過程把德性推向自在自為的自由。人既然是自然的目的和本質，人的德性就是自然的目的和本質。於是，自然就是一個追求道德德性的自由歷程，道德德性體現著自然的德性，也就是自然的內在必然性——自由。這樣，各種德性就在自然追求其內在的卓越或自由中相互貫通了。在這個意義上，倫理學的根本就只能是道德德性——人追求自我目的實現的感性實踐的自由力量和過程，而不能是感性自然的德性、人的身體德性或理智德性等——這些與道德德性相關，可以是倫理學的參照系統，卻不是倫理學的根本。這就在實踐本體論的基礎上確證了倫理學就是德性論或德性學。

既然倫理學就是德性論，流行的倫理類型學把倫理學（即德性論）分為德性論、規範論（包括目的論、義務論兩大形態）、後設倫理學的觀點就不能成立，當然也就不能把康德倫理學歸為規範論之一的義務論了。同時，這也從另一個角度反證了康德倫理學的批判德性論的本質。至此，我們徹底走出了「康德倫理學是義務論」的迷思，同時也顛覆了傳統的倫理類型學的觀點。但這並不可怕，因為它恰好可以促使我們從倫理學自身的視角而不是從倫理學外在的因素來重新反思、深入研究倫理學。

▍略談康德倫理學的幾個問題——兼與寧新昌、許平二位先生商榷

寧新昌、許平二位先生的《張載康德倫理思想的相異與相通》（見《道德與文明》2006 年第 6 期，以下簡稱「寧文」）一文，從中西倫理比較的角度闡釋了康德倫理思想，讀來令人耳目一新。但寧文對康德的中國式解讀存在著一些明顯的問題：用中國的道德概念闡釋康德的倫理概念，由此導致對康德的義務的某種程度的曲解，乃至把二律背反歸結為康德的階級軟弱性和非此即彼的思維方式。本文僅就這幾個問題做一簡單分析，以求教於各家。

第五篇 德國古典道德哲學探究

一、康德的道德和倫理的相關問題

寧文的立足點是:「在漢語中,就『道德』一詞的本初意義而言,是由『道』和『德』兩個單詞結合而成的,『道』指的是規律,法則;『德』是得到的意思,『得到』是個及物動詞,所以『得到』應該是有對象的。在道德中,所『得到』的乃是『道』。《管子‧心術上》釋德:『德者,道之舍……德者得也,得也者,謂其得所以然也。』『所以然』指的就是『道』。因之,『道德』的基本涵義就包括:一是指調整人們之間關係的社會規範;二是指依此而形成的價值傾向,即人們對社會生活的道德評價。一般來說,以往的倫理學說都是圍繞以上的內容展開的,張載和康德的思想也不例外。」我們認為,且不說其他人的思想是否例外,但康德的思想肯定是個例外。

一般來講,康德著作中的 Sitten、Recht、Tugend 等詞可分別翻譯為道德、法權、德性,Sittenlehre、Recht slehre、Tugendlehre 可分別翻譯為道德哲學、權利科學(或法學)、德性論(或倫理學)。這當然沒有什麼太大的問題,關鍵是對它們內涵的理解。實際上,康德對 Sitten 等德文用語的涵義有明確的交代。

首先,康德曾在《道德形而上學》的總導言中對道德(Sitten)的涵義做了說明:「Obgleich das deusche Wort Sitten, ebenso wie das lateinische mores, nur Manieren und lebensart bedeutet.」其中,「Manieren und lebensart」就是倫理生活,包括個體的德性和個體間的生活秩序或倫常,大致相當於後來黑格爾講的客觀精神。此句可翻譯為:「Sitten 在德文中和拉丁文的『mores』意義一樣,只指禮節習俗和生活方式。」康德解釋說,雖然德語 Sitten 同拉丁語 mores 一樣,僅指行為方式和生活方式;但真正的道德學說的法則是一種理性的命令,它命令人應該如何行事,根本不管每個人的偏好、利益等靠經驗獲得的東西和是否有這樣的先例,這只是由於他具有(而且只要他具有)實踐理性並且是自由的。這是康德賦予「Sitten」一詞的新涵義。

其次,康德在《道德形而上學‧德性論導言》中對 Ethik、Sittenlehre、Rechtslehre、Tugendlehre 之間的關係做了明確的解釋。他

說：「Ethik 一詞在古代一般指道德哲學（Sittenlehre），一般地，亦稱之為義務論。人們逐漸發現，更為可取的是，把 Ethik 這一名稱限製為道德哲學的一個部分，即並非源自外在法則的那些義務的學說（在德文中，最恰當的稱之為德性論 Tugendlehre）。因此，現在義務論的體系一般分為兩部分：法權論（Rechtslehre），主要涉及來自外在法則的義務；以及德性論（Tugendlehre），其義務並非來自外在法則。我們也沿用這種劃分。」

康德把研究 Sitten 之學稱之為 Sittenlehre（道德哲學），即 Meta-physik der Sitten（道德形而上學），把研究 Ethik 之學規定為 Tugendlehre（德性論）。康德 Metaphysik der Sitten 包括 Metaphysische Anfangsgrnde der Rechtslehre（法權論的形而上學原理）和 Metaphysische Anfangsgrunde der Tugendlehre（德性論的形而上學原理）兩個部分。相應地，康德的 Sitten（道德）包括 Recht（法權）和 Tugend（德性）兩個部分；Sittenlehre（道德哲學即義務論）包括 Rechtslehre（法權論）和 Tugendlehre（德性論）即 Ethik（倫理學）兩個部分。這和我們通常講的道德哲學（或倫理學）以及道德的涵義（各種道德規範的總和或者如寧文所說的「社會規範」、「道德評價」）有很大差異。

可以這樣說，康德的道德哲學（Sittenlehre）即義務論相當於（黑格爾意義上的）客觀精神哲學，它主要研究與人的自由相關的法權問題和德性問題。在康德看來，自由是道德的形而上的基礎，它包括外在自由和內在自由兩個層面：外在自由強調倫理主體的權利，它是法的外在強制；內在自由強調道德主體的目的，它是德性的內在強制。康德根據外在自由和內在自由把 Sittenlehre 劃分為以「合法性」為目標的法權學說（Rechtslehre）和以「合道德性」為目標的德性學說（Tugendlehre），並在其《道德形而上學》中專門探討了這兩種學說的形而上的根據。道德哲學（Sittenlehre）的第一個層面——法權論（Rechtslehre）主要研究人在權利（Recht）關係中作為主體的主體性問題，亦即人的外在自由問題；道德哲學（Sittenlehre）的第二個層面——德性論（Tugendlehr）即倫理學（Ethik）主要研究人的德性（Tugend）即人的內在自由問題，著眼的是純粹的「德性」。與其他德性論不同的是，康德的德性論是具有批判精神的德性論。他首先批判了傳統的

德性論，認為倫理學中的德性不應依據人履行法則的能力來衡量，而必須根據作為絕對命令的法則來衡量。德性的道德力不是根據經驗知識，即不應根據我們認為「人現在是怎樣的」來衡量，而應按照理性知識，即按照人性的理念，按照「人應當成為怎樣的人」來衡量。據此，德性是人的意志基於自由原則，在履行德性義務的過程中所體現的道德力量。

可見，無論從康德的道德（Sitten）的內涵（理性的命令）還是其外延（法權和德性即倫理兩個領域）來看，還是僅就康德倫理學或德性論（Tugendlehr）而言，都和寧文所理解的「道德」有天壤之別。寧文簡單地把康德講的道德（Sitten）等同於德性（Tugend），這就決定著它對康德倫理學的論述始終未能真正進入康德倫理學本身，只是在倫理學的外圍或倫理學和法學的共同基礎領域（即 Sitten）轉來轉去。這就不可避免地曲解了康德倫理學的義務論。

二、康德倫理學的義務問題

寧文在談到「康德倫理道德的義務」時認為：「這裡說的義務，是道德意義上的，而非法律、宗教意義上的。我們認為，應把這種義務規定為倫理道德義務。」這裡再明白不過地表明作者對康德倫理學的曲解。

康德的道德包括法權和德性，其道德義務恰好包括法權的義務和德性的義務（相當於漢語語境中的道德的義務），而不僅僅是漢語語境的道德意義上的義務。康德認為，作為善良意志的體現的義務「就是出於尊重規律而產生的行為必要性」。這就是定言命令，且只有一條，它是：「要只按照你同時認為也能成為普遍規律的準則去行動。」康德在《道德形而上學原理》中，以自由規律為根據，從義務的性質提出了完全的義務、不完全的義務，從義務的對象提出了為他人的義務和為自己的義務。按照「道德形而上學」的層次，他將義務整理為：對自己的完全的義務、對他人的完全的義務、對自己的不完全的義務、對他人的不完全的義務。「完全的義務」就是絕對沒有例外的義務，如：不要自殺、不要騙人等。「不完全的義務」則允許有例外，如：要發展自己的才能、要幫助別人等。康德在後來的《道德形而上學》中，進一步深化了其義務理論，使之構成一個較為完整的義務體系。他把完全義

務具體規定為法權義務，把不完全的義務具體規定為德性義務。法權義務和德性義務之間的不同在於：法權義務是一種和權利緊密相連的外在強迫，一個人盡義務的同時就享有權利；德性義務是一種和權利並非緊密相連的內在強迫，一個人盡義務的同時並不能因此要求享有某些權利。

康德把德性義務即倫理義務又具體區分為直接義務和間接義務。直接義務是為了道德性，是絕對命令。間接義務是為了抵制並避免使人趨向邪惡的極大誘惑而追求幸福或財富這個外在目的，它之所以是義務，是為了道德這個內在目的，因此是間接義務。沒有直接義務，間接義務就不具有道德價值；沒有間接義務，就會產生趨向邪惡的極大誘惑而對道德產生危害。但康德更看重的是直接義務，他主張的德性義務嚴格說來就是直接義務。因此，他詳盡地探討了直接義務。

康德依據意志自律的各原則，把德性之義務（即倫理義務）列表如下：

（1）我自己的目的，兼為我的義務（我自己的完善）。

（2）他人的目的，促成它也是我的義務（他人的幸福）。

（3）法則，兼為動力，由此而有合道德性。

（4）目的，兼為動力，由此而有合法性。

其中，從德性對象看，（1）和（3）是德性之內在義務；（2）和（4）是德性之外在義務；從德性的形式和質料的關係看，（1）和（2）是德性義務的實質要素；（3）和（4）是德性義務的形式要素。康德認為，內在義務高於外在義務，形式要素高於質料要素。因此，合道德性高於合法性，自己的完善高於他人的幸福——因為他人的幸福是不確定的，我不是上帝，不能而不是不願使別人達到幸福，每個人的幸福必須靠自己。自己的完善高於自己的幸福，即個人的自由完滿高於一切，是真正的道德目的。

綜上所述，康德從自由本體出發提出的義務有三個基本層次：

①義務包括完全義務（法權義務）和不完全義務（德性義務）。

②德性義務包括間接義務和直接義務。

道德哲學理論
第五篇 德國古典道德哲學探究

③直接義務從德性對象看,包括內在義務、外在義務。

從德性的形式和質料的關係看,包括義務的實質要素和義務的形式要素。其中,形式的內在義務是最高的,它來自意志自律或者善良意志,即純粹實踐理性。

如果說對康德倫理學和康德義務論的曲解尚有情可原的話,那麼,把二律背反歸結為康德的階級軟弱性和思維方式,這就是不可原諒的常識性的「硬傷」了。

三、二律背反和康德的階級軟弱性以及思維方式問題

寧文認為:「康德二分本體和現象,使自由遠離經驗的現象界,且超越於自然的因果鏈條,從而把自由狹限在道德領域。這樣看來,他雖然調和了『決定論』和自由意志的矛盾,但陷入了麻煩的二律背反之中。導致這一狀況的,除了德國市民階級的軟弱保守之外,也有其『非此即彼』的思維方式的原因。」康德哲學的這種「保守性體現了18～19世紀德國市民階級知識分子對待革命的曖昧態度,也是德國市民階級軟弱性的表現」。

實際上,二律背反並不是康德本人的問題,而是康德之前哲學就已經存在的問題,本質上是人類理性自身的矛盾問題。康德哲學的總問題是先天綜合判斷是如何可能的,其中一個重要方面就是要綜合「非此即彼」的二律背反。對於二律背反問題(包括純粹知性的二律背反和純粹實踐理性的二律背反),康德不是「非此即彼」地在二者中選擇一個,而是試圖綜合並解決之。

首先,在《純粹理性批判》中的第二編《先驗辯證論》的純粹理性的辯證推論中,康德用了九節的篇幅詳盡地論證純粹知性的二律背反問題(即經驗派和理性派對整個世界宇宙知識的不同看法),並提出了完全解決四個二律背反的思想。康德認為,先驗宇宙論的二律背反是經驗派和理性派長期爭論的問題。前兩個二律背反(宇宙是有限的還是無限的,宇宙的構成是單一的還是復合的)的問題在於雙方都混淆了現象和物自體;關於後兩個二律背反(宇宙有無自由,宇宙是必然的還是偶然的),雙方都可以從現象和物自體兩個不同的立場來看,因而也可以都是對的。所以,消除二律背反的關鍵

在於，必須嚴格區分現象和物自體。基於此，就可以為未來的形而上學（自然形而上學和道德形而上學）奠定基礎。

其次，在康德看來，理性既可以做理論的應用以求真（Wahrheit），也可以做實踐的應用以求善（Gut）。由於理性自身總是要求一個無條件的絕對整體性，在其實踐的應用中，必然要求一個最高的善（das hoechste Gut）作為其他有條件的善的最高條件，這種要求如果不從超驗哲學的角度去理解，就會導致實踐理性的二律背反。

康德在《實踐理性批判》中的純粹實踐理性的辯證論中揭示了實踐理性的二律背反，以及解決實踐理性二律背反的思路，以期建立德福一致的綜合的倫理學。他認為，人是有限的理性存在者，作為有限的存在者，他要求幸福（Glueckseligkeit）；同時，作為有理性的存在者，他要求德性（Tugend）。德與福的綜合或連接就是最高善。康德認為，德與福屬於不同的種類，德福一致是一個先天綜合判斷，從任何一方都分析不出另一方。要先天綜合地連接德福，就必須依照因果律：一方面，求福以生德是不可能的，因為把追求幸福作為意志決定的根據，就必然產生道德行為的他律，這就是伊比鳩魯學派的幸福即德性的觀點；另一方面，求德以生福也是不可能的，因為德性必然排除幸福，所以追求德性不可能得到幸福，這就是斯多亞學派的德性即幸福的觀點。求福以生德和求德以生福的對立就產生了實踐理性的二律背反。如何消除這個二律背反呢？首先，求福以生德是絕對不可能的。其次，求德以生福則不是絕對不可能的，因為只有把德看作屬於感性世界的原因，把人僅僅當作感性世界的存在時，才是不可能的。如果把德性看作理智世界的原因，把幸福看作感性世界的結果，則求德以生福便是可能的了。這樣，二律背反就透過求德以生福的連接而解決了。但是，德性作為理智世界的原因而不是感性世界的原因，這種連接就不可能由感性世界的因果律來說明，而必須尋求其他可能性的根據。

這種可能性的根據具有兩大預設：一是靈魂不朽，二是上帝存在，它們是德福一致這個先天綜合命題之所以可能的前提，是透過實踐理性或自由意志推出來的。人有自由意志是一種實踐的設定，所以不必從自然科學上推論，

道德哲學理論
第五篇 德國古典道德哲學探究

人可以也應當根據有來世和上帝那樣去做,而不必確證經驗中是否真的有來世和上帝。因此,兩大預設之外還有最根本的第三大預設——自由意志。人有了自由意志,就必須要有德性,有德性就要追求一種完滿的善即最高的善——德福一致,要有這樣完滿的善,就必須設定靈魂不朽和上帝存在。可見,有了自由意志的人,就會有信仰,宗教是從道德中推出來的。道德立足於人的自由意志,道德本身是自足的,它可以沒有宗教而獨立,宗教卻不能沒有道德而獨立。

最後,關於康德哲學的階級軟弱性問題。

第一,它不是哲學自身的問題,不能用來附會哲學的性質。

第二,即使階級性可以去衡量哲學問題或其他哲學家的思想,但對康德來說卻不適合。康德探討的是超越經驗、階級、民族甚至類別的「優先的理性存在著」的道德(法權和德性)形而上學問題,探討的是超越一切經驗的道德規範之上的道德規律問題。康德的倫理屬於超驗領域,而階級性則是經驗問題。把經驗的東西附加給康德的超驗倫理學,無論如何是說不過去的,因為這種做法本身就是康德批判的求福以生德的變形,它正是導致實踐理性二律背反的一個重要途徑。

第三,二律背反作為人類理性自身的矛盾的體現,和所謂的康德的階級軟弱性毫不相干。康德有無階級軟弱性,二律背反都會出現。

而且,即使沒有康德,二律背反也必然(並且事實上已經)出現,康德只是把這個矛盾揭示出來而已。再退一步講,即使康德沒有揭示出來,也必然會有其他的哲學家把這個問題揭示出來。康德並不是陷入二律背反,而是在批判二律背反的基礎上,力圖綜合解決二律背反。

可見,二律背反和康德的階級軟弱性、保守性無關,也不是康德的「非此即彼」的思維方式導致的。相反,正是因為他在某種程度上跳出了「非此即彼」的思維方式,擺脫了諸如階級性、保守性等經驗對象的糾纏,立足超驗哲學的高度才發現了二律背反,並試圖解決二律背反,以便為未來的形而上學打好地基。

論黑格爾關於善的思想

求善是倫理學的根本使命，也是黑格爾善惡觀的明確目的。由於恩格斯對黑格爾肯定惡的作用的肯定，還有我們囿於語言的表面現象對恩格斯評價的膚淺領會以及對黑格爾善惡觀的嚴重忽視，導致黑格爾好像是以論惡而著稱。實際上，黑格爾對惡的肯定只是他的善惡觀的一個次要部分，惡在其善惡觀中也並非處在核心地位。恰好相反，善才是其善惡觀的核心和重點，對善負責才是黑格爾的更偉大的思想。

一

黑格爾前的善惡觀由於抽象理智的思維方式，基本上處於彼此對立的、互不相容的狀態。黑格爾正是在這個關節點上，構建了本體論、認識論、方法論相統一的哲學體系，用辯證邏輯的力量揚棄傳統善惡觀的同時又把它們包含於自身之內，把支離破碎的善惡觀在新的基點上統一起來，構建了辯證的善惡觀，並由此闡發了他關於善的思想。

黑格爾把史賓諾莎的實體和費希特的自我意識進行了辯證改造，把實體理解為主體，理解為一個過程。這樣，實體作為主體一開始就包含著自己與自身的差異，因此必然外化為自己的對象；同時它又能揚棄自己的對象，返回到自身，從而實現自我發展的過程。他認為，意志的實體是自由，自由即是道德主體。道德主體自身的差異即高貴和低微的矛盾是善惡的自在狀態，它必然外化為自由意志的選擇，自由意志則必然在社會歷史的發展過程中不斷揚棄自身，善在這個過程中和惡鬥爭、揚棄惡，包含惡於自身內，善的目的在國家中得以實現。這是一個善惡由自在到自為向自在自為不斷進展的充滿生命力的鬥爭歷程。

黑格爾認為，善惡的起源必須從道德主體中尋求。他說：「人既是高貴的東西同時又是完全低微的東西。它包含著無限的東西和完全有限的東西的統一、一定界限和完全無界限的統一。人的高貴處就在於能保持這種矛盾，而這種矛盾是任何自然東西在自身中所沒有的也不是它所能忍受的。」我作為這個人，在一切方面（在內部任性、衝動和情慾方面，以及在直接外部的

道德哲學理論
第五篇 德國古典道德哲學探究

定準方面）都完全是被規定了的和有限的，這是我的低微處；但我正是在有限性中、在低微中知道自己是某種無限的、普遍的、自由的東西，這是我的高貴之處。

正是這種無限和有限、自由和自然、普遍和特殊的內在矛盾構成了道德主體，意志的矛盾就來自這個集高貴和低微於一體的主體，一切善惡的根源就在於此。對於完全低微的東西而言，由於沒有高貴的因素，低微也就不成其為低微，根本不存在高貴和低微的矛盾，也就沒有善惡可言。對於完全高貴的東西而言，由於其本身內部不包含低微的因素，它只是一個純粹的無矛盾的抽象的東西，高貴也同樣失去了高貴的意義而不成其為高貴，善惡也就失去了存在的根據。純粹的低微和純粹的高貴的實質是相同的，它們都不能成為善惡的根據。道德主體正是能夠保持低微的高貴和高貴的低微這一對矛盾的統一體，善惡正是道德主體對自身的這對原矛盾的自覺的自我評價的原判詞。這既是善惡的最終根源，也是善惡不斷發展變化的原根據。但這時善惡還僅僅處在自在的階段，善惡不能停留在此，它必須從自在走向自為，這就是意志自由和人性的問題。在意志自由和人性善惡的問題上，黑格爾反對霍爾巴赫、路德、加爾文等人的絕對必然論，把亞里斯多德、史賓諾莎、康德等人意志自由的思想改造為辯證法的意志概念，由意志本身揭示出善惡的自為狀態。

在黑格爾先前的道德哲學中，長期以來存在著對人性善惡的形而上學認識，認為存在著永恆不變的或善或惡的人性或意志，且善惡意志是根本對立的。黑格爾反對這種形而上學的人性論，認為人性或意志不是純善或純惡，而是有內在差別和矛盾為動力的動態變化著的。黑格爾批判說，人性本善的錯誤在於僅僅停留在肯定的純善上，即在它根源上就是善的，這是抽象的和片面的理智的空虛規定。理智堅持人性本善，正好把它推入困境，它無法回應意志何以也可能是惡的這一致命問題的挑戰。性惡論同樣看不到這一點，認為人性本惡，這個本源的惡是沒有任何善的惡的意志，它也難以回應意志何以可能也是善的這一致命問題的挑戰。這兩種人性論的根本失足在於形而上學的機械的思維方式，它們從外在的概念或事物中去尋求內在的矛盾或對

立面,卻從來不認為意志自身就包含有差別和矛盾,其結果必然走向善和惡的外在對立。

黑格爾的辯證法認為,思想要求某種理由和必然性並把否定的東西理解為其本身處於肯定的東西。理念概念,本質上具有區分自己並否定地設定自己的因素,它本身就包含著肯定和否定對立統一的內在的矛盾,所以分析善惡和人性應該從意志的概念的觀點出發,意志的概念使自己成為對象,而作為對象,它就直接具有源於人的高貴和低微的差別這種規定,所以意志在它的概念中既是善的又是惡的。善的意志按它的真實概念而行動,惡的意志希求跟意志的普遍性相對立的東西,善與惡不可分割。黑格爾認為意志的本質規定是自由,自由本身具有差別的規定即自然,所以意志是自由意志和自然意志的統一體。自然的東西既不善也不惡,只是客觀事實,一旦它與意志相關就是自然意志。自然意志自在地是一種矛盾,它要進行自我區分由潛在的而成為現實的,由事實領域進入價值領域,它就含有不自由的規定如私慾、激情、慾望等和意志的普遍性即善相對立,從而是惡的。正是這種作為惡對善的否定性,構成意志的內在矛盾,推動著意志透過自我否定而設定或揚棄自己,使自我揚棄特殊性、自然性,不斷向普遍性、精神性提升。

黑格爾進一步說,自然意志跟自由的內容是對立的,人從他是自然意志而與自由意志相對抗這一點來說,是惡的;人從他是揚棄自然意志的自由意志來說,是善的。沒有自然意志可揚棄的自由意志和沒有自由意志相對抗的自然意志同樣,都是無所謂善或惡的。只有自然意志的存在和只有自由意志的存在都只是一個事實存在,與善惡無關。黑格爾說,人的偉大不僅在於自然意志能夠和自由意志相對抗產生的惡,更在於在這種自然和自由的對抗和鬥爭中以自由意志戰勝自然意志的善。黑格爾肯定惡的作用的目的,不是歌頌惡,而是主要肯定惡能夠促進善、能夠使人透過戰勝惡獲得更大的善,特別是在這個過程中走向至善——自由,惡只是促進善的手段、是為善這個目的而在的。黑格爾發展古希臘善目的論說:「意志的絕對目的,即善。」自由是最大的善,是意志的實體,是人的本性。同時,自由只有作為意志,作為主體,才是現實的。

道德哲學理論
第五篇 德國古典道德哲學探究

自為的善惡本身只是一種行為的事實，它是如何成為道德評價的，是怎麼被道德主體認識的，這只有人的自覺和認識能力才能達到。善惡只有經過認識、自覺和教化，才能在國家中達到自在自為。黑格爾批判了康德把理論理性和實踐理性對立從而把認識和善惡對立的道德哲學，發展了西方的理論理性和實踐理性相統一的傳統，在辯證邏輯的基礎上對休謨的「是」與「應當」問題給出了自己的解答，力圖實現真、善、信仰的和解。他主張善惡源於認識，反對割裂真和善的關係，他批判康德說：「一般說來，善就是意志在它的實體性和普遍性中的本質，也就是在它的真理中的意志；因之它絕對地只有在思維中並只有透過思維而存在。所以，主張人不能認識真理，而只能與現象打交道。又說思維有害於善良的意志，這些以及其他類似的成見，都從精神中取去了一切理智的倫理性的價值和尊嚴。」

善惡不是原始的天然的觀念，是歷史發展到精神階段的產物。在人類社會和國家出現前，人們處在一種無法無天的、無善無惡的、天真的、樂園的生活狀態。宗教的天堂就是這種樂園的生活狀態的人類信仰的產物，但那裡只是禽獸的樂園，不是人類能逗留的苑圍，因為只有人類才是精神，才是自在自為的。這種自為的存在和自覺，同時就是同那個自在的「普遍的和神聖的精神」的分離，自覺使任性任意、具有無限自由的自我，離開了意志的、離開了善的純粹內容，這樣我便違背了善，而選擇了惡。罪惡只是因為有了知識：知識取消了自然的統一，就是墮落的罪惡的東西。「罪惡生於自覺，這是一個深刻的真理：因為禽獸是無所謂善或惡的；單純的自然人也是無所謂善或者惡的。」善惡正是自覺和認識從感官性裡分別出來的，和感官性相反對的，發展它自己的思想的活動而被發現的。

但真正講來，善惡要靠以社會和國家為基礎地對知識和意志無窮的訓練，才可以找出和獲得。這種訓練和教化的過程就是善惡發展鬥爭的歷史，就是人類爭取至善自由的歷史。社會和國家限制了純屬獸性的情感和原始的本能或者限制了放縱和熱情考慮的意圖，這種限制是解放的必要條件，是真正的合理的和依照概念的自由的意識所由實現的手段，社會和國家正是自由所實現的情況。在黑格爾這裡，自由是最高的善，不自由是惡；相對自由是一般意義上的善，相對不自由則是一般意義上的惡。天然狀態是無善惡的不自由，

自由正是從不自由中走出來的，當人類脫離自然狀態進入人類社會後，就進入了相對自由階段，但它是不斷朝著至善即自由發展的，即人類經過了一個人自由、一部分人自由和絕對自由的階段返回到自身。當然，自由的各個階段中，都存在著善和惡的對立，只是對立的程度不同。國家是精神在地上的行進，是作為顯示出來的、自知的實體性意志的倫理東西，這種精神思考自身和知道自身，完成且只完成一切它所知道的。

　　黑格爾的善惡辯證法認為善是意志的絕對目的，也是歷史發展的絕對目的，惡則是善的應有之義，惡在善中，但惡的作用只是促進善、推動善的必要因素或手段，善才是肯定的絕對的歷史的邏輯的最終目的。這個目的的實現是一個充滿了鬥爭的過程。人的使命就是認識鑑別善惡並對自己的善惡負責，不懈地追求自由這個至善目的。黑格爾說：「人類絕對的和崇高的使命，就在於他知道什麼是善和什麼是惡。……總而言之，人類對於道德要負責的，不但對惡負責，對善也要負責；不僅僅對於一個特殊事物負責，對於一切事物負責，而且對於屬於他的個人自由的善和惡也要負責。」一般講對惡負責，黑格爾肯定了這一觀點的同時，又明確強調要對善負責，把對惡負責和對善負責統一起來，實現了二者的和解，這是黑格爾真正的偉大之處。人們通常注重的是黑格爾對惡的肯定，卻忽視了黑格爾的真正的獨特貢獻在於對善的肯定，其實他肯定惡只是為了肯定善、對惡負責也只是為了強調對善負責。

　　黑格爾認為善是目的，是肯定的普遍性，惡因善而在，是否定的特殊性，是達到善的必要因素，德行是要否定惡以求善，而不是相反。所以，對惡負責本質上也是對善負責，不過是以一種抑惡改過的消極方式來保證善，我們可稱為對善的消極責任。對善負責的積極責任在於辨別善，更重要的是透過言行保證並促進善的實現。人的使命不僅在於抑惡改過的消極責任，更在於向善揚善的積極責任。消極責任和積極責任是人類善惡責任的兩個層面，其根本目的在於善的保證和發展，本質上都是善的責任，都是對善負責。與以前的倫理道德主要強調對惡負責的思想相比，黑格爾對善負責的思想說出了人類的崇高尊嚴，揭示了倫理學的根本使命，是比肯定惡更偉大的思想。這與有關黑格爾主要肯定惡的看法相左，有必要予以辨析。我們知道，對黑格爾的這種看法主要有兩個來源。

首先是黑格爾本人也說過：「人性本惡這一基督教的教義，比其他教義說人性本善要高明些。」但他馬上就接著說：「因此，應該依據這一教義的哲學上解釋來把握它。人作為精神是一種自由的本質，它具有不受自然衝動所規定的地位。所以處於直接的無教養的狀態中的人，是處於其所不應處的狀態中，而且必須從這種狀態解放出來。」在黑格爾那裡，自由是最高的善，他真正要說的是人的本質是自由，人應該從自然衝動的惡中解放出來，實現自己的本質，達到善的目的。另一個來源是恩格斯在《費爾巴哈論》中對黑格爾歷史哲學的評價：「在黑格爾那裡，惡是歷史發展的動力藉以表現的形式。」根據恩格斯的解釋，這裡的「惡」有兩個基本內涵。

其一，恩格斯肯定的「惡」是指對傳統舊觀念、舊秩序的反叛，本質上是善。恩格斯說，每一種新的進步都必然表現為對某一神聖事物的褻瀆，表現為對陳舊的、日漸衰亡的、但又為習慣所崇奉的秩序的叛逆。這種意義上的「惡」，就是從舊事物中發展起來的新事物，是對現實肯定方面的否定，它只是舊秩序的維護者所認為的「惡」。從這種「惡」所代表的歷史發展方向、推動社會進步的意義上看，它實際上是人類進步、歷史發展所表現出來的善而不是惡。其二，恩格斯認為黑格爾所講的惡的另一層涵義是指人的惡劣的情慾，即貪慾、權勢慾和卑劣的情慾等與善對立的真正意義上的惡。但這種「惡」，只是善的一個對立面，是善不斷揚棄它而進步的否定方面，它在達到善的目的中的作用是消極的，不過是社會正義力量透過袪惡揚善推動社會進步的「槓桿」罷了。用黑格爾的話說就是：「假如惡不存在，人類便不能領略善；假如他不知道惡，人類便不能真正行善。」惡為善而在，沒有善這個根本指向，惡就毫無價值可言。可見，如果不囿於語言的表面現象而深入思想深處，恩格斯的評論的實質仍然是對黑格爾的善的觀點的肯定。

我們辨析了這種觀點之後，還必須正面回答為什麼說黑格爾關於善的思想是更加偉大的思想，才能真正揭示出黑格爾關於善的思想的深刻見解的不朽價值。

首先，他的關於善的思想是西方善惡觀以善為目的思想的合乎邏輯的發展，也是倫理學生命力的辯證展現。他特別強調說，我們應該追求活的善，

活的善是倫理，倫理就是主觀的善和客觀的、自在自為的存在的善的統一，「倫理就是成為現存世界和自我意識本性的那種自由的概念」。它指向世界歷史的絕對目的——至善。善是世界歷史的絕對目的。善是作為意志概念和特殊意志的統一的理念，在這個統一中，認識的主觀性和外部定準的偶然性，都作為獨立自主的東西被揚棄了，但它們本質上仍然同時在其中被蘊含著和保持著，這樣，「善就是被實現了的自由，世界的絕對最終目的」。求善是黑格爾的倫理學，也是任何倫理學的價值和魅力所在。

其二，它在揭示善與惡的辯證關係的基礎上，認為善是肯定的、主要的方面，惡是否定的、次要的方面，確立了善對惡的主導地位。人自身直接具有善惡差別和矛盾的規定，而且人能意識到自身具有的差別和矛盾的規定。善和惡是相對而言的，沒有善無所謂惡，沒有惡也無所謂善。人是善的，那只是因為它也可能是惡的，它是因惡而存在，反之亦然。但善和惡的地位和價值是不同的。從根本上來看，善是人類存在發展的主導方面和根本規定，惡則是不利於人類發展進步的否定因素。如果人類一直處在惡強於善的狀態，人類就會滅亡。但這種狀態幾乎是不可能的，因為人類的偉大就在於人的精神、智慧、理性能夠戰勝惡抑制惡，把惡控制在總體上不能危害人類的限度內。當然，人類不能消滅惡，因為惡和善一樣是人自身的規定，消滅惡就等於消滅人自身。同時，惡的存在的意義僅僅在於它能刺激、促進、迫使人類不斷向善，但惡絕不是目的，惡只能以善為依歸才有存在的合理性。而善自身就是目的，它和惡鬥爭並以不斷地抑制惡消滅惡獲得前進的動力而不斷回歸自身。

其三，它指明了善是道德發展進步的根本動力和內在根據。正因為善是一種肯定性，所以它使人的意志不能停留在否定性、自然性、特殊性上，而是透過否定之否定追求社會性、普遍性，不斷促進道德的進步發展。惡意志的本性就在於離開倫理的客觀性，囿於單純主觀性的希求。人的意志要排除惡就必須進入客觀的倫理關係，正確地認識社會倫理關係的要求，得到客觀倫理的規定，使主觀的追求與客觀倫理達到統一。這就是說，沒有善作為矛盾的主導方面、作為惡的否定的目的，也就沒有善惡矛盾，惡就沒有存在的價值和根據，道德也就失去了揚善袪惡的根據而不能存在。善作為對有限性

的惡的否定是一種「真正的無限」，是人的高貴所在，惡正是人的低微所在。人之為人，就在於在保持高貴和地位的矛盾中高貴處於主導的、肯定的地位，如果自然性、惡劣的情慾等低微方面奪去了人的高貴方面的主導地位，人也就失去了人格和尊嚴，更談不上社會的進步和發展。

其四，它說出了應該存在的東西是善，不應該存在的東西是惡，人的使命在於不斷否定不應該存在的東西而追求並實現應該存在的東西。從根本上講，應該存在的和不應該存在的都是必然存在的，但具體的應該存在的不一定能夠存在，具體的不應該存在可能實際存在。對善負責向人們提出了透過克服「不應當如何」和發展堅持「應當如何」以達到應該存在的要求和方向，其意義就在於要求人們自覺地抵制意志向惡的發展，自覺地向著應當的善的境界進取。正是在這種包含著否定性的應然中，預示著人的行為和人生的理想，同時也向人們表明：認識善和認識善與惡的區別，從而揚善祛惡，乃是每個有理性的人的義務和偉大責任。

簡析黑格爾的倫理有機體思想

在西方倫理思想史上，自蘇格拉底創立道德學說到康德的道德形而上學，道德和倫理一直處於混沌不分的狀態。對此，黑格爾第一次自覺地明確區分了道德和倫理的界限，並把二者有機地聯繫為一個倫理有機體。在闡述這個倫理有機體時，黑格爾常常把倫理和倫理學都稱為倫理，有時又把道德學說也叫做倫理學。另外，黑格爾本人沒有一本倫理學專著，其倫理思想散見於各哲學著作之中，他的倫理觀是一個有著豐富內涵和內在邏輯的完整體系。本文中，我們擬撇開語言翻譯方面的問題不談，僅就其倫理內涵問題談一點淺陋的見解，以求教於大方。

一

黑格爾深受古希臘道德學說和康德道德哲學的影響，他的倫理思想有一個逐漸成熟的發展過程。在早期的《倫理體系》中，黑格爾把倫理學分為自然倫理、主觀自由和絕對倫理三部分。在此基礎上，他在《哲學史講演錄》

中提出了一個關於倫理學的明確規定：「倫理學研究的對象包括倫理與道德，有時單指倫理。」這實際上就說明了其倫理學的三個層次：倫理、道德、倫理學。在《精神現象學》、《法哲學原理》、《精神哲學》、《歷史哲學》等相關著作中，黑格爾的倫理思想是前後一貫的。在他那裡，倫理學是客觀倫理、主觀倫理和絕對倫理構成的「一個倫理有機體」。實際上，三者都可統稱為倫理。把握了這個基本思想，黑格爾的「倫理有機體」就在我們面前展開了。

黑格爾認為，當意識經過意識、自我意識和理性三個階段後，潛在的普遍的自我意識即理性，向著行動上、實際上的普遍自我意識的高級階段即人類歷史的階段發展，這就是具有理性的意識即「精神」。精神的實體是自由，自由是一步步由抽象到具體、由低級到高級向前發展的。自由的初始階段就是「真正的精神」，即客觀倫理，因為這個階段的真理性就是獲得倫理世界的客觀性。黑格爾說，尚未外顯的內在精神一旦呈現為已經發展成具體存在的實體，就在這種概念裡展開了一個倫理世界。倫理是各個個體的本質在個體各自獨立的現實裡的絕對的精神統一，是一個自身普遍的自我意識。它在另一個對於它具有完全的獨立性的意識裡意識到自己與另一意識的統一。在普遍的抽象裡，這個倫理的實體，只是思維出來的規律，但又同樣直接地就是現實的自我意識，這就是客觀倫理的基本涵義——禮俗倫常。「在倫理裡，我的行為所遵循的，乃是基於風俗習慣，而不是依照我的意志所應該做的。」禮俗倫常是確定正當的、合乎倫理的標準。這時，實體與自我相互滲透、個人意識和集體意識、我與我們處於一種混沌未分、表面上和諧無爭的狀態。

但是，行為在其單純的真理性中本是意識。行為把它分解為實體和對實體的意識，實體成了一種自身分裂為不同方面的倫理本質，它分裂為一種人的規律和一種神的規律。支配共同體、國家的法則來源於共同的政治生活，它是人的規律。支配個體、家庭的法則來源於共同的祖先，它是神的法則。兩種規律的任何一種，單獨地都不是自在自為的，都不是自足的。倫理王國的運動是由它自己的一種勢力向另一種勢力平靜地轉化，每一種勢力本身都包含著和創造著另一種勢力。共同體與家庭的聯合統一，構成著整體的活動中項，並且構成著神的規律和人的規律這兩端，同時卻又是它們兩者的直接

統一的原素。這樣，倫理同時是絕對本質和絕對勢力兩者，它就不會遭受任何對它內容的顛覆。倫理王國在其持續存在裡就始終是一個無瑕疵、無分類而完美純一的世界。由於此統一，個體性就是實體以及內容的純粹統一形式，行動就是從思想到現實的過渡，但這只是一種無本質的對立面的過渡運動，因為對立的兩環節並沒有各自的互不相同的內容和本質性。

但是，倫理行為的實現，只是把倫理精神的優美和諧與穩定平衡因其優美和穩定而具有的矛盾和破壞萌芽暴露了出來：共同體對內一方面透過壓制個別性精神並把個別性精神造成為一種敵對原則來保持自己，另一方面，因為個別性精神是共同體的本質環節，所以共同體實際上也同時在製造個別性精神，但共同體對外又能獨立自主的活動。這就是它的否定方面，它正是以個體性為武器實現這個否定方面的。戰爭時期，自然力量（體力）和幸運之類的偶然性、個體性決定著倫理本質的特定存在和精神必然性，這就注定了倫理本質的毀滅。在倫理處於風俗習慣的階段，個體毀滅於民族精神之中。現在，活生生的諸民族精神，由於其個體性的緣故在一種普遍的共同體中消滅了。這種普遍的共同體就其單純的普遍性來說，是無靈魂無生命的，當它作為個別事物、個別的個體時，它是活生生的，有生命力的意志。

這樣，倫理的精神形態即禮俗倫常被揚棄為另一形態即法權形態。在抽象法或形式法的領域，打破了「我」與「我們」混沌未分、表面上和諧無爭的狀態，抽象的自我出現了，意志是直接的，其概念是抽象的人格，其定準就是直接的、外在的事物。意志從最初的抽象規定形成其自我相關的主觀性的自我規定。這一規定性在所有權中是抽象的「我的東西」，是處於一個外在事物中的。在契約中，『我的東西』是以雙方意志為仲介的，而且只是某種共同的東西。在不法中，意志透過本身是偶然的單個意志，其抽象的自在存在或直接性被設定為偶然性。總之，在抽象法中，意志的實在是外在的東西，即對外物的佔有權利和財產受保護的權利，它只具有客觀性，沒有主觀性。在犯罪中被揚棄了的直接性透過刑罰，即透過否定的否定，而導向肯定，導向道德。

禮俗倫常和抽象法只有客觀性，沒有反思、缺乏主觀性，僅僅是自在的自由。在這個階段，自我還是抽象的自我，個體意識剛剛萌芽，尚未完全覺醒，還沒有主體性。在這個意義上，我們把它們稱為客觀倫理。客觀倫理既缺乏對合理秩序的主觀認識，更沒有可能把它滲透於整個民族意識中使之現實化，但奠定了通向主觀倫理和絕對倫理的現實基礎，埋藏著自由意志經由自在的自由、自為的自由發展為合理秩序即自在自為的自由的種子。在道德階段，意志的實在是在意志本身即某種內在的東西中，意志對它自身來說必須是主觀性，必須以本身為自己的對象。在道德的觀點上，意志在客觀倫理中的抽象規定性被克服了，以至這種偶然性本身，作為在自身中反思的而且與自己同一的東西，就成為無限的在自身中存在的意志的偶然性，即意志的主觀性，個體意識覺醒並具有了主體性，進入自為的自由階段，但尚缺乏與整體意識的和解，因而沒有現實性和客觀性。在這個意義上，我們稱道德是主觀倫理。

二

客觀倫理是樸素的，在那裡，我的行為所遵循的，是基於風俗習慣和抽象法權，而不是自覺地依照我的意志所應該做的，我還沒有達到自己對自己進行反思、自己對自己做出規定的境地。「實在的倫常乃是一種存在著的倫常，因而這個普遍的精神自己也就是一個個別的精神，而倫常和法律的整體就是一個特定的倫理實體。」客觀倫理爭取的目標就是這個風俗禮教和抽象法權等直接的未經反思的倫理實體。在此實體中，風俗禮教是活生生的法制，法制必然要與風俗禮教相聯繫，並且必然洋溢著一個民族的活生生的精神。每一個別的主體只有以這個精神、共相為目的、精神和習慣，並在其中欲求、行動、生活和享受，使得這個精神成為第二個精神的天性，才能以有實體性的風俗習慣和抽象法權作為天性的方式而存在。這就是一般的基本特性、實體。與這實體即個人對風俗和法權的實體性的關係正相反對的特性，是個人的主觀任性即道德。一旦人們意識到自己應當創造出自己的特殊準則，個人應當關心自己和自己的倫理，客觀倫理就與反思相結合為主觀倫理。這就是說，抽象的自我變成了主觀的自我，個人變成道德的人了，道德出現了。

道德哲學理論
第五篇 德國古典道德哲學探究

　　黑格爾說：「所謂道德，乃是一種比倫常更高的意識形態。」因為主觀倫理的目標是對於倫理實體的意識，它經過反思，意識到這倫理實體是其本質。這實際上就是道德形成的兩個方面，其一是屬於自為存在的一面，或意識在其中揚棄了其目的的那一面；其二是道德在其中擺脫倫理實體而獨立出現的那一面。在這裡，主觀的方面即我對於善的意見，是壓倒一切的。個人的行為在道德中並不是基於對外在的國家制度的尊重和敬畏，而是基於自己內在的信心，按照道德的考慮而做出決定，並依據這決定來規定自身，這就是近代主觀自由的原則。所以，道德學的意義，就是主體由自己自由地建立起善、倫理、公正等規定。當主體由自己建立這些規定時，也就把「由自己建立」這一規定揚棄掉了。

　　這樣一來，善、倫理等規定便是永恆的、自在自為的存在了。鑒於客觀倫理和主觀倫理的這種關係，黑格爾說：「蘇格拉底以前的雅典人，是倫理的人，而不是道德的人；他們曾經做了對他們的情況說是合理的事，卻未曾反思到、不認識他們是優秀的人。道德將反思與倫理結合，它要去認識這是善的，那是不善的。倫理是樸素的，與反思相結合的倫理才是道德。」這裡所說的倫理主要指客觀倫理中的風俗禮教。黑格爾認為，在風俗禮教和嚴格意義的抽象法中，僅僅有了抽象的自我，還未發生什麼是我的原則或我的意圖的問題。這個關於意志的自我規定、動機和故意的問題，在道德領域中才被提出來。道德的意志是他人不能過問的，人的價值應據其內部行為予以評估，同時人人都願意別人對他按他的自我規定來做出評價。不管各種外在的規定怎樣，他在道德關係中是自由的，任何暴力都不能左右人在自身中的這種內心信念。在道德領域中，與客觀倫理的行為對他人的意志只具有否定規定不同，我的意志的規定在對他人的意志的關係上是肯定的，就是說，自在地存在的意志是作為內在的東西而存在於主觀意志所實現的東西中。

　　這裡定準的產生或變化是與他人意志相關的。道德的觀念是意志對它本身的內部關係。意志作為主觀的或道德的意志表現於外時，就是行為。任何道德行為，必須首先跟我的故意相一致，因為道德意志的法，只有對於在意志定準內部作為故意而存在的東西才予以承認。故其意僅僅涉及外在的意志應在我的內部也作為內在的東西即存在著同一形式的原則，這是道德的第一

個環節。第二個環節,就是行為在自我相關中的相對價值即意圖。第三個環節,是行為的相對價值和行為的普遍價值,即善。善是被提升為意志的概念的那種意圖,是作為意志概念和特殊意志的統一的理念。在這個統一中,風俗禮教、抽象法、福利、認識的主觀性和外部定準的偶然性,都作為獨立自主的東西被揚棄了,但它們本質上仍然同時在善中被蘊含著和保持著。所以,善作為特殊意志的實體,是由法和福利所構成的內容充實的東西,具有跟所有權的抽象法和福利的特殊目的相對抗的絕對法。善對主觀意志來說應該是實體性的東西,主觀意志應依善為目的並使之全部實現。善也只有以主觀意志為仲介,才進入現實。

　　善的發展包括三個階段:善對我作為一個希求者來說,是特殊意志,這是我應該知道的;我應該自己說出什麼是善的,並發展善的特殊規定;最後,規定善本身並予以特殊化,這種內部的規定活動就是良心。良心是自己同自己相處的最深奧的內部孤獨,在其中一切外在的東西和限制都消失了。人作為良心,已不再受特殊性的目的的束縛,這是首次達到的在自身中深入的更高的觀點。道德到達了善和良心,也就走到了自否定的關頭,因為善是自由的實體性的普遍物,但仍然是抽象的東西,它要求各種規定以及決定這些規定的原則。同樣,良心作為它的規定作用的純粹抽象的原則,也要求它所做的各種規定具有普遍性和客觀性。善和良心的具體統一以及兩者的真理就是道德的自否定的成果——絕對倫理。

　　在道德中,自我規定應設想為未能達到任何實在事物的純不安和純活動,所以道德只能停留在對合理秩序的主觀認識上,還不能把它滲透於整個民族意識中並使之現實化。為了擺脫這種空虛性和否定性的痛苦,就產生了對現實性的渴望,這種渴望把道德推進到了絕對倫理的領域。唯有在絕對倫理中,意志才與道德的概念同一,而且僅僅以意志的概念為內容。所以,原在道德中的應然在絕對倫理的領域中才能達到。如果道德是從主觀性方面來看的一般意志的形式,那麼絕對倫理不但是主觀的形式和意志的自我規定,而且還是以意志的概念即自由為內容的。從倫理的內容即意志自由的角度看,客觀倫理是自在的自由,主觀倫理是自為的自由,絕對倫理是自在自為的自由。在絕對倫理中,形式和內容達到了統一。

三

　　風俗、法權和道德都不能自為地實存，必須以絕對倫理的東西為其承擔者和基礎，因為客觀倫理欠缺主觀性的環節，道德僅僅具有主觀性的環節，它們都缺乏現實性。只有無限的東西即理念，才是現實的。被思考的善的理念在那個在自身中反思著的意志和外部世界中獲得了實現，以至作為實體的自由不僅作為主觀意志而且也作為現實性和必然性而實存。這就是在善的絕對的普遍的實存中的理念，也就是絕對倫理。絕對倫理是客觀精神的完成，作為客觀倫理與主觀道德的統一性，它不僅是兩者的真理性，而且是主觀精神和客觀精神的真理性。

　　絕對倫理既有客觀環節，又有主觀環節，但兩者都只是絕對倫理的形式，絕對倫理是包涵它們於自身內又統領它們超越它們的倫理有機體，它是自由的理念，是活的善。這活的善在自我意識中具有它的知識和意志，並透過自我意識的行動而達到現實性。絕對倫理就是成為現存世界和自我意識本性的那種自由的概念，或自在自為地存在的意志，並且表現為客觀的東西，必然性的圓圈。這個必然性的圓圈的各個環節就是調整個人生活的那些倫理力量。這些力量對個人的關係是實體對偶性的關係，正是在個人中，這些力量才被反思著而具有顯現的形態和現實性。倫理性的實體，即法律和權力這些實體性的規定，一方面，對主體說來是一些義務，是獨立地存在的絕對的權威和力量；另一方面，主體的精神證明倫理性的實體是它特有的本質。在這種本質中主體感覺到自己的價值，並且像在自己的、同自己沒有區別的要素中一樣地生活著。主體在義務中，得到解放而達到了實體性的自由，一方面，它既擺脫了對自然衝動的依附狀態，又在道德反思中擺脫了它作為主觀特殊性陷入的困境；另一方面，它擺脫了沒有規定性的缺乏現實性的主觀性。所以，「義務就是達到本質、獲得肯定的自由」。康德的為義務而義務的純粹形式的義務，在黑格爾這裡實現了形式和資料的統一。

　　這就是說，當個人成為倫理性的性格時，他就認識到他的起推動作用的目的就是普遍物即國家，這種普遍物是不受推動的，而是在其規定中表現為現實的合理性。他還認識到，其尊嚴和特殊目的的全部穩定性都建立在這種

普遍物中，而且他確在其中達到了其尊嚴和目的。對此，黑格爾解釋說：「個人主觀地規定為自由的權利，只有在個人屬於倫理性的現實時，才能得到實現，因為只有在這種客觀性中，個人對自己自由的確信才具有真理性，也只有在倫理中個人才實際上佔有他本身的實質和他內在的普遍性。」在這裡，倫理實體就是倫理主體。就是說，倫理實體性達到了它的法，法也獲得了它的實效。

具體講來，倫理性的實體同時是家庭、市民社會和國家。倫理的最初定準是某種自然的東西，它以愛和感覺為倫理形式，這就是自然精神家庭。家庭倫理上的解體在於，子女教養成為自由的人格，被承認為成年人，即具有法律人格，並有能力擁有自己的財產和組成自己的家庭。在市民社會中，原來的家庭倫理及其實體性的統一消失了。每個人都以自身為目的，其他一切在他看來都是虛無。但是，如果他不同別人發生關係，他就不能達到他的全部目的，因此，其他人便成為特殊的人達到目的的手段。特殊目的透過同他人的關係就取得了普遍性的形式，並且在滿足他人福利的同時滿足自己。在這種合理利己主義的精神中，普遍性和特殊性兩者相互依賴、相互轉化。我在促進我的目的的同時，也促進了普遍物，而普遍物反過來又促進了我的目的，這普遍物就是國家。

國家是表現為特殊意志的自由獨立性的自由，即個體獨立性和普遍實體性在其中完成巨大統一的倫理和精神。這就從直接家庭倫理透過市民社會的分解，達到了國家，國家表現為它們的真實基礎，這種發展是國家概念的哲學證明。因此，國家這一普遍精神的法比其他各個階段都高，是最高的法。由於國家是作為結果而在哲學概念的進程中顯現出來的，同時它又經證明為真實基礎，所以那種仲介和假象都被揚棄了，它自己成為一種同一的直接性。與邏輯順序相反，在現實中，國家本身是最初的東西，在國家內部家庭才發展成為市民社會，也正是國家的理念本身才劃分自身為家庭和市民社會這兩個環節。國家是倫理理念的現實，是作為顯示出來的、自知的實體性意志的倫理精神，這種精神思考自身和知道自身，完成且只完成一切它所知道的。就是說，國家是絕對自在自為的理性東西，是實體性意志的現實，它在被提升到普遍性的特殊自我意識中具有這種現實性。

所以，國家這個實體性的統一是絕對的不受推動的自身目的，在這個自身目的中自由達到它的最高權利。黑格爾由此指出，倫理關係本質上是現實合理性的秩序中的關係。作為自由而合乎理性的那種精神是自在的倫理性的，而真實的理念是現實的合理性，正是這個合理性才是作為國家而存在的。具體說來，真正的理念是這樣的，其中每一環節都是充分實現出來的、得到具體體現的、自身獨立的，每一環節的獨立性對於精神來說同時又是被揚棄了的。一方面，個性必須按照理念充分實現出來，個人必須以國家為他活動的範圍和領域，但又必須消融其自身在國家之中。同時，理性國家的理念也必須把其概念的各個環節實現出來，以便每一環節成為一個等級，因為倫理是有機體，其實體區分成許多部分，其中的每一個部分都過著自己獨特的生活，但全體合在一起又只構成一個生活。在這個意義上，「國家、全體必須浸透一切」。這樣，個體意識和整體意識在國家這一現實的有機的精神和全體中達到了和解，客觀倫理和主觀倫理上升為絕對倫理，內容和形式得以統一，自由得以實現出來。絕對倫理這個充滿了生命力的倫理有機體，將在這裡突破客觀精神的防線繼續向絕對精神進發。不過，那已經是宗教、藝術和哲學的另一個新天地了。

四

綜上所述，我們可以說，黑格爾的倫理觀是客觀倫理、主觀倫理和絕對倫理三個環節共同形成的一個倫理有機體。正是這個倫理有機體的思想決定了黑格爾在西方倫理史上的重要地位和他對倫理學的獨特貢獻。

首先，他自覺地明確區分了道德學說、道德哲學和倫理學。他認為，自蘇格拉底到康德以前只有不系統的、沒有哲學論證的道德學說。休謨雖然把道德哲學分為倫理學和實用道德學，但其倫理學只是對人性的抽象的、思辨的、關於人性的理論科學，即人性論，其實用道德學是關於實際行為準則和生活方式的學問，並沒有完成道德哲學的建構。只有康德的哲學以道德為本體、以自然為現象，建立了道德形而上學，才是真正的道德哲學。但康德沒有明確區分道德和倫理，在他那裡，還沒有真正意義上的倫理學。黑格爾說：「康德多半喜歡使用道德一詞。其實在他的哲學中，各項實踐原則完全限於

道德這一概念，致使倫理的觀點完全不能成立，並且甚至把它公然取消，加以凌辱。」鑒於此，他在《法哲學原理》導論中特別指出：「道德和倫理在習慣上幾乎是當作同義詞來用，在本書中具有本質上不同的意義。」黑格爾的概括是否準確，這還是一個值得商榷的問題。

但他在這個基礎上，自覺地對道德學說、道德哲學、倫理學按照自己的特有方式進行了辨析論證卻是不爭的事實。這在西方倫理史上還是第一次。

其二，如果說蘇格拉底開創了道德學說，康德建構了道德哲學或道德形而上學，那麼黑格爾是第一個自覺地把道德和倫理區分並聯繫起來進而建構了倫理有機體的哲學家，或者說是第一個真正意義上的倫理學家。如前所述，我們可以看出，黑格爾的倫理有廣義和狹義之別，廣義的倫理包括風俗禮教、傳統習慣、法律制度、道德、家庭倫理、公共倫理、民族精神等方面。狹義倫理有兩個涵義，一是指風俗禮教和傳統習慣，二是指絕對倫理。在用語上，黑格爾的狹義倫理主要指「絕對倫理」。道德和狹義倫理有著明顯的區別，但它們又都是倫理有機體的重要組成部分。黑格爾的倫理是由抽象到具體的不斷展開的發展過程，各倫理環節是形式，自由是內容，客觀倫理、主觀倫理和絕對倫理是一個肯定、否定、否定之否定的「三一體」的邏輯進程，絕對倫理揚棄了客觀倫理和主觀倫理並把二者包含於自身之內，達到了形式與內容的和解、歷史與邏輯的統一。在這個意義上，絕對倫理就是倫理。這就是黑格爾構建的倫理有機體。

其三，黑格爾的倫理有機體恢復了古希臘道德關注現實和城邦社會政治問題的優良傳統，吸收了近代自由原則的思想，特別是康德的道德世界觀的思想，同時批判了古希臘道德中蔑視個人權利和自由的方面以及近代自由原則蔑視國家整體利益的傾向，重點批判了康德的道德形式主義只停留在彼岸世界不關注此岸世界的缺陷，在辯證邏輯的基礎上構建了充滿著現實精神和政治意識的倫理學。黑格爾講的倫理，是強烈的、現實的、合乎理性的，本質上是現實合理性的秩序，是一種滲透於整個民族意識中的普遍精神。他的倫理學試圖透過廣泛深入地研究整個民族的風俗禮教、法制道德、政治經濟、生活意識、生活方式等倫理的現實，特別是那些實際存在著的、時時處處發

道德哲學理論
第五篇 德國古典道德哲學探究

揮作用、人們熟知且事實上遵循著的倫理，探尋出現實合理性的秩序並使之完全實現出來。黑格爾說：「凡合乎倫理的都一定是現實的。」倫理之所以為倫理，更在於這個自在自為的善為人所認識，為人所實行。這種關注現實社會問題的倫理精神一方面為強烈關注社會實踐的馬克思的倫理思想奠定了基礎，一方面為通向當代西方自由主義開闢了路徑。羅爾斯就曾在《道德哲學史講義》中明確承認自己接受了黑格爾的倫理自由的某些思想，把它運用於其《正義論》中，試圖從政治哲學和倫理學的高度探求正義問題。

其四，黑格爾揚棄了傳統形而上學的孤立機械的方法論，在辯證邏輯的基礎上獨創性地解決了動機和效果、目的和手段、權利和義務、自由和必然、善和惡等重要倫理範疇的辯證關係，儘管形式是唯心的，內容卻是現實的。這就為繼續探討研究倫理範疇奠定了理論基礎。最後，在個人利益、特殊利益和集體利益、國家利益的關係上，黑格爾既反對古代社會只有「我們」沒有「我」的思想，也反對近代社會只有「我」沒有「我們」的思想，主張利益有機體的觀點。一方面，黑格爾認為個人利益在於，他作為國家的公民，在完成義務以作為對國家的效勞和職務中，其人身和財產得到了保護，其特殊福利得到了照顧，其實體性的本質得到了滿足，他並且找到了成為這一整體的成員的意識和自尊感。個人的尊嚴和特殊目的的全部穩定性都以國家為根本，個人的利益只有在國家中才能達到。在這個意義上，國家利益高於一切，他甚至強調，「單個人是次要的，他必須獻身於倫理整體。所以國家要求個人獻出生命的時候，他就得獻出生命」。

黑格爾講的個人利益不是浪漫主義的空想，也不是權利至上、個人至上的抽象自由，而是包含著奮鬥、奉獻甚至必要的犧牲，否則就會導致個人利益、國家利益的全面喪失。另一方面，黑格爾認為，國家是機體，機體的本性是，如果所有部分不趨於同一，如果其中一部分鬧獨立，全部必致崩潰。所以，國家的目的是普遍的利益本身，這種普遍利益又包含著特殊的利益，它是特殊利益的實體。國家的現實性在於，「整體的利益是在特殊目的中成為實在的。現實性始終是普遍性與特殊性的統一，其中普遍性支分為特殊性，雖然這些特殊性看來是獨立的，其實它們都包含在整體中，並且只有在整體中才得到維持。如果這種統一不存在，那種東西就不是現實的，即使它達到

實存也好」。一個壞的國家僅僅實存著，但絕不是現實的。因此，「特殊利益不應該被擱置一邊，或竟受到壓制，而應同普遍物符合一致，使它本身和普遍物都被保存著」。

如果個人的特殊目的不同國家的普遍目的同一，國家就等於空中樓閣。「個人的自信構成國家的現實性，個人目的與普遍目的這雙方面的同一則構成國家的穩定性。人們常說，國家的目的在於謀公民的幸福。這當然是正確的。如果一切對他們說來不妙，他們的主觀目的得不到滿足，又如果他們看不到國家本身是這種滿足的仲介，那麼國家就會站不住腳的。」黑格爾的國家是哲學概念，是他的一個「理想國」，儘管其他人看來並不「理想」。那種把黑格爾的國家等同於歷史上某一個具體的普魯士國家或別的什麼國家，並據此批評黑格爾蔑視個人利益，極端保守地為某個具體國家辯護的觀點，只不過是康德批判的經驗的獨斷論，在某種意義上又倒退到批判哲學之前去了。

當然，黑格爾的倫理學也存在著明顯的侷限。首先，其倫理觀還殘留著形式主義的痕跡。為了邏輯的需求，他不惜用內容遷就僵硬的三一體形式，難免顯得牽強。黑格爾試圖運用邏輯學推出整個倫理實現的邏輯進程，這就造成了用一條前後相繼的三一體的單調形式的線形結構論證一個由風俗習慣、法律制度、道德、家庭、市民社會、國家等相互交織、相互影響的立體結構的矛盾，致使生動廣闊的倫理生活在這種形式中失去了生命力的光輝。二是其倫理學的基礎是具有神祕色彩的自由意志和邏輯學，而不是生產方式、社會實踐、道德實踐，馬克思曾據此批判他是「邏輯的泛神論的神祕主義」。後來，馬克思也正是在這個批判的基礎上，把黑格爾從自由意志和邏輯學出發建構倫理學的方式顛倒過來，從道德實踐社會實踐出發論述倫理道德，實現了對黑格爾的超越。三是濃厚的理性色彩，淹沒了人的感性存在。非理性主義者叔本華、尼采、佛洛伊德等對理性的攻擊和對非理性的張揚，使黑格爾的理性倫理觀受到很大程度的衝擊。當然，人是理性存在和感性存在的有機體，倫理學應該同時關注這兩個方面。從這個意義講，黑格爾的倫理觀總體上確有缺乏激情的令人窒息的一面，儘管它有時也強調慾望、感情、需要等的作用。

但黑格爾畢竟第一次在如此廣闊的社會領域中和如此幽深的精神發展史中，試圖以辯證邏輯的力量探求一種現實的充滿生命力的倫理，建構了具有豐厚內涵的理性主義倫理體系。誠如所言，凡合乎理性的必是現實的，黑格爾倫理有機體的思想所蘊含的巨大的理論價值和強烈的現實意義，也正在日益呈現出來。

後記

自從拜別父母，踏上魅力無盡的道德哲學之路，基於實踐理性的倫理探究便成為我終身的學術目的和人生追求。

2012 年 8 月，我遠渡重洋來到美國明尼蘇達大學生命倫理研究中心，師從美國著名生命倫理學家 Carl Elliott 教授研究生命倫理學，並接受了該校哲學系全英文哲學學科的系統訓練。如果說碩士階段奠定了中國古典倫理學的微薄基礎，博士論文追求的是德國古典道德哲學形而上的自由，博士後出站報告研究的則是奠定在自由理念基礎上的面對現實倫理衝突的人權應用倫理學，留美期間思考的生命倫理學問題則涉及後倫理學領域。

斗轉星移，日月如梭，18 年光陰飛逝而去，消失得無影無蹤。幸運的是，自 1999 年發表第一篇學術論文以來，文字把那曾經逝去的光陰定格為一篇篇學術論文而留存下來。《道德哲學理論與應用》就是從我在 1999～2013 年期間公開發表的學術論文中精選出的成果集結而成的。編輯和出版這本《道德哲學理論與應用》既是對我研究工作的一個總結和縮影，也是對我從碩士、博士、博士後、訪美學者經歷的一個概括，更是我從大學講師、副教授碩導到教授博導的生命歷程的紀錄和反思。或者說，這是對我人生這段美好光陰的一個最好的紀念和把握。

衷心感謝我的五大恩師的授業之恩。他們是：甘紹平研究員，張傳有教授，何向東教授、楊義銀教授，明尼蘇達大學 Carl Elliott 教授。藉此機會，謹向五位恩師的教誨提攜致以最真摯的謝意！

任 丑

悠然齋

國家圖書館出版品預行編目（CIP）資料

道德哲學理論 / 任丑 著 . -- 第一版 .
-- 臺北市：崧燁文化，2019.09
　　面；　公分
POD 版

ISBN 978-957-681-942-1（平裝）

1. 倫理學

190　　　　　　　　　　　　　　　108015035

書　　名：道德哲學理論
作　　者：任丑 著
發 行 人：黃振庭
出 版 者：崧燁文化事業有限公司
發 行 者：崧燁文化事業有限公司
E - m a i l：sonbookservice@gmail.com
粉 絲 頁：　　　　　網　址：
地　　址：台北市中正區重慶南路一段六十一號八樓 815 室
8F.-815, No.61, Sec. 1, Chongqing S. Rd., Zhongzheng
Dist., Taipei City 100, Taiwan (R.O.C.)
電　　話：(02)2370-3310　傳　真：(02) 2370-3210
總 經 銷：紅螞蟻圖書有限公司
地　　址：台北市內湖區舊宗路二段 121 巷 19 號
電　　話：02-2795-3656　傳真：02-2795-4100　網址：
印　　刷：京峯彩色印刷有限公司（京峰數位）
　　本書版權為西南師範大學出版社所有授權崧博出版事業股份有限公司獨家發行電子書及繁體書繁體字版。若有其他相關權利及授權需求請與本公司聯繫。

定　　價：350 元
發行日期：2019 年 09 月第一版
◎ 本書以 POD 印製發行